UMBERTO SANTINO

PHÄNOMEN MAFIA

GESCHICHTE DER MAFIA UND ANTIMAFIA

Peter Chloupek
Diplomverwaltungswirt (FH)

weltbuch

IMPRESSUM

Deutsche und überarbeitete Fassung des Buches: *Breve storia della Mafia e dell'Antimafia, Nuova edizione riveduta ed ampliata* (Kurze Geschichte der Mafia und der Antimafia), Umberto Santino, Trapani, 2011

Übersetzt und überarbeitet von:
Winfried Küper und Giovanni di Stefano

1. Auflage, Deutsch, Februar 2017
ISBN 978-3-906212-04-3

© 2017
Weltbuch Verlag GmbH Schweiz/Deutschland
www.weltbuch.com

Alle Rechte vorbehalten

Layout/Satz/Titelgestaltung: Dirk Kohl, Weltbuch Verlag
Redaktion: Winfried Küper und Giovanni di Stefano
Alle Grafiken und Abbildungen sind vom Autor autorisiert. Falls wir dennoch versehentlich ein Bild verwendet haben, das Urheberrechte verletzt, bitte wir dies zu entschuldigen und uns anzuzeigen.

Gedruckt in Deutschland

EINFÜHRUNG

Das Buch, Ergebnis einer langjährigen Forschungstätigkeit, möchte einen sachlichen und weitgefassten Überblick über die verschiedenen Facetten des Phänomens „Mafia" jenseits aller gängigen Klischees und Mythen liefern. Im Laufe ihrer geschichtlichen Entwicklung hat sich die sizilianische Mafia als eine komplexe und außerordentlich anpassungsfähige Form von krimineller Durchdringung der Gesellschaft erwiesen. Ein besonderes Anliegen des Buches ist es zu zeigen, wie sich jedoch immer wieder auch Widerstandsformen und Bewegungen – von der Bauernbewegung bis zum bemerkenswerten Engagement der Zivilgesellschaft in den letzten Jahrzehnten – gegen ihre Übermacht herausgebildet haben, und der durch die mediale Konzentration auf die Täter allzu oft vergessenen Opfer dieser Kämpfe zu gedenken.

In einem weiteren Kapitel werden weitere Formen des nationalen und internationalen organisierten Verbrechens kurz vorgestellt und es wird über die aktuellsten Initiativen zu ihrer Bekämpfung informiert.

Das Buch wendet sich auch an Lehrer, Schüler, Studenten und Sozialarbeiter, die sich gegen die Mafia engagieren, aber auch an ein größeres Publikum, das über eines der beunruhigendsten Phänomene unserer Zeit in einer übersichtlichen Form mehr wissen möchte.

Winfried Küper, 2017

Umberto Santino (li.) und Winfried Küper, Palermo 2015

INHALT

KAPITEL 1:
Was man über die Mafia sagt und was ich darüber denke *11*
Vorwort *11*
- 1.1. Methodologische Hinweise: Untersuchung der gängigen Meinungen, ein Definitionsvorschlag und seine Überprüfung *12*
- 1.2. Die gängigen Vorstellungen: Stereotypen und Paradigmen *13*
- 1.3. Die am meisten verbreiteten Stereotypen: Ausnahmesituation und Antistaat *13*
- 1.4. „Ihre eigenen Angelegenheiten" *15*
- 1.5. Die Mafia als Subkultur *17*
- 1.6. „Alle Sizilianer sind Mafiosi…" *18*
- 1.7. „Die Mafia ist überall", ja sogar: „Alles ist Mafia" *19*
- 1.8. Der Krake *20*
- 1.9. „Zuerst war da die Mafia, nun gibt es nur noch Kriminalität" *21*
- 1.10. Das Stereotyp der Entstehung: Fehlen des Staates, Mangel an Chancen *22*
- 1.11. Die Paradigmen. Typische kriminelle Vereinigung *23*
- 1.12. Mafia als Unternehmen und mafiöses Unternehmen *24*
- 1.13. Ein Vorparadigma: das mafiöse Denken *25*
- 1.14. Stereotypen entlarven, Paradigmen ergänzen *26*
- 1.15. Das Paradigma der Vielschichtigkeit: das kriminelle Vereinigungswesen und das Beziehungssystem *27*
- 1.16. Die Organisation der Cosa Nostra *28*
- 1.17. Die Frauen und die Mafia *32*
- 1.18. Die Vereidigung *32*
- 1.19. Die Stidda und die Clans in Catania *34*
- 1.20. Das Beziehungssystem: gesellschaftlicher Block und mafiöses Bürgertum *35*
- 1.21. Phänomenologie mafiösen Handelns *36*
- 1.22. Mafiöse Gewalt *37*
- 1.23. Die Wirtschaft der Mafia: Parasitismus und „Produktivität" *41*

1.24. Das Problem der Entwicklung *42*
1.25. Die Mafia als politisches Subjekt *44*
1.26. Die sog. dritte Ebene *47*
1.27. Kultureller Kodex und gesellschaftlicher Konsens, Kultur, Subkultur und Transkultur *51*
1.28. Der Begriff der Ehre und der Devotionalismus *56*
1.29. Der soziale Konsens *57*
1.30. Die mafiogene Gesellschaft *58*
1.31. Ein historischer Überblick: Dauer und Wandel *61*
1.32. Forschungshinweise *66*

KAPITEL 2:
Vor-mafiöse Phänomene *69*
2.1. Banditen im Dienste der Herren *71*
2.2. Die Proto-Mafiosi von Palermo und die „familiari" der Inquisition *71*
2.3. Wirtschaftsverbrechen und territoriale Herrschaft *76*
2.4. Räuber und Gendarm – Der Stammvater des Gattopardo *78*
2.5. Vereinigungen, Bruderschaften, Geheimbünde, Parteien *79*
2.6. Der gesellschaftliche Kontext: Der Übergang vom Feudalismus zum Kapitalismus *81*
2.7. Die Entstehung des apologetischen Mythos: die Beati Paoli *84*

KAPITEL 3:
Mafia und Antimafia in der Agrargesellschaft *86*
3.1. Auf dem Wege zum Einheitsstaat. Volkskampfverbände und adelig-bürgerliche Gegenkommandos *87*
3.2. Die öffentliche Ordnung in Sizilien: Gewalt und politischer Kampf *90*
3.3. Die Revolte von Castellammare und der mafiöse Vermittler *91*
3.4. Die „Erdolcher von Palermo": Der Beginn der „Strategie der Spannung" *92*
3.5. 1863–1865. Die Sache findet einen Namen: „Die Mafiosi der Vicaria von Palermo" und der Präfekt Gualterio *94*
3.6. Von der Opposition zur Integration *97*

3.7. Prozesse gegen mafiöse Gruppierungen *103*
3.8. 1893. Die Ermordung des Vorstands des Banco di Sicilia „Emanuele Notarbartolo" und die Bankskandale *105*
3.9. Die Bauernaufstände: Von den sizilianischen Fasci zu den Pachtgenossenschaften *107*
3.10. 1898–1900. Die Berichte des Polizeipräsidenten Sangiorgi *113*
3.11. Die Ermordung von Aktivisten und Führern: Panepinto, Verro, Alongi und Orcel *116*
3.12. Mafia und Antimafia vor und während des Faschismus *118*
3.13. Nach dem II. Weltkrieg: Mafia und Separatistenbewegung *122*
3.14. Bauernaufstände der Jahre 1945 und 1946 *124*
3.15. Das Blutbad von Portella und die Wende im Jahre 1947 *127*
3.16. Die Kämpfe um die Bodenreform *132*
3.17. Der Milazzismus, Mafia und Antimafia *133*
3.18. Die Rolle der Frauen *135*
3.19. Die Rolle der katholischen Kirche *137*

KAPITEL 4:
Mafia und Antimafia in den 60er und 70er Jahren *140*
4.1. Der Mafiakrieg der frühen sechziger Jahre *141*
4.2. Die Rolle der Opposition und die Antimafia-Kommission *143*
4.3. Die Studien über die Mafia *146*
4.4. Kardinal Ruffini und der Pastor Panascia *147*
4.5. Die Opposition zum Sacco di Palermo *149*
4.6. Die gewaltlose Aktion von Danilo Dolci *150*
4.7. Rebellierende Frauen: Serafina Battaglia und Franca Viola *151*
4.8. Die Neue Linke und Giuseppe Impastato *152*
4.9. Die Aktivitäten des Centro Impastato *155*

KAPITEL 5:
Mafia und Antimafia von den 80er Jahren bis heute *158*
5.1. Die großen Verbrechen zu Beginn der 80er Jahre *158*
5.2. Der Mafiakrieg 1981–1983: Die Belagerung der „Corleoneser" *160*
5.3. Das Antimafia-Gesetz und die späteren Gesetze *164*
5.4. Der Antimafia-Pool und der Maxiprozess *166*

5.5. Das Ende des Antimafia-Pools, der Krieg in Gela zwischen Cosa Nostra und Stidda und die Bluttaten von 1992 und 1993 *167*
5.6. Die Mächtigen unter Anklage: von Andreotti bis Dell`Utri *172*
5.7. Die katholische Kirche entdeckt die Mafia *173*
5.8. Die Mafia tötet auch Kinder *175*
5.9. Der Kampf gegen die Mafia in den 80er und 90er Jahren: die Frauen, die Schulen, die Verwendung konfiszierter Vermögen, die Mobilisierung gegen die Schutzgelderpressung *177*
5.10. Die abgetauchte Mafia *181*
5.11. Wohin führt der Weg? Mafia und Antimafia in naher Zukunft *184*

KAPITEL 6:
Weitere Mafiaorganisationen *189*
6.1. Die sizilianisch-amerikanische Mafia *190*
6.2. Die sizilianisch-kanadische Mafia *195*
6.3. Die kalabrische 'Ndrangheta *195*
6.4. Die Antimafia in Kalabrien *200*
6.5. Die Camorra in Kampanien *203*
6.6. Die apulische Mafia *207*
6.7. In der Basilikata: Die Basilischi *208*
6.8. Mafia-Organisationen im Norden *208*
6.9. Die Clans in Korsika und Marseille *210*
6.10. Mafiorganisationen in der Türkei und in den ehemaligen sozialistischen Ländern *211*
6.11. Mafien in Deutschland *214*
6.12. Die chinesischen Triaden *215*
6.13. Die japanische Yakuza *218*
6.14. Der afrikanische Weg der Drogen *219*
6.15. Die kolumbianischen Kartelle *220*
6.16. Mafiaorganisationen und Globalisierung *222*

Zitierte und weiterführende Literatur *230*

DER AUTOR

UMBERTO SANTINO

... ist Gründer und Leiter des Centro Impastato in Palermo, des ersten Studienzentrums über die Mafia und andere Formen der organisierten Kriminalität in Italien (1977). Zur Mafia und Antimafia hat er zahlreiche Publikationen verfasst, darunter: L'omicidio mafioso (1989), L'impresa mafiosa (1990) und Dietro la droga (1993) in Zusammenarbeit mit Giovanni La Fiura, La borghesia mafiosa (1994), La mafia interpretata (1995), La democrazia bloccata, L'alleanza e il compromesso (1997), La cosa e il nome (2000), Dalla mafia alle mafie (2006), Mafie e globalizzazione (2007), Storia del movimento antimafia (2000, 2009), L'altra Sicilia (2010). Eine englische Übersetzung des vorliegenden Buches ist unter dem Titel Mafia and Antimafia: A Brief History mit einem Vorwort von John Dickie 2015 erschienen.

Santino ist zudem auch Autor erzählerischer und satirischer Texte wie Una ragionevole proposta per pacificare la città di Palermo (1985, 2006), Libro di Giona (1993), I giorni della peste (1999, 2006), Il cavallo e la fontana (2002), Le colombe sulla Rocca (2010), Dalla parte di Pollicino, Vecchie fiabe e nuovi fantasmi (2014).

KAPITEL 1
Was man über die Mafia sagt und was ich darüber denke

Vorwort

Nach Jahrzehnten, in denen die Existenz der Mafia geleugnet wurde, ist in den letzten Jahren in den Zeitungen, im Fernsehen und auch in der Schule viel von ihr die Rede. Dies ist weitgehend auf die Verbrechen, die der Mafia zugeschrieben werden, zurückzuführen, vor allem auf diejenigen, die Aufsehen erregten und die öffentliche Meinung aufgerüttelt haben. Viele werden sich an die zahlreichen Morde zu Beginn der 80er Jahre in Palermo erinnern, als der sog. Mafia-Krieg viele Opfer auch außerhalb der mafiösen Gruppen verursachte, oder an die Attentate des Jahres 1992, bei denen die Richter *Giovanni Falcone* und *Paolo Borsellino* und ihre Eskorten getötet wurden[1], und an die Attentate des Jahres 1993 in *Florenz* und *Mailand* mit insgesamt zehn Toten. Oder sie haben zumindest davon gehört.
Wegen dieser und anderer Verbrechen innerhalb und außerhalb der Mafia sprach man von einer *Ausnahmesituation (emergenza)*, wobei so unterstellt wurde, die Mafia existiere nur dann, wenn sie die Schusswaffe benutze, und verdiene erst in die Schlagzeilen zu kommen, wenn sie bekannte Persönlichkeiten ermorde. Und weil in diesen Jahren auch Staatsbedienstete und Vertreter öffentlicher Institutionen (Polizisten, Richter, Staatsanwälte, Politiker) ermordet wurden, hat man die Mafia auch als *Antistaat* (*antistato*) bezeichnet.
Diese Vorstellungen von der Mafia (die Mafia als Ausnahmesituation, d.h. als Mordfabrik; die Mafia als Antistaat, d.h. als Organisation außerhalb

---

[1]: Viel zu oft wird vergessen, dass zusammen mit *Falcone* seine Frau *Francesca Morvillo*, auch sie Richterin, die Männer seiner Eskorte, *Rocco Dicillo*, *Antonio Montinaro* und *Vito Schifani* und mit *Borsellino* die Polizisten *Agostino Catalano*, *Walter Cosina*, *Emanuela Loi*, *Vincenzo Li Muli* und *Claudio Traina* ihr Leben lassen mussten.

des Staates und sein Gegenpol) sind sehr verbreitet, doch man sollte sich fragen, inwieweit sie zutreffend sind; d.h., ob sie uns ein angemessenes Bild von dem Phänomen Mafia geben.
Auch die gängigen Vorstellungen über die Antimafia sollten einer genaueren Prüfung unterzogen werden. Man sagt, der Kampf gegen die Mafia habe erst in den letzten Jahren begonnen, und dabei verweist man auf das Engagement einiger Richter und Staatsanwälte, besonders derjenigen, die ermordet wurden, sowie auf stattgefundene und weiter stattfindende Demonstrationen wie auch auf Initiativen in den Schulen. In Wirklichkeit hat sich der Kampf gegen die Mafia, wie wir sehen werden, zeitgleich zur Mafia entwickelt und hat schon vor langer Zeit begonnen: Als Anfangsdatum können wir das letzte Jahrzehnt des 19. Jahrhunderts mit den ersten Bauernaufständen, den *Fasci siciliani*[2], betrachten.

1.1.
Methodologische Hinweise: Untersuchung der gängigen Meinungen, ein Definitionsvorschlag und seine Überprüfung

Um eine angemessene Vorstellung von Mafia und Antimafia zu bekommen, muss man zunächst die gängigen Vorstellungen prüfen, d.h., man muss klären, inwieweit sie gültig sind.
Diesem ersten Schritt, den wir als *Prüfung der gängigen Meinungen* oder Untersuchung *der kollektiven Vorstellungen* bezeichnen können, folgt ein zweiter Schritt, in dem eine *Definition hypothetisch* formuliert wird; dies führt zwangsläufig zu einem dritten Schritt, nämlich der Überprüfung *der Hypothese mittels der Forschung.*
Diese Hinweise gelten für die Behandlung jedes Themas, insbesondere jedoch für ein Thema wie die Mafia und die Antimafia, über die sich im Laufe der Zeit unzulängliche und oft abwegige Auffassungen angesammelt haben.

2: auch: *Fasci siciliani dei lavoratori*; Landarbeiterzusammenschlüsse 1891-1894; demokratische und sozialistische Massenbewegung; siehe Kap.3.9.

1.2.
Die gängigen Vorstellungen: Stereotypen und Paradigmen

Wir teilen die gängigen Vorstellungen in zwei Kategorien auf: die *Stereotypen* und die *Paradigmen*. *Stereotypen* nennen wir sehr verbreitete gängige Vorstellungen, Gemeinplätze, die auf keiner Reflexion und Dokumentation gründen. Sie sind Ergebnis und zugleich Vervielfältiger eines aus Denkfaulheit und Gewohnheit übernommenen und weitergegebenen Massenkonformismus.

Diese Vorstellungen zu prüfen heißt, sie durch eine Gegenüberstellung mit einer angemessenen Darstellung der Wirklichkeit zu *entmystifizieren*. Dieses Verfahren ist auf der kulturellen Ebene kein Problem; aber seine konkrete Anwendung ist nicht leicht, wenn man berücksichtigt, dass einige dieser Vorstellungen über die Mafia oft ja gerade von den Medien, von der Presse bis zum Fernsehen, übernommen wurden und auch von der bestehenden Gesetzgebung geteilt werden.

Paradigmen nennen wir Vorstellungen, die einen Anschein von Wissenschaftlichkeit besitzen, d.h.: Sie richten sich nach einem bestimmten Parameter und basieren auf der Sammlung und Interpretation einer bestimmten Datenmenge. Wie wir sehen werden, erfassen die am meisten rezipierten Paradigmen (die Mafia als *typische Verbrecherorganisation* und die Mafia als *Unternehmen*) jedoch nur einen Teil des Phänomens Mafia; dadurch stellt sich die Aufgabe, sie mit nicht oder nur am Rande beachteten Aspekten zu integrieren.

1.3.
Die am meisten verbreiteten Stereotypen:
Ausnahmesituation und Antistaat

Wir haben bereits auf die Vorstellung von der *Mafia als Ausnahmesituation* und *Antistaat* hingewiesen. Das Stereotyp der *Mafia als Ausnahmesituation* basiert auf der Ansicht, dass die Mafia im Wesentlichen oder vorwiegend eine Art „Mordfabrik" sei. Jedes Mal, wenn ein Mord geschieht, der der Mafia angelastet wird, sprechen Presse und Fernsehen von einem Wiederaufflammen (*recrudescenza*) des mafiösen Phänomens, so als ob die Mafia in der Zeit zwischen dem einen und dem nächsten Mord nicht existiere und als ob der Beweis ihrer Existenz lediglich oder vorwiegend im Auftragsmord bestehe. Wenn die Mordrate hoch ist und – vor allem – wenn unter den Opfern bekannte Persönlichkeiten sind, spricht man von „Ausnahmesituation". Nach dieser Sichtweise ist die Mafia nur da, wenn geschossen wird, und sie wird zu einem Aufsehen und Besorgnis erregenden Phänomen erst, wenn sie „prominente Leichen" (*cadaveri eccellenti*)[3] „produziert" (ein üblicher und brutaler Ausdruck, den man besser vermeiden sollte). Die Mafia wird zur „nationalen Frage"[4], wenn sie Männer tötet wie *Dalla Chiesa, Falcone* und *Borsellino*.

Es wird unterstellt, es gebe die Mafia nicht, wenn sie nicht töte, oder es sei so, als wenn sie nicht existiere und keine Beachtung verdiene. Wenn sie nicht auf die da oben ziele, sei sie nur ein lokales Phänomen, das keine Besorgnis errege.

Dieses Stereotyp ist ganz sicher das am meisten verbreitete.

Es findet sich nicht nur unter normalen Bürgern; es ist auch das von den Massenmedien bevorzugte und wird vom Gesetzgeber geteilt. Alle Antimafia-Gesetze in Italien wurden nach Aufsehen erregenden Verbrechen und Massakern erlassen. So das *Antimafia-Gesetz* vom 13. September 1982, das zum ersten Mal festlegt, dass die Mafia an sich eine kriminelle Erscheinung ist. Verabschiedet wurde es zehn Tage nach der Ermordung des Generals der *Carabinieri* und Präfekten von *Palermo, Carlo Antonio Dalla Chiesa*, der aufgrund einer langen Karriere, aber vor allem wegen seines Einsatzes gegen terroristische Gruppen nicht nur in Italien hohes Ansehen genoss. Das Gesetz gegen die organisierte Erpressung von Geldern (*legge antiracket*) wurde 1991 nach der Ermordung des Unternehmers *Libero Grassi* erlassen, der sich seinen Erpressern widersetzt hatte; auch er war ziemlich bekannt, vor allem nach seinem Auftritt im Fernsehen. Die Gesetze, die verschärfte Haftbedingungen (*carcere duro*: Artikel „41-bis" des Strafgesetzbuches, der jeden Kontakt nach außen unterbindet) festsetzen und die die „Kronzeugenregelung" (*legislazione premiale*) für

---

3: *Cadaveri eccellenti*, Titel eines ital. Politthrillers, von Francesco Rosi, 1976; dt.: Die Macht und ihr Preis, u.a. mit *Lino Ventura*.

4: So der Titel der Tageszeitungen „Corriere della sera" vom 5. September und „La Repubblica" vom 6. September 1982 nach der Ermordungdes Generals *Carlo Alberto Dalla Chiesa*.

diejenigen Mafiosi einführen, die mit der Justiz zusammenarbeiten[5], wurden nach den Attentaten des Jahres 1992 verabschiedet, bei denen die Richter *Giovanni Falcone, Francesca Morvillo* (Ehefrau Falcones) und *Paolo Borsellino* zusammen mit den Polizisten der Eskorte ums Leben kamen. Einige gesetzgeberische Maßnahmen, die als Antwort auf mafiöse Gewalt ergriffen wurden, wurden später abgeschwächt oder widerrufen. Zum Beispiel schränkte man die Zusammenarbeit mit den „pentiti" ein: Sie müssen ihre Erklärungen innerhalb eines halben Jahres nach Beginn der Zusammenarbeit abgeben.

Die Mafia ist kein konjunkturelles Problem, wie das *Stereotyp der Ausnahmesituation* weismachen möchte.

Die Mafia ist nicht nur eine Mordfabrik, sondern ein strukturelles, kontinuierliches Problem. Ihre Aktivitäten sind vielfältig, sie beschränken sich nicht allein auf die Planung und Ausführung von Mordaufträgen.

Das Stereotyp der *Mafia als Antistaat* basiert auf der Deutung der Verbrechen gegen Vertreter der Institutionen als „Krieg gegen den Staat". Jedoch handelt es sich um Verbrechen, die vor allem einzelne Personen treffen, die die Mafia engagiert bekämpfen und innerhalb der Behörden und Ämter, denen sie angehören, oft isoliert sind. Nach diesem Stereotyp wäre die Mafia als kriminelles Phänomen immer und in jedem Fall ganz andersartig als Staat und Behörden und ein Gegner von Staat und Verwaltung. In Wirklichkeit ist die Beziehung der Mafia zum Staatsapparat vielschichtig. Sie reicht von der Bekämpfung bis zur Interaktion und, wie wir sehen werden, ist die Beziehung der Mafia zu einzelnen Teilen des Staatsapparats ein konstitutives Element des mafiösen Phänomens. (Später werden wir von der Mafia als einem *politischen Subjekt* sprechen.)

1.4.
„Ihre eigenen Angelegenheiten"

Der Katalog der Stereotypen endet hier noch nicht. Unter den gängigen Äußerungen und Vorstellungen ist folgende sehr verbreitet: „Die Mafiosi

---

5: Sog. *pentiti*, was wörtlich „reumütige" Mafiosi bedeutet.

töten sich untereinander. Wenn du dich um deine eigenen Angelegenheiten kümmerst, hast du nichts mit ihnen zu tun." Die dahinterstehende Idee von der Mafia ist eindeutig: Verbrechen der Mafia seien Vorgänge innerhalb der Mafia, die als natürliche Erscheinung verstanden wird. Die Moral, die auf dieser Vorstellung beruht, ist ebenfalls klar: Kümmere dich um deine eigenen Angelegenheiten, schließe die Augen, verhalte dich passiv, eingeschlossen im eigenen Schneckenhaus; das sei die einzige Methode, sich herauszuhalten und die Garantie, nicht verwickelt und getroffen zu werden.

Jahrzehntelang töteten Mafiosi Gewerkschaftler, Anführer und Aktivisten der Bauernaufstände und Oppositionsparteien; doch all das ginge, so die Vorstellung, den normalen Sterblichen, der mit sich selbst zufrieden und in seinem Egoismus verfangen sei, nichts an. Die Gesellschaft wird als eine Ansammlung von verschlossenen Schachteln ohne Kontakt untereinander und von vorherbestimmten und unveränderbaren sozialen Rollen verstanden: Was geht mich an, was Anderen geschieht? Ich und die Meinen, wir gehen unseren eigenen Weg, schauen nicht über die eigene Nasenspitze und unsere Interessen hinaus.

Infolge der Morde an Beamten, Richtern, Staatsanwälten, Polizisten, Journalisten und Politikern der Regierung ist dieses Stereotyp zwar etwas angekratzt, bleibt aber in einer aktualisierten Form bestehen: Es gehöre zu ihrem Beruf, d.h., sie würden sich beruflich mit der Mafia beschäftigen; dafür würden sie schließlich auch bezahlt. Und – mancher denkt es, sagt es aber nicht; andere denken es und sagen es auch – die Ermordeten hätten fast immer Übereifer an den Tag gelegt, auch eine Neigung zur „Geltungssucht"; das habe sie zur Zielscheibe mafiöser Gewalt werden lassen.

Als es zu Beginn der 80er Jahre in *Palermo* zu zahlreichen blutigen Anschlägen mit hunderten von Toten im Jahr kam, schrieb eine Frau, „gequält von dem ständigen, ohrenbetäubenden Sirenengeheul der Polizeiwagen, die die verschiedenen Richter eskortieren", dem „Giornale di Sicilia" einen Brief, der in der Sonntagsausgabe vom 14. April 1985 veröffentlicht wurde. Darin forderte sie, man möge die am meisten exponierten Richter und Staatsanwälte – sie sprach von „diesen sehr verehrten Herren" – in „Landhäuser am Rande der Stadt" verlegen, um die „verdiente Ruhe der arbeitenden Bevölkerung" zu respektieren und

„unser aller Unversehrtheit zu gewährleisten, im Falle eines Attentats könnten wir alle grundlos einbezogen werden."[6] Die Ethik der Signora war eindeutig: Das Mafiaproblem ist Sache der Richter und Staatsanwälte, eine Art Kriegsspiel „Räuber und Gendarm". Die normale „arbeitende Bevölkerung" ist davon nicht berührt und sollte die Konsequenzen auch nicht ausbaden. Die „Auslagerung" der am meisten eingesetzten Richter und Staatsanwälte an die Peripherie ist die Folge dieser Logik und dieser Moral: Sie, die Richter und Staatsanwälte, nicht die Mafiosi, stellen eine öffentliche Gefahr dar; besser, man nehme Abstand und halte sie sich vom Hals.

1.5.
Die Mafia als Subkultur

Der Begriff *Subkultur* weist in der Wissenschaftssprache auf Verhaltenskodizes und -modelle hin, die für Teile und Segmente der Gesellschaft, die von der herrschenden Kultur abweichen oder in Opposition zu ihr stehen, spezifisch sind; aber er impliziert keine Werturteile. In der Umgangssprache schließt das Wort *Subkultur* dagegen eine Bewertung ein, und zwar werden die Verhaltensweisen, auf die man sich bezieht, im Vergleich zu den als positiv geltenden herrschenden Verhaltensweisen negativ gesehen. Diesen Begriff auf die Mafia zu verwenden bedeutet, die Mafia als ein Produkt kultureller oder sozioökonomischer Faktoren (wie Rückständigkeit und Unterentwicklung), die als negativ, abweichend oder minderheitsspezifisch gekennzeichnet sind, zu definieren.

Wenn der Begriff *Subkultur* im anthropologischen Sinne gebraucht wird, sagt man damit nur, dass die Mafia eine eigene Kultur hat, so wie bestimmte soziale Schichten und Berufsgruppen (Mediziner, Professoren, Unternehmer usw.). Auf kognitiver Ebene kommt man so zu keinem Ergebnis.

Wenn man den Begriff im umgangssprachlichen Sinne gebraucht, versteht man die Mafia als eine Form abweichenden Verhaltens und als eine Art isolierter bzw. isolierbarer Minderheit. Dabei werden fundamentale Aspekte

---

6: Siehe Kap.5 zur Ermordung des Richters *Rocco Chinnici* im Jahre 1983; die Mafia zielte damals auf Richter und Staatsanwälte des Antimafia-Pools, getötet wurden aber auch Außenstehende.

des mafiösen Systems außer Acht gelassen, die die Funktion haben, es in die Gesellschaft zu integrieren. Aus diesen Gründen schlage ich stattdessen den Begriff „Transkultur" (*transcultura*) vor, um die unterschiedlichen mafiösen Verhaltensweisen zu bezeichnen.

Er ist besser geeignet, die Vielschichtigkeit des Verhaltens der Mafia zu erfassen, in dem sich archaische und moderne oder, wie man zu sagen pflegt, postmoderne Aspekte überlagern. Wir werden später darauf zurückkommen.

1.6.
„Alle Sizilianer sind Mafiosi …"

Hier handelt es sich um ein eindeutig rassistisches Stereotyp: Nach ihm seien alle Sizilianer Mafiosi – die einen mehr, die anderen weniger. Sie würden sich wie Mafiosi verhalten, hätten eine mafiöse Mentalität… Dieses Stereotyp erstreckt sich auch auf andere Regionen Süditaliens, in denen es – trotz spezifischer Aspekte – vergleichbare Erscheinungen wie in Sizilien gibt: die `Ndrangheta in Kalabrien, die *Camorra* in Kampanien und seit einigen Jahren auch die *Sacra corona unita* in Apulien. Hinter diesem Stereotyp steckt ein antisüdländisches Vorurteil: Der *Mezzogiorno* (Süditalien) wird als ein „von Teufeln bewohntes Paradies" betrachtet, als ein Territorium von Räubern und Kriminellen, Müßiggängern und Parasiten, als eine Bleikugel am Fuße Italiens.

Dem steht ein apologetisches und abwehrendes Stereotyp gegenüber: der sog. *Sizilianismus*. Nach seiner Vorstellung sei die Mafia eine Erfindung des Nordens, um Sizilien zu diffamieren; in diesem Sinne sei die Mafia keinesfalls eine Verbrecherorganisation, sondern lediglich das Produkt eines übertriebenen „Selbstwertgefühls und Ehrverständnisses". Daher rühre die Forderung aller Sizilianer, dass der Staat mit all seinen Möglichkeiten eingreifen solle, um das Sizilien widerfahrene „Unrecht" zu beheben. Ebenso kann man für bestimmte Formen des *Meridionalismus* (den „patriotischen Meridionalismus") feststellen, dass sie die Übel des Südens, worunter sich zweifellos die kriminellen Organisationen befinden, entweder nicht kennen oder aber unterbewerten. Sie legen das Augenmerk vor allem oder ausschließlich auf die Verantwortung des Zentralstaates und die Vorurteile der Norditaliener. Wenn das Stereotyp, das die Existenz der Mafia und der Kriminalität auf eine ganze Region und den gesamten Süden bezieht und mit den Mafien die gesamte Bevölkerung identifiziert, keine Grundlage hat, ist genauso grundlos die apologetische Reaktion, die die Realität der Mafia und anderer krimineller Phänomene bestreitet. Die Mafia und weitere Formen organisierter Kriminalität existieren; jedoch ist weder ganz Sizilien mafiös noch der gesamte Süden kriminell: Das beweisen eindeutig die wichtigen Kämpfe gegen die Mafia, vor allem in Sizilien. Andererseits wird das apologetische und alles bestreitende Stereotyp von der Mafia selbst und anderen mit ihr vergleichbaren Erscheinungen erzeugt und ermuntert, welche mafiafreundliche Ideologien schüren mit dem Ziel, kriminelle Verhaltensweisen zu bagatellisieren und zu verschleiern sowie die Interessen eines Teils der Bevölkerung zu verfolgen und dabei vorzugeben, es seien die Interessen aller. Dazu werde ich kommen, wenn ich die Geschehnisse, die zur Entstehung des *Sizilianismus* führten, behandeln werde.[7]

1.7.
„Die Mafia ist überall", ja sogar: „Alles ist Mafia"

Oft hört man sagen, es gebe die Mafia mittlerweile in der ganzen Welt. Ebenso benutzt man den Begriff „Mafia" oft pauschal für verschiedene Verbrechensformen wie Korruption, Rücksichtslosigkeit, Aggressivität, Gewalttakte, Arroganz, Unmoral, Klientelwesen, von der Jugendgewalt in den Schulen bis zur Unsitte der „Begünstigungen" (*raccomandazioni*).

Auf diese Weise trägt man, vorsätzlich oder nicht, dazu bei, die Präsenz der Mafia auf Sizilien dadurch zu verschleiern oder zu verharmlosen, dass man sie als weltweit agierendes Phänomen, verschwommen, unerkennbar und ungreifbar darstellt. „Sucht außerhalb, nicht hier!" Das ist die Anleitung, die diese Vorstellung vermittelt. Die historische und gegenwärtige

---

7: siehe Kap. 3.8: Prozess wegen der Ermordung des Vorstands des Banco di Sicilia *Emanuele Notarbartolo* 1893.

Wirklichkeit zeigt jedoch deutlich, dass das mafiöse Phänomen sowohl *innerhalb* als auch *außerhalb* von Sizilien besteht, und bevor es außerhalb Fuß gefasst hat, nahm es *in Sizilien* Gestalt an und dehnte sich *hier* aus. Der unterschiedslose Gebrauch des Wortes „Mafia" für alles oder fast alles Negative führt zu der Ansicht, die Mafia sei die Summe aller Übel, für die es kein Gegenmittel gebe, es sei denn in Form einer unwahrscheinlichen „Wiedergeburt" der Welt.

1.8.
Der Krake

Die bekannteste mediale Verkörperung dieses Stereotyps ist der Krake, wie der italienische Originaltitel der Fernsehserie „Allein gegen die Mafia" heißt, das am meisten ins Ausland verkaufte Produkt des italienischen Fernsehens (La Piovra Rai, 1984 – 2001). In den verschiedenen Folgen stehen allgegenwärtige, allmächtige Mafiosi einem positiven Helden, Kommissar oder Richter, gegenüber. Die Auseinandersetzung spielt sich zwischen Illegalität und Legalität ab, in letzter Konsequenz zwischen zwei Gewalten: zwischen Mafia und Polizei, die erstere illegal, die zweite legal. Und häufig verfällt die mediale Darstellung dem Stereotyp des Paten (*padrino*) als einer charismatischen Persönlichkeit, auf die die Sympathien der Zuschauer anstatt auf den positiven Helden gelenkt werden. Auch kürzlich hörte ich zufällig anlässlich des Films „Il capo dei capi" (Der Boss der Bosse, 2007) die Reaktionen von Lehrern, denen zu Ohren gekommen war, dass ihre Schüler sich mehr mit dem Mafiaboss als mit denen, die die Mafia bekämpfen, identifizierten.

Die Mafia soll demnach eine auf dem ganzen Planeten verbreitete Realität sein. Tatsächlich operieren schon seit Langem weltweit verschiedene kriminelle Gruppen, die hinsichtlich ihrer vielschichtigen Aktivitäten und Beziehungen mit dem sizilianischen Mafiamodell vergleichbar sind. Es gibt jedoch keine einzige Mafia im Sinne einer Supermafia, wie es uns auch bestimmte Blätter wahrmachen wollen. Und, um gegen diese Gruppen vorzugehen, bedarf es nicht eines einzelnen Helden, sondern eines geschlossenen, kollektiven Einsatzes.

1.9.
„Zuerst war da die Mafia, nun gibt es nur noch Kriminalität"

Nach einem weiteren Stereotyp, das insbesondere die historische Entwicklung des Mafiaphänomens betrifft, könne man von Mafia allein im Hinblick auf die Vergangenheit reden, während sie sich seit einiger Zeit in bloße Kriminalität verwandelt habe. Dieses Stereotyp unterstellt die Vorstellung von einer in der Vergangenheit positiven oder jedenfalls Vertrauen erweckenden Mafia, wobei diese aufgefasst wird als eine Ansammlung mehr oder weniger organisierter Männer, die ein Ehrverständnis kannten, bestimmte Regeln respektierten – z. B. weder Frauen noch Kinder töteten – und gegenüber einer fehlenden oder verdrehten staatlichen Justiz eine Art Volksjustiz ausübten. In jüngster Zeit gäbe es jedoch diese Mafia nicht mehr, sondern nur noch gewöhnliche Verbrecher, die morden, drohen, erpressen, kriminelle Straftaten begehen und weder Regeln noch Ehrgefühl kennen.

Die Wirklichkeit lehrt uns aber, dass die Mafia seit ihrer Entstehung immer eine kriminelle Vereinigung war, die innerhalb eines bestimmten Beziehungssystems agiert und sich durch Anpassung an die jeweilige Lage und deren Veränderungen weiterentwickelt. Dabei beweist sie einen bemerkenswert hohen Grad an Flexibilität, die mit mehr zur Schau gestellten als in der Tat angewandten starren Formen koexistiert. Wir werden sehen, dass die Geschichte der Mafia, wie übrigens aller Phänomene von Dauer, ein Geflecht von *Kontinuitäten* und *Innovationen* ist.

Wie bekannt, nennen sich die Mafiosi untereinander „Ehrenmänner" (*uomini d'onore*); damit wollen sie den Eindruck erwecken, ihrem Verhalten liege Ehrlichkeit, Mut und Familiensinn zugrunde und aus dem Respekt gegenüber diesen traditionellen Werten entspringe das Ansehen, das sie in ihrem sozialen Umfeld genießen. Tatsächlich aber ist der fundamentale „Wert" des mafiösen Handelns die Bereitschaft, Gewalt anzuwenden, und im Mittelpunkt des Aufnahmeschwurs in die Mafia steht, wie wir sehen werden, die Bejahung der Gewalt als Strafe für den Verrat an dem geschlossenen Pakt.

1.10.
Das Stereotyp der Entstehung: Fehlen des Staates, Mangel an Chancen

Die Entstehung der Mafia und im Allgemeinen die Herausbildung der historisch bekanntesten und beharrlichsten Formen organisierten Verbrechens werden auf das Fehlen der Staatsgewalt und öffentlicher Institutionen zurückgeführt, ferner auf Unzulänglichkeiten und Schwächen des Marktes sowie die mangelnde Rechtssicherheit. In diesem Sinne wird die Mafia als ein archaisches, feudales Überbleibsel verstanden, das deswegen weiter bestehe, weil die Modernisierung unvollendet geblieben sei, eine Staatsgewalt nicht vorhanden oder zu schwach sei, der Markt nicht den Regeln eines fortgeschrittenen Kapitalismus folge.

Diese Ansicht verkennt jedoch, dass Staat und Markt in ihrem konkreten Handeln analysiert werden müssen und dass die historische Entwicklung der Mafia sowohl in peripheren und unterentwickelten als auch zentralen und entwickelten, sowohl in ländlichen als auch städtischen Kontexten stattgefunden hat und noch stattfindet. Und sie konnte nicht nur überleben, sondern sich auch in ursprünglich ihr fremden Umgebungen einrichten und sich in die politisch vorherrschenden Gesellschaftsschichten integrieren. Wenn man diese Vorgänge verstehen will, braucht man anstelle von Erklärungen, die sich mehr auf potentielle als reale Modelle beziehen, Vorstellungen, die die Wirklichkeit in ihren komplexen und widersprüchlichen Facetten berücksichtigen.

Wie wir bei der Darstellung vor allem der Geschichte der Mafia Siziliens sehen werden, hat diese sich in Kontexten gebildet und behauptet, die nicht durch das Fehlen des Staates und den Mangel an Chancen, sondern durch ein reiches Netz an Beziehungen gekennzeichnet sind, das die Grundlage für das Entstehen und das Fortbestehen von Herrschafts- und Subalternitätsverhältnissen schafft.

1.11.
Die Paradigmen. Typische kriminelle Vereinigung

Im Jahre 1982, zehn Tage nach der Ermordung des Generals und Anti-Mafia-Präfekten *Carlo Alberto Dalla Chiesa*, seiner Frau *Emanuela Setti Carraro* und des Polizisten *Domenico Russo* (3. September 1982) wird das erste „Antimafia-Gesetz" verabschiedet, das die Gesetzesentwürfe von *Pio La Torre* und von *Virginio Rognoni* zusammenfasst. Das Gesetz Nr. 646 vom 13. September 1982 führt den Art. 416 des Strafgesetzbuches ein, der zum ersten Mal den Begriff „kriminelle Vereinigung mafiöser Art" definiert: *Es besteht eine Vereinigung mafiöser Art, wenn deren Mitglieder von der aus ihrer Mitgliedschaft ausgehenden Einschüchterung, Unterordnung und Schweigepflicht Gebrauch machen, um direkt oder indirekt die Geschäftsführung oder jedenfalls die Kontrolle über Wirtschaftsbereiche, Konzessionen, Bewilligungen, Ausschreibungen und über öffentliche Dienstleistungen zu bekommen oder um Gewinne oder unlautere Vorteile für sich oder andere zu erzielen.*

Die einfache kriminelle Vereinigung, wie sie in Art. 416 des Strafgesetzbuches definiert wird, schließt drei Momente ein:
die Mitgliedschaft (*vincolo associativo*), die organisatorische Struktur (*struttura organizzativa*) und den kriminellen Zweck (*programma criminoso*). Darüber hinaus weist die Vereinigung mafiöser Art eigene Merkmale auf: die von der Mitgliedschaft ausgehende einschüchternde Kraft, die Unterordnung und das Schweigegelübde (*omertà*), die damit verbunden sind. Die Zugehörigkeit zur Mafia-Organisation bedeutet für alle Mitglieder absoluten Gehorsam und zwingt zur Schweigepflicht, d.h. zur Absage an jede Zusammenarbeit mit der Justiz, und dies gilt sowohl für Mitglieder als auch Außenstehende, die zu einer Art kollektiver Unterordnung verpflichtet sind. Ein Verstoß gegen diese Pflichten hat zur Folge das Verhängen und die Ausführung von Strafen, häufig der Todesstrafe (Mord ist für die Mafia kein Verbrechen, sondern eine Strafe, eine Sanktion für die Verletzung einer Regel des Mafiagesetzes).

Nach dem Antimafia-Gesetz verfolgt die Vereinigung mafiöser Art folgende Ziele:

1) die Organisation von Verbrechen wie Erpressung und damit eng verbundene Schadensdelikte, Menschenraub, Mord und Massaker
2) die Übernahme der Geschäftsführung und Kontrolle von Wirtschaftsunternehmen: ein zwar zulässiges Ziel, das jedoch durch die eingesetzten Mittel rechtswidrig wird: Bedrohung, Einschüchterung, physische Gewalt und weitere von mafiösen Organisationen für gewöhnlich angewandte Mittel
3) die Realisierung unlauterer Gewinne und Vorteile: eine sehr weit gefasste Formulierung, die den von den erstgenannten beiden Zielen nicht erfassten Bereich abdecken soll.

Das zweite und dritte genannte Ziel der Mafiaorganisation weist auf das Paradigma hin, das die Mafia in erster Linie als Unternehmen betrachtet, d.h. als eine Organisation, die vor allem gewinnorientierte wirtschaftliche Geschäfte durchführt.

Das Antimafia-Gesetz verfügt die Beschlagnahme und Konfiszierung der Güter, die aus illegalen Geschäften hervorgehen. Die Beschlagnahme ist eine vorläufige, die Konfiszierung eine endgültige Maßnahme.

Um die Normen zu ergänzen, die in dem Gesetz des Jahres 1982 enthalten sind, wurde am 7. März 1996 das Gesetz Nr. 109 erlassen, das die einzelnen Verfahren vereinfacht und die soziale Verwendung der konfiszierten Güter anordnet. Sie können Gemeinden, Körperschaften, Freiwilligenorganisationen, sozialen Genossenschaften, therapeutischen Einrichtungen und Rehabilitationszentren für Drogensüchtige zuerkannt werden.

1.12.
Mafia als Unternehmen und mafiöses Unternehmen

Das Unternehmens-Paradigma legt die Betonung auf die wirtschaftliche Rolle der Vereinigungsstruktur der Mafia; darin lassen sich zwei Aspekte unterscheiden: die Mafia als Unternehmen und das mafiöse Unternehmen. Die Mafia ist in dem Sinne *Unternehmen*, insofern als das mafiöse Handeln als rationale Verbindung von Mitteln und Zielen erscheint, die bestrebt ist, Gewinne zu erzielen. Zum Beispiel werden Drogenhandel und andere illegale Formen des Handels mit dem klaren Zweck durchgeführt, Kapital anzuhäufen und Profite zu erlangen, indem man Produktion und Vermarktung kontrolliert und den Konsum vorantreibt.

Wirtschaftsunternehmen, die der Form nach legal sind, erweisen sich bei Vorliegen einer der folgenden Momente als *mafiöse Unternehmen* (*impresa mafiosa*): Der offizielle bzw. der tatsächliche, im Hintergrund handelnde Inhaber ist wegen Mafiazugehörigkeit verurteilt oder eines mafiösen Verhaltens verdächtig; die Herkunft des eingesetzten *Kapitals* ist illegal; beim *Wettbewerb* mit anderen Unternehmen wird auf unerlaubte Mittel wie Gewaltausübung bzw. -androhung zurückgegriffen; Brandstiftung, Zerstörung und Beschädigung von Anlagen und Produktionsmitteln sind an der Tagesordnung.

1.13.
Ein Vorparadigma: das mafiöse Denken

Seit einigen Jahren haben sich Psychoanalytiker und Psychologen mit dem Phänomen der Mafia beschäftigt und einige Begriffe wie *mafiösen Psychismus* oder *mafiöses Denken* geprägt; zweifellos erfassen sie relevante psychologische und anthropologische Aspekte, verstehen diese aber als Folge eines unbewussten Denkens oder vorreflexiven Verhaltens, das in der sizilianischen Bevölkerung verbreitet sei und „transpersonal" in der Familie vererbt werde. So wird das mafiöse Phänomen verallgemeinert und sein Ursprung in unbewusste Triebe verlegt. Wie wir aber sehen werden, sind auch die kulturellen (oder transkulturellen) Aspekte der Mafia Ergebnis einer Geschichte und nicht einer unbewussten Veranlagung, eine Auffassung, die aus einem in seiner heutigen Gestalt noch jüngeren Phänomen, das man bekämpft hat und bis zu seiner Überwindung bekämpfen kann, etwas Unvergängliches und grundsätzlich Unveränderbares zu machen droht. Im Lichte dieser Betrachtungen sind die Überlegungen dieser Forscher sicherlich nützlich, aber wegen ihrer Einseitigkeiten können sie nur als eine Art *Vorparadigma* eingestuft werden: Es handelt sich demnach um Untersuchungen, die noch wesentliche Ergänzungen und vertiefende Hinterfragungen erfordern.

1.14.
Stereotypen entlarven, Paradigmen ergänzen

Eine ernst zu nehmende wissenschaftliche Arbeit über die Mafia als Phänomen sollte eine Umkehrung der gängigen Vorstellungen anstreben, wenn sie diese für unzutreffend und irreführend hält (z.b. im Fall von Stereotypen) oder sich um eine Vervollständigung bemühen, wenn sie (wie im Fall der Paradigmen) nur Teilaspekte erfassen.
Wie wir schon angedeutet haben, ist es vom begrifflichen Standpunkt aus ziemlich leicht, Stereotype zu entlarven:
Man braucht nicht viel, um zu zeigen,
- dass die Mafia zwischen dem einen Mord und dem nächsten keinen Urlaub macht,
- dass sie nicht nur eine „Mordfabrik" ist, sondern verschiedenen Aktivitäten nachgeht,
- dass sie ununterbrochen präsent ist, nicht nur, wenn sie Aufsehen erregende Bluttaten verübt,
- dass die Beziehung zwischen Mafia und Politik, Mafia und Behörden kein – oder wenigstens nicht immer – Gegenüber, sondern ein wechselseitiges Verhältnis darstellte und häufig darstellt,
- dass die Mafia keine private Angelegenheit ist, sondern uns alle betrifft,
- dass sie keine marginale Subkultur ist, sondern ein Phänomen, das massiv auf das Leben und die sozialen Verhältnisse einwirkt,
- dass nicht alle Sizilianer Mafiosi sind,
- dass die internationale Tragweite ihrer Geschäfte nicht zum Verlassen ihres Ursprungsortes geführt hat,
- dass es keinen weltumspannenden Kraken gibt, sondern verschiedene Gruppen auf dem Planeten operieren.

Das Problem ist, dass die gängigsten Stereotypen nicht nur in den Köpfen der Durchschnittsbürger präsent sind, sondern von den Informationsmedien immer wieder neu belebt und bekräftigt werden und, wie bereits gesagt, ebenfalls den Gesetzgeber beeinflussen. Genau deswegen stößt die Entmystifizierung als Aufgabe gegen gefestigte kollektive Vorstellungen, die von einem Informationssystem eingehämmert werden, das der Kritik und der Forschung wenig Raum lässt, sie benachteiligt, oft banalisiert oder verzerrt. Wie wir sehen werden, ist das der Fall bei dem Begriff des „mafiösen Bürgertums" (*borghesia mafiosa*): Zunächst als extremistische Formulierung abgetan, wird er nun entweder für pauschale Kriminalisierungen oder für vereinzelte Fälle gebraucht. Diese Ungleichheit von Mitteln macht die Entmystifizierung schwierig, ein Vorhaben, das meist von Einzelnen oder diskriminierten Randorganisationen in Angriff genommen wird.

Die Paradigmen der Mafia als Vereinigung und als Unternehmen erfassen zwei grundsätzliche Aspekte des mafiösen Phänomens, so wie die Beschäftigung mit den kulturellen Aspekten Merkmale erkennen lässt, die ein erhebliches Gewicht in der mafiösen Phänomenologie aufweisen. Doch diese Aspekte (die Organisation, das wirtschaftliche und das psychologische Profil) erfassen das mafiöse Phänomen, das komplex und differenziert ist, nicht erschöpfend.

Daher müssen in die Paradigmen weitere von diesen nicht beachtete oder als nebensächlich betrachtete Aspekte einbezogen werden.

1.15.
Das Paradigma der Vielschichtigkeit: das kriminelle Vereinigungswesen und das Beziehungssystem

Um ein angemessenes Bild von dem mafiösen Phänomen zu bekommen, spreche ich vom „Paradigma der Vielschichtigkeit": Danach wird die Mafia als eine komplexe, vielgestaltige Erscheinung verstanden, die aus der Interaktion verschiedener Momente resultiert: Verbrechen, Bereicherung, Macht, kultureller Kodex, Konsens. Unsere Arbeitshypothese lautet dementsprechend:

Unter Mafia versteht man eine Reihe von kriminellen Organisationen, unter denen die wichtigste, wenn auch nicht die einzige, Cosa Nostra ist. Sie agieren innerhalb eines Beziehungssystems, üben gewaltsame und illegale, aber auch formal legale Aktivitäten aus, deren Zweck Bereicherung, Erwerb und Verwalten von Machtpositionen ist, bedienen sich eines kulturellen Kodex` und genießen einen gewissen sozialen Konsens.

1.16.
Die Organisation der Cosa Nostra

Auszugehen hat man von der Organisation, so wie sie vom Antimafia-Gesetz definiert wird. Die Organisation ist geheim, zumindest formal: in Wahrheit hat man immer von ihr gewusst und kennt sie zur Genüge. Aufgenommen wird man durch das Ritual des Eids. Erst nach den Enthüllungen in den 80er Jahren von *Tommaso Buscetta*, dem wichtigsten Kronzeugen in den Maxiprozessen der 1980er und 1990er Jahre, verwendet man für die älteste und wirkungsvollste mafiöse Organisation die Bezeichnung „Cosa Nostra". Der Name „Cosa Nostra" war bereits in den 60er Jahren des 20. Jahrhunderts in den USA durch die Angaben des Mafioso *Joe Valachi* aufgetaucht, der mit dem *McClellan-Untersuchungsausschuss* des Kongresses (1963) zusammengearbeitet hatte. In Sizilien operieren neben und manchmal im Konflikt mit der *Cosa Nostra* weitere, aber kleinere Gruppen: die *Stidda* in den Provinzen von *Caltanissetta, Enna* und *Agrigent* und die Clans aus der Umgebung von *Catania*, die der *Cosa Nostra* nicht angeschlossen sind.
Cosa Nostra hat eine vielschichtige Organisation: An der Basis befinden sich die *Familien*. Diese sind nicht unbedingt identisch mit der Blutsverwandtschaft: Zwar spielt die Verwandtschaft für die Mafia, wie im Übrigen für alle sozialen Phänomene, eine grundlegende Rolle, doch die Aufnahme in die Organisation reicht über den verwandtschaftlichen Rahmen hinaus; außerdem ist die Befehlsgewalt (*ruolo di comando*) nicht erblich, auch wenn es sich häufig um echte Dynastien handelt.
Die Mafiafamilien verfügen über eine unterschiedliche Anzahl an „Soldaten", den selbsternannten „Ehrenmännern" (*uomini d`onore*); jeweils zu zehnt zusammengestellt, haben sie an der Spitze einen Boss (*capo*), einen Unterboss (*sottocapo*) und einen Berater (*consigliere*); zwei oder drei miteinander verbundene Familien bilden mit ihrem Boss einen *Mafiabezirk* (*mandamento*). Vertreter der Bezirke, die nicht notwendigerweise die Familienbosse sein müssen, bilden die *Provinzkommission* oder die *Dachorganisation* (*cupola*). Die führende Rolle spielt der Boss der Provinzkommission in *Palermo*. Viele Jahre lang war *Cosa Nostra* in vier Provinzen des westlichen Sizilien präsent: in *Trapani, Palermo, Caltanissetta* und in *Agrigent*; in den letzten Jahrzehnten hat sie sich auch im Osten Siziliens ausgebreitet.

Innerhalb von *Cosa Nostra* werden die Aufgabenbereiche per Wahl vergeben; wenigstens die „pentiti", die mit der Justiz zusammenarbeiten, sagen, so habe es sich bis zur Ankunft der „Corleonesi"[8], der Mafiosi aus *Corleone*, verhalten. Diese gelangten zur Macht, indem sie ihre Gegner eliminierten und Verbindungen knüpften. Der Clan der Corleoneser errichtete eine Art Diktatur, indem er zahlreiche Mitglieder der Provinzkommission umbrachte und die Führung zuerst von *Totò Riina* und nachher von *Bernardo Provenzano*[9] durchsetzte.

In jüngster Zeit, nach der Verhaftung und Verurteilung von Bossen und Mitläufern, verfolgt die *Cosa Nostra* eher eine Linie der Verhandlung und Vermittlung unter Verzicht auf Aufsehen erregende Morde (man spricht von der „mafia sommersa", der „abgetauchten Mafia"[10]). Die Führung ist nun kollegial.

Die Mafiamitglieder kommen aus unterschiedlichen Bevölkerungsschichten, darunter auffallend viele Freiberufler, vor allem Mediziner und Anwälte; die Bosse entstammen jedoch fast immer den untersten Schichten. Die beiden bekanntesten Mafia-Bosse der letzten Jahrzehnte, *Totò Riina* und *Bernardo Provenzano*, kommen aus der bäuerlichen Welt und haben nur die ersten Grundschulklassen besucht. Man kann sich fragen, wie Männer ohne irgendeinen Schulabschluss und nur mit einem sehr beschränkten Erfahrungshorizont (in *Corleone*, *Palermo* und Umgebung) in so verschiedenen Bereichen von den öffentlichen Ausschreibungen bis zum Gesundheitswesen die Rolle spielen konnten, die ihnen zugeschrieben wird, ohne Kontakt zu Fachleuten, die die Kompetenz haben, komplexe Strategien aufzuzeigen und zu verwirklichen wie die, die in den vergangenen Jahrzehnten und in den letzten Jahren zu Recht der Mafia zugerechnet werden. Nach den Daten, die in dem Bericht der parlamentarischen Antimafia-Kommission vom Februar 2008 aufgelistet wurden, verfügt die *Cosa Nostra* in den Provinzen *Palermo, Agrigent* und *Trapani* über ungefähr 4.500 Mitglieder; dazu kommen noch die Mitglieder aus den anderen Provinzen, also insgesamt 6.000.

8: Zum Mafiakrieg 1981-1983 und dem Sieg der Corleoneser siehe Kap. 5.2.
9: Zu *T. Riina* und *B. Provenzano* siehe bes. Kap.5.16.
10: Siehe vor allem die Kap.1.31 und 5.10.

CAPO DEI CAPI
BOSS DER BOSSE (Der Kopf der Kommission in Palermo)

PROVINZIALKOMMISSIONEN
Die Bosse der einzelnen Bezirke oder Repräsentanten der Familien

MAFIABEZIRKE
Drei Familien bilden einen Bezirk Führer ist der Bezirksboss

FAMIGLIA
Capofamiglia (Boss der Familie)

Sottocapo (Unterboss)

Consigliere (Ratgeber)

Capodecina	Capodecina	Capodecina
(Kopf von Zehn)	(Kopf von Zehn)	(Kopf von Zehn)
Soldati	Soldati	Soldati
(Soldaten)	(Soldaten)	(Soldaten)

Die Struktur der Cosa nostra (nach Tommaso Buscetta, 1984)

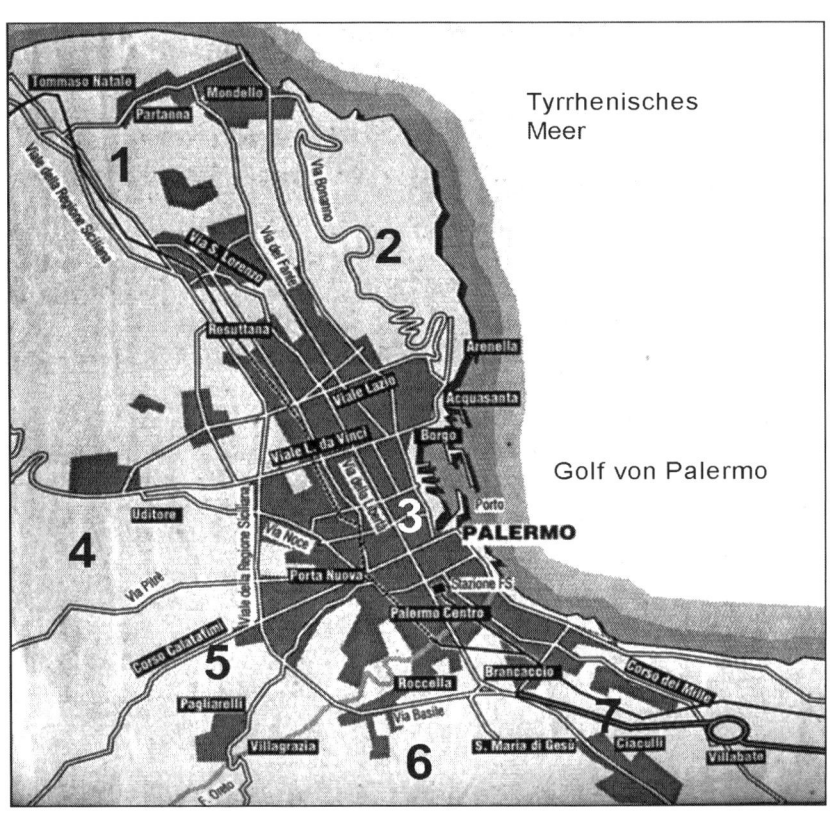

MAFIABEZIRKE IN PALERMO

1. San Lorenzo	2. Resuttana	3. Porta nuova	4. Passo di Rigano
Familien: San Lorenzo Tommaso Natale Partanna Mondello Carini Villagrazia di Carini	Familien: Resuttana Viale Lazio Arenella Acquasanta	Familien: Porta nuova Palermo Centro Borgo Vecchio	Familien: Passo di Rigano Uditore Noce

5. Pagliarelli	6. Santa Maria di Gesù	7. Ciaculli
Familien: Pagliarelli Borgo Molara Corso Calatafimi	Familien: Santa Maria di Gesù Villagrazia	Familien: Ciaculli Brancaccio Corso dei Mille Roccella Belmonte Mezzagno

31

1.17.
Die Frauen und die Mafia

Die Organisation der Mafia ist formal monosexuell ausgerichtet, d.h., sie besteht nur aus Männern. Tatsächlich aber haben Frauen immer eine Rolle in der Mafia gespielt und sie spielen sie weiter, zumindest de facto. Jedenfalls ist der Machismus nicht spezifisch für die Mafia. Er spiegelt den Machismus des sozialen Umfeldes wider. (Noch vor einigen Jahren blieben den Frauen in der Gesellschaft bestimmte Berufe versperrt, und in der katholischen Kirche können sie nicht Priester werden.) Da die Mafia nicht ideologisch ausgerichtet ist und sich ihr Fortbestehen in unterschiedlichen Kontexten aus der Kombination von formaler Härte und effektiver Flexibilität erklärt, ist es nicht verwunderlich, wenn sie sich auch in dieser Hinsicht an die Realität anpasst, in der der Einfluss der Frauen ständig an Bedeutung zunimmt. Vor Kurzem erklärte eine Frau, die zu einer Mafiafamilie in *Partinico*, in der Provinz Palermo, gehörte und nach ihrer Verhaftung mit der Justiz zusammenarbeitete, sie sei zum „Boss eines Mafiabezirks" ernannt worden.

1.18.
Die Vereidigung

Mitglied der *Cosa Nostra* wird man durch ein Initiationsritual. Es sieht die Vorstellung des Neulings durch ein altes Mitglied vor, ferner die Erklärung der Existenz der Organisation und ihrer Regeln, die Wahl eines Paten, den Stich in einen Finger (*la punciuta*), bis einige Tropfen Blut fließen, und das Aussprechen der Eidesformel, wobei ein Heiligenbildchen in den Händen des Initianten verbrannt wird. Die Zeremonie der Initiation dürfte, bis auf geringe Abweichungen, im Wesentlichen immer gleich gewesen sein. Der Finger ist manchmal der Daumen, der Zeigefinger oder der Mittelfinger einer der beiden Hände, üblicherweise die Hand, mit der man schießt. Auch der Eid kann sich ändern; doch die Formel bekräftigt stets die Verbindlichkeit des mit Blut geschlossenen Bundes.

Dazu einige Beispiele:
1. Die Novizen der *Fratellanza di Favara* schworen 1884 folgendermaßen: „Ich schwöre bei meiner Ehre, der Bruderschaft treu zu bleiben, so wie die Bruderschaft mir treu bleibt; und, wie dieses Heiligenbild (*santina*) verbrennt und wie diese wenigen Tropfen meines Blutes, so werde ich all mein Blut für die Bruderschaft vergießen; und, wie weder diese Asche noch dieses Blut in den Urzustand zurückkehren können, so kann auch ich die Bruderschaft nicht mehr verlassen."
2. Folgenden Eid leistete 1916 der Arzt *Melchiorre Allegra*: „Ich schwöre, meinen Brüdern treu zu bleiben, sie niemals zu verraten, ihnen stets zu helfen, und wenn ich mich nicht daran hielte, möge ich verbrennen und verschwinden, wie dieses Bild hier verschwindet, das sich in Asche auflöst."
3. Hier auch der Eid von *Tommaso Buscetta* im Jahre 1948: „Mein Fleisch soll brennen wie diese „santina", wenn ich Treue und Eid nicht einhalte."
4. Etwas anders lautet die Eidesformel bei der Zeremonie, mit der *Salvatore Palazzolo* zwischen 1980 und 1981 in die von *Gaetano Badalamenti*[11] geführte Familie *Cinisi* aufgenommen wird: „Als Papier verbrenne ich dich, als Bild bete ich dich an und schwöre, diesem Eid treu zu sein und ihn niemals zu brechen, indem ich, wenn nötig, mein Blut für meine Brüder vergieße."

Dieses Initiationsritual, in dem ein Heiligenbild mit dem Blut des Initianten besprizt und dann in seinen Händen verbrannt wird, will mit ausdrücklichem Bezug zur katholischen Religion die symbolische Prägnanz einer Taufe wiedergeben. Es soll sich um eine Art ritueller Wiedergeburt handeln, die den Novizen den Status des „Ehrenmannes" erwerben lässt, eine Ehre, die ihm ein ganzes Leben bleibt. (Tatsächlich kommen Fälle von Ausweisung vor; der bekannteste ist der vom bereits erwähnten *Gaetano Badalamenti*.) und eine neue verwandtschaftliche Beziehung unter den Mitgliedern herstellt.

Wie man sieht, enthält die Eidesformel einen deutlichen Hinweis auf die Strafe, die denjenigen trifft, der den Bündnispakt verrät: Das Mafiamitglied weiß, dass es in diesem Fall zum Tode verurteilt ist. Diese Zustimmung

---

11: Siehe die Kap. 3.7 und 4.8.

zur Gewalt, die auszuführen (Eingeritzt wird der Finger, mit dem man schießt.) und zu erleiden ist, ist bis heute ein unverzichtbares Kennzeichen eines Mafioso.

1.19.
Die Stidda und die Clans in Catania

Im Laufe der 80er Jahre entstand in den Provinzen *Agrigent, Caltanissetta* und *Enna* eine neue kriminelle Vereinigung mafiösen Typs, die *Stidda*[12]; gegründet wurde sie von Überläufern vor allem der *Cosa Nostra*. Am Ende der 80er und zu Beginn der 90er Jahre stieß sie blutig mit der *Cosa Nostra* zusammen. Grund waren Auseinandersetzungen um die territoriale Vorherrschaft. In den folgenden Jahren gelangten beide Seiten zu einer Verständigung. Heute arbeiten sie auf verschiedenen Ebenen zusammen, von der Erpressung bis zum Drogenhandel, wobei die Kontakte der *Stidda* sich auch auf das nationale und europäische Territorium ausgedehnt haben. In *Catania* operieren innerhalb und außerhalb der *Cosa Nostra* verschiedene Clans. Am bekanntesten ist die Familie *Santapaola*; sie steht an der Spitze der *Cosa Nostra*. Nach der Verhaftung des Bosses spaltete sie sich in zwei Teile. Weitere Gruppen, unter ihnen die sog. *Cursoti* und *Carcagnusi*, Namen, die auf eine plebejische Herkunft hinweisen, operieren außerhalb der *Cosa Nostra*. Sie wurden von Verbrechern gegründet, die mit der Zeit Merkmale der Mafiosi übernahmen, indem sie Teile des Territoriums kontrollierten, Erpressung und Drogenhandel praktizierten. Spannungen innerhalb der *Cosa Nostra* und unter den verschiedenen Gruppen führten im Laufe der 80er Jahre zu einer Serie von Morden. Nahezu alle Gruppen bauten sich mit Erfolg ein Beziehungsnetz auf, das durch die Unterwanderung der öffentlichen Verwaltung, die Beeinflussung der Ausschreibungen und durch Einbeziehung von Politikern, von hochrangigen Personen bis zu den Randgruppen des Stadtzentrums und der mehr oder weniger verelendeten Peripherien reicht, die häufig in Fußball-Fangemeinden organisiert sind.

12: Der Name *Stidda* (sizilianisch, ital. *stella*: „Stern") weist auf das Erkennungszeichen der Mitglieder hin. Die *Stiddari* tätowieren sich einen kleinen, fünfzackigen Stern zwischen Daumen und Zeigefinger der rechten Hand.

1.20.
Das Beziehungssystem: gesellschaftlicher Block und mafiöses Bürgertum

Das Beziehungssystem, das die tatsächliche Stärke der kriminellen Gruppen mafiösen Typs ausmacht, führt zur Bildung eines regelrechten *gesellschaftlichen Blocks* (*blocco sociale*), der von den untersten bis zu den obersten Schichten quer durch die gesamte Gesellschaft geht. Aus den unteren Schichten rekrutiert sich meistens das Fußvolk, das von der Erpressung bis zum Drogenverkehr kriminelle Aufgaben übernimmt und dafür einen Teil der Gewinne abbekommt; der Großteil steht jedoch den Mafiamitgliedern, im Besonderen den Bossen zu. Der *gesellschaftliche Block* lässt sich auf einige hunderttausend Personen schätzen.

Die Führungsrolle fällt illegalen (Mafiabossen) wie legalen Personen zu, die zusammen das *mafiöse Bürgertum* (*borghesia mafiosa*) bilden. Es umfasst die *Fachleute* (*professionisti*), d.h. Landvermesser, Architekten, Ingenieure, die im Bauwesen tätig sind; Rechtsanwälte, Notare und auch Richter, die sich um die rechtlichen Aspekte kümmern;

Banker, Finanzberater, Informatiker, die es mit dem Recyceln schmutzigen Geldes zu tun haben;

Mediziner, ein Beruf, der aufgrund seines weiten Beziehungsnetzes und wegen des enormen finanziellen Aufwandes im Bereich des öffentlichen und privaten Gesundheitswesens auch unter den Mafiamitgliedern eine der größten Gruppen bildet;

Lehrer, vor allem die, die an regionalen und privaten Schulen arbeiten;

Geistliche wie der einst bekannte *Pater Coppola*, Mitglied der *Cosa Nostra*, oder diejenigen, die regelmäßig die im Untergrund lebenden Bosse besuchen.

Neben den *„professionisti"* darf man nicht die *Händler* und *Unternehmer* vergessen, die in verschiedenen Tätigkeitsbereichen operieren, von den Supermärkten bis zum Bauwesen;

sowie *Vertreter der* öffentlichen Verwaltung, die den Erfolg der Pläne und Machenschaften garantieren, an denen die Mafiosi und ihre Verbündeten interessiert sind;

ferner *Politiker* und *Vertreter der Behörden*, die mit den Mafiosi in Beziehung stehen; diese reicht vom Stimmenverkauf im Tausch gegen die Bewilligung von Aufträgen und Vergünstigungen bis zur Einbringung von Gesetzen und Maßnahmen im Interesse der Mafia.

Den Umfang der *borghesia mafiosa* kann man auf zigtausend Personen veranschlagen.

In dem Netz dieser Beziehungen spielt die *Freimaurerei* mit ihren Logen eine bedeutende Rolle. Es zeigt sich, dass viele Mafiabosse Mitglieder von Freimaurerlogen sind. Man kann sagen, dass dort, wo die Freimaurerlogen eine reale, beachtliche und tief verwurzelte Macht darstellen wie zum Beispiel im Raum von *Trapani*, die Mafiosi sich mit ihnen zusammentun, formal beitreten und Beziehungen verschiedenster Form pflegen. In anderen Fällen tarnt sich die Mafia wahrscheinlich selbst als Freimaurerei, um nach außen respektabel zu erscheinen; was es ihr möglich macht, im sozialen Umfeld eine positive Figur abzugeben.

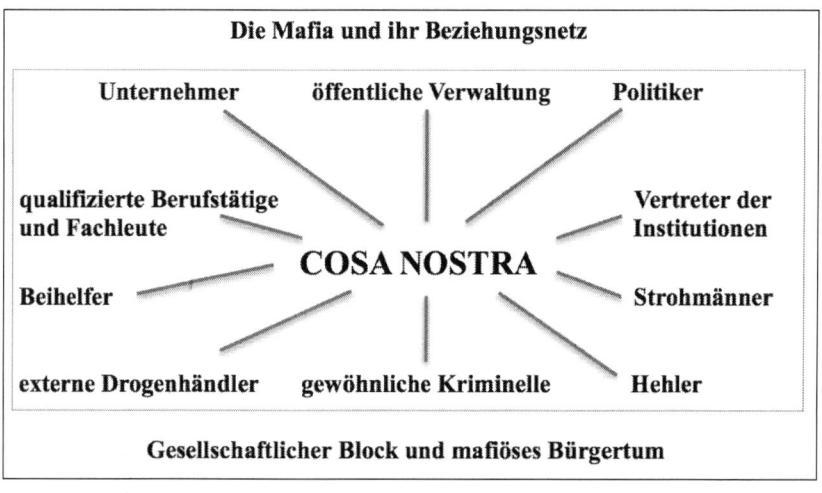

1.21.
Phänomenologie mafiösen Handelns

In den gängigen Diskursen werden die Aktivitäten der Mafiosi und ihre Beziehungen zum sozialen Kontext, von der Wirtschaft bis zur Politik, so dargestellt, als handele es sich um selbstständige, getrennte Welten, die durch obskure oder ersichtliche Beziehungen verbunden wären. Der am häufigsten benutzte Ausdruck ist folglich „Infiltration" (Unterwanderung).

Uns scheint statt *Getrenntheit-Infiltration (separatezza-infiltrazione)* die Sichtweise *Verbundenheit-Unterscheidung (unitàdistinzione)* der Wirklichkeit besser zu entsprechen, weil sie die Analyse des Umfeldes mit der Aufdeckung des Spezifischen verknüpft.
Sie ist möglich, wenn man einer zweifachen Versuchung aus dem Wege geht:
Einerseits der *Verallgemeinerung*, nach der alles Mafia ist – Kapitalismus, Wirtschaft, Staat, Politik = Mafia –, und andererseits dem *Reduktionismus,* einer isolierten Betrachtung von Einzelelementen, die das mafiöse Phänomen auf eine periphere und marginale Rolle begrenzt. Man muss sich vor Augen halten, dass die Mafia eine eigene spezifische Physiognomie hat, die vor allem aus dem Einsatz privater Gewalt resultiert; doch sie wäre ein unergründliches Geheimnis, wenn sich die Beschreibung ihrer Phänomenologie darauf beschränkte und sich nicht dem Problem ihrer Eingliederung in die Gesellschaft, ihrer historischen Entwicklung und aktuellen Wirklichkeit stellen würde. Bei der Beschäftigung mit der mafiösen Gewalt, der mafiösen Wirtschaft, der Mafia als politischem Subjekt und anderen Aspekten des mafiösen Phänomens, sollte man einerseits auch die spezifischen Fakten, andererseits auch die Kräfte berücksichtigen, die die Wechselwirkung mit dem Umfeld ermöglichen.

1.22.
Mafiöse Gewalt

Die Besonderheit der Mafia ergibt sich aus der Anwendung privater Gewalt und aus der fehlenden Anerkennung des staatlichen Gewaltmonopols.
Gewalt prägt den Wettbewerb um die Führung im Inneren wie auch den Konkurrenzkampf außerhalb der Mafia, ferner die Durchsetzung mafiöser Herrschaft über das soziale Umfeld, über das tägliche Leben und über wirtschaftliche und politische Entscheidungen.
Gewalt spielt bei der Auswahl der Kader und der Erneuerung der Führungsstruktur eine wichtige Rolle. Angewandt oder angedroht kommt sie zum Einsatz, um sich gegenüber externen, unfügsamen Unternehmern zu behaupten sowie um die eigenen Interessen auf politisch-institutioneller Ebene durchzusetzen. So erklären sich die Mordanschläge und Massaker zur

Zeit der Bauernaufstände und in jüngster Zeit, als politisch-institutionelle Entscheidungen anstanden, die die Interessen der Mafia und derjenigen, die das Beziehungssystem bilden, hätten behindern oder einschränken können.

Lange Zeit wurde die Gewaltanwendung durch Straflosigkeit legitimiert. Erst in den letzten Jahren forderte ihre Anwendung gegenüber Vertretern politisch-institutioneller Organe (Polizisten, Richtern, Staatsanwälten, Politikern der Regierung) das Einschreiten der Behörden heraus, stets jedoch im Rahmen einer Ausnahmesituation, d.h. als Antwort auf eine wachsende Zunahme mafiöser Gewalt. Das war der Fall – wir erinnerten bereits daran – bei der Ermordung *Dalla Chiesas* und den blutigen Anschlägen auf *Falcone* und *Borsellino*.

Die Gewalt der Mafia ist *instrumental*, d.h., sie ist ein Mittel zur Realisierung ihrer wesentlichen Ziele und ist Teil einer Auffassung, nach der es legitim sei, Selbstjustiz zu üben und sich nicht an den Staat zu wenden.

Aus der Untersuchung der schlimmsten Form mafiöser Gewalt, des Mordes, lassen sich folgende Hinweise ableiten: Der mafiöse Mord ist weniger Ergebnis eines blutigen und unkontrollierten Instinktes und einer marginalen Subkultur; vielmehr ist er als ein *Mord-Projekt* (*omicidio-progetto*) zu sehen, das mit strategischer Rationalität betrieben wird:

a) insofern als er die Form ist, in der die Auseinandersetzung zwischen mafiösen Organisationen oder einzelnen Mafiosi stattfindet, wenn sie nicht mit anderen Mitteln beizulegen ist,

b) insofern, als er das Hauptinstrument oder eines der wesentlichen Instrumente im Kampf um die Lösung eines Führungsanspruchs sowohl in als auch außerhalb der eigenen Reihen ist,

c) insofern, als er die Kontrolle über die von mafiösen Organisationen betriebenen (illegalen wie legalen) Geschäfte erleichtert,

d) insofern, als er eine Möglichkeit bietet, in das soziale und politisch-institutionelle Umfeld einzugreifen und es zu beeinflussen.

Gewalttätigkeit ist bis heute ein unverzichtbares Kennzeichen des Mafioso und eines der Hauptterrains, wo mafiöses Handeln erlernt wird; und der Erfolg einer kriminellen Karriere ist eng mit der Geschicklichkeit im Umgang mit der Gewalt verbunden. Das Geschäft des Tötens betreiben nicht nur die einfachen Mitglieder (*gregari*); auch die Bosse töten und zeigen dabei Rücksichtslosigkeit und Grausamkeit; und das gilt für die sog. *moderati* (Gemäßigte) wie auch für die „Corleonesi".

Stefano Bontate, Erbe einer Mafiadynastie, wurde als ein „moderato" eingeschätzt; dennoch ist belegt, dass er Gegner mit eigenen Händen strangulierte. Von der Grausamkeit der „Corleonesi", von *Luciano Liggio* bis *Totò Riina* und *Bernardo Provenzano*, berichten die Nachrichten und Fernsehfilme in großem Umfang; meistens zeigen sie diese Personen als Helden des Bösen eindrucksvoller und faszinierender als ihre Gegenspieler. Die Anwendung und die Kultur der Gewalt führen dazu, dass Mord nicht als strafbares Verbrechen verstanden wird, sondern als eine bereits in der Eidesformel vorgesehene Todesstrafe, die von dem Mitglied verübt wird. Dieses wird nach seinen verbrecherischen Fähigkeiten beurteilt und geschätzt, als seien es militärische Pflichten, denen blind zu gehorchen ist.

Hierauf beruht die Doppelmoral der Mafia gegenüber dem Staat. Einerseits steht sie *außerhalb* des Staates und *gegen* ihn, da sie ihr eigenes Strafgesetz und ihre eigene Justiz hat, d.h., sie verfügt über einen eigenen Apparat zur Verhängung von Sanktionen gegenüber Gesetzesbrechern; andererseits steht sie *innerhalb* und *mit* dem Staat bei einer Reihe von Aktivitäten wie Genehmigungen und Auftragserteilungen, die Verbindungen und Vernetzungen mit institutionellen Organen erfordern.

Mafiöse Gewalt ist *geplante Gewalt* und kennt unterschiedliche konkrete Erscheinungsformen. Es lassen sich folgende Formen, die sich ihrerseits in Unterformen gliedern, unterscheiden:

1. *interne Gewalt* (*violenza interna*), die innerhalb des mafiösen Kosmos ausgeübt wird, und zwar bei Konflikten, die die gesamte Organisation oder einzelne Gruppen betreffen; Gewalt, bei der es um die *Führung in der Verbrecherwelt* geht, die sich gegen Personen des weiteren kriminellen Milieus um die Mafia richtet – oder als *„transversale/ übergreifende Rache"* (*vendetta trasversale*) nicht den Gegner selbst, sondern seine Angehörigen trifft oder Personen, die in irgendeiner Form mit Mafiosi, mit denen ein bewaffneter Konflikt ausgetragen wird, verbunden sind.

2. Bei der *externen Gewalt* (*violenza esterna*), die außerhalb des mafiösen Kosmos ausgeübt wird, kann man weiter unterscheiden:

a) *politisch-mafiöse Gewalt*: Sie trifft politische Persönlichkeiten und Repräsentanten der Institutionen oder Personen, die sich im Kampf gegen die Mafia engagieren.
b) *wirtschaftlich-mafiöse Gewalt*: Sie richtet sich gegen Unternehmer, die in Konkurrenz oder in Opposition zu Geschäften stehen, die direkt oder indirekt von der Mafia betrieben werden.
c) *demonstrative Gewalt*: Sie hat zum Ziel, mafiöse Herrschaft dadurch zu errichten, dass man gegen Personen vorgeht, deren Verhalten als Gehorsamsverweigerung oder fehlende Anerkennung mafiöser Autorität eingestuft wird.

Fazit: Interne wie externe Verbrechen zielen gleichermaßen darauf ab, die Herrschaft der Mafia zu bekräftigen. Meistens erreichen sie ihr Ziel und werden durch Straflosigkeit legitimiert. Alle oder fast alle Verbrechen an Führern und Aktivisten der Bauernaufstände und gegen Oppositionspolitiker blieben unbestraft; denn sie dienten dem Schutz und dem Fortbestand eines Machtsystems.

In den letzten Jahren jedoch lösten die Verbrechen gegenüber Vertretern der Institutionen (Politiker, Richter, Staatsanwälte, Polizeibeamte) einen Bumerangeffekt aus und führten zur Reaktion der Institutionen. Das zeigt sich in der Gesetzgebung und in der Abwicklung von Prozessen, die mit drastischen Urteilen für Bosse und Angehörige der Mafia endeten. Die Verantwortung von Auftraggebern, die möglicherweise außerhalb der Mafia, aber jedenfalls in Verbindung mit ihr standen, blieb allerdings wieder einmal im Dunkeln – gemäß einem Muster, das sich bei den schlimmsten Bluttaten stets wiederholt: Um uns nur auf die Nachkriegszeit zu beschränken, bei die Massakern von *Portella della Ginestra*[13], *Capaci*, in der *via D'Amelio in Palermo* und bei den Attentaten in *Florenz* und *Mailand*.[14]

In Morden und Bluttaten kommt die politisch-mafiöse Gewalt am deutlichsten zum Ausdruck. Sie stellen eine wichtige Erscheinungsform der Mafia als politisches Subjekt dar, da der Rückgriff auf die Gewalt die

---

13: Siehe Kap.3.15.
14: Siehe Kap.5.5.

Absicht verfolgt, entscheidenden Einfluss auf das soziale und politische Leben der Gesellschaft zu nehmen.

1.23.
Die Wirtschaft der Mafia: Parasitismus und „Produktivität"

Die Mafia betreibt genauso viele kriminelle und unerlaubte Geschäfte (Morde, Erpressungen, verbotenen Warenhandel usw.) wie erlaubte (Leitung von Geschäften, Unternehmen, Finanzgesellschaften). Sie erpresst Wirtschaftsbetriebe durch die Forderung von Schutzgeld (*pizzo*) und durch Wucher; doch sie leitet auch selbst oder durch Strohmänner regulär gegründete Unternehmen. Aus streng ökonomischer Sicht kann man auch die verwerflichsten Geschäfte, wie Produktion und Vertrieb von Rauschmitteln, als produktiv bezeichnen, wenn man im weiten Sinne mit Produktion jeden Prozess meint, der den Gewinn des Produzenten steigert, d.h., zu seinem Reichtum beiträgt, oder, im engeren Sinne, die Umwandlung der Produktionsfaktoren in Produkte, also die Schaffung neuer Wirtschaftsgüter, die auf dem legalen oder illegalen Markt getauscht werden.

Folglich sind in der Ökonomie der Mafia betrügerischer *Parasitismus*, wie in dem klassischen Fall der Erpressung, und „*Produktivität*" eng verbunden, vor allem, wenn es sich um die Herstellung formal unerlaubter Güter und Dienstleistungen handelt, die jedoch auf dem lokalen, nationalen und internationalen Verbrauchermarkt stark nachgefragt sind.

Der parasitär-räuberische Charakter des mafiösen Phänomens wird mit Recht hervorgehoben. Dabei darf man aber nicht vergessen, dass verschiedene Bevölkerungsschichten und ganze Länder ihre Wirtschaft auf illegalen Produkten und Waren aufbauen und dass dadurch – wenn auch oft überschätzt – erhebliche Summen erzielt werden, was durch das Recyceln „schmutzigen" Kapitals Auswirkungen auf das Finanzsystem und das gesamte ökonomische System hat, da ein Großteil dieser Kapitalien in die legale Wirtschaft investiert wird.

Jüngste Forschungen haben sich zum Ziel gesetzt, die „Kosten der Illegalität" zu berechnen.

Das Verbrechen lässt die Ausgaben für die Ordnungskräfte und die der Justiz ansteigen; es plündert die Ressourcen aus und entmutigt zu investieren.

Ferner hat man berechnet, dass Sizilien und die mediterranen Regionen ohne die kriminellen Organisationen dasselbe Entwicklungstempo hätten wie die anderen Regionen. Zum Beispiel schätzt das sozioökonomische Forschungsinstitut CENSIS (*Centro Studi Investimenti Sociali*), dass die kriminellen Organisationen circa 7,5 Mrd. € im Jahr ableiten und dadurch ein geringeres Wachstum des Bruttoinlandsprodukts (BIP) von 2,5% im südlichen Italien sowie ein Gefälle zwischen dem Süden und dem Rest Italiens verursachen.

Wenn die Mafia bzw. die Mafien nur parasitär und räuberisch wären, wenn sie für die Gesellschaft, in der sie operieren, nur eine, wenn auch gewaltige und verhasste Kostenfrage darstellten, wäre es trotz der durch ihre Einschüchterungsversuche und sogar ihre Präsenz ausgelösten Angst leichter, sie zu isolieren und zu besiegen. Die Lage wird weitaus komplizierter, wenn man an die von der Illegalität angebotenen unterschiedlichen Vorteile in Gesellschaften denkt, in denen die legale Wirtschaft schwach und der Reichtum in wenigen Händen konzentriert ist.

Mafiaorganisationen operieren mit zwei Händen: Mit der einen greifen sie nach dem Einkommen der Menschen und lassen diese verarmen, mit der anderen schaffen und verteilen sie es, auch wenn der größte Teil der Erträge in den Taschen der Bosse und ihrer Verbündeten landet. Auf diese Weise sichern sie den oberen Schichten ausgezeichnete Geschäfte, stellen sich als Vermittler sozialer Mobilität dar und garantieren den Unterschichten das Überleben. So wird ein soziales Gemisch, das alle Klassen bedient, erzeugt, wobei jedoch ganz entschieden die privilegierten und herrschenden Schichten begünstigt werden.

1.24.
Das Problem der Entwicklung

Den Wirtschaftsexperten stellt sich folgende Frage: Fördert die Mafia Entwicklung oder stellt sie ein Hindernis dafür dar? Um die Frage korrekt zu beantworten, muss zunächst der Entwicklungsbegriff genauer definiert werden:
- Wenn man bei „Entwicklung" nur oder vorrangig an die Zunahme des BIP (Bruttosozialprodukt) denkt, d.h. an das Wachstum der

produktiven Aktivitäten, ohne zu berücksichtigen, *was* und *wie* produziert wird (Auch die Produktion von gesundheitsschädigenden Waren unter ausbeuterischen Arbeitsbedingungen führt zum Wachstum im Sinne eines Anstiegs des BIP.),
- wenn man das Konsumverhalten eines privilegierten Teils der Bevölkerung vor Augen hat, während die elementarsten Bedürfnisse der unteren Volksschichten – von der Arbeit bis zur Gesundheit, von der Wohnung bis zur Bildung – unbefriedigt bleiben,
- wenn *das* „Wachstum" das einzige Modell ist, das auch für die Länder vorgegeben wird, die scheinheilig als „Entwicklungsländer" bezeichnet werden, während sie aufgrund der Dynamik des Marktes in Wirklichkeit weiter in der „Unterentwicklung" stecken bleiben,

dann gibt es und kann es zahlreiche Gemeinsamkeiten zwischen solchen Auffassungen und der illegalen Bereicherung geben, z.B.: das Streben nach individuellem Erfolg mit allen Mitteln, Konkurrenzdenken um jeden Preis, die Tendenz, Vorschriften zu umgehen, sich über Regeln hinwegzusetzen oder die Normsetzung dahingehend zu beeinflussen, dass Normen zum Schutz des Privatinteresses erzwungen werden, und schließlich das Bemühen um Straflosigkeit.

Wenn hingegen mit „Entwicklung" die Verbesserung aller Lebensbedingungen der Mitglieder einer Gesellschaft gemeint ist, wie es seit einigen Jahren internationale Organisationen befürworten – wie das *Entwicklungsprogramm der Vereinten Nationen* (UNDP), das in seinem Bericht über die Entwicklung der Menschheit 1996 einen *Index für menschliche Entwicklung* (HDI) aufgestellt hat, der drei Aspekte berücksichtigt: ein langes und gesundes Leben, Schulbildung und ein Einkommen, das einen bestimmten Lebensstandard sichert –, dann stehen die Geschäfte der Mafiaorganisationen selbstverständlich in klarem Gegensatz zu solchen Auffassungen. Sie erzeugen eine Kultur der schnellen Bereicherung, der Missachtung der Arbeit, des Missbrauchs und gewaltsam erreichter Vorherrschaft, sozialer Ungleichheit, blinder Unterordnung unter das Kommando der Bosse und die Interessen der kriminellen Organisation; das krasse Gegenmodell zu einer Zivilgesellschaft, die eine harmonische Entwicklung der Leistungsfähigkeit ihrer Bürger gewährleistet.

In letzter Zeit ist selbst der Begriff „Entwicklung" radikaler Kritik ausgesetzt worden, auch wenn er durch verschiedene Adjektive präzisiert wird – das meistbenutzte Adjektiv ist mit Bezug auf die prekären Bedingungen des Planeten, der in einer Weise von Ausbeutung bedroht ist, dass selbst das Überleben seiner Arten in Gefahr ist, das Wort „nachhaltig" –; unter Hinweis auf die Perspektive einer Gesellschaft, die Produktion und Konsum einschränken sollte, ist die Rede von einem „Post-Development" (*doposviluppo*) und von „Wachstumsrücknahme" (*decrescita*). Im Licht dieser Analyse und im Rahmen dieser Perspektive wird die kriminelle Wirtschaft als eklatantester Ausdruck einer Wirtschaft betrachtet, die sich auf die Vergeudung von Ressourcen stützt und zur Katastrophe des Planeten führt.

1.25.
Die Mafia als politisches Subjekt

Zwar spricht man oft von den Beziehungen zwischen Mafia und Politik und es gibt Bücher, die diese Beziehungen dokumentieren und das Verhältnis zwischen Mafiabossen und Politikern rekonstruieren, sowie dazu auch einen Bericht der parlamentarischen Antimafia-Kommission, der 1993 von einer breiten Mehrheit angenommen wurde; doch bis heute fehlt eine entsprechende wissenschaftliche Untersuchung über diese Beziehungen, die von den Anfängen bis zu unserer Zeit als grundlegend für das Mafiaphänomen anzusehen sind.

Die Mafia ist in einem doppelten Sinne *politisches Subjekt*:
1. Als kriminelle Vereinigung ist sie „Herrschaftsverband" und politische Gruppe im Sinne *Max Webers*, d.h., sie verfügt über die grundlegenden Eigenschaften einer solchen Gruppenkategorie:
   a) ein Normensystem
   b) territoriale Ausdehnung
   c) physischen Zwang
   d) einen Verwaltungsapparat, der in der Lage ist, die Einhaltung der Normen zu sichern und den physischen Zwangumzusetzen
2. Die Mafia stellt als kriminelle Organisation und mit dem gesellschaftlichen Block (*blocco sociale*), zu dem sie gehört, ein weitaus größeres Machtsystem dar, und sie ist in einem umfassenden Sinne eine

Produktionsquelle der Politik insofern, als sie Entscheidungen fasst oder dazu beiträgt, Entscheidungen zu fassen, die die Lenkung der Macht und die Verteilung der Ressourcen betreffen.

Einer der Väter der Soziologie, *Max Weber*, gibt im ersten Band seines grundlegenden Werkes *Wirtschaft und Gesellschaft*, das der *allgemeinen Theorie der soziologischen Kategorien* gewidmet ist, folgende Definition der *politischen Gruppe*:
„Politischer *Verband soll dann und insoweit ein Herrschaftsverband heißen, als sein Bestand und die Geltung seiner Ordnungen innerhalb eines angebbaren geographischen* Gebiets *kontinuierlich durch Anwendung und Androhung* physischen *Zwangs seitens des Verwaltungsstabes garantiert werden.*"[15]

Alle diese Eigenschaften besitzt die mafiöse Organisation. Sie praktiziert das, was ich „territoriale Herrschaft" (*signoria territoriale*) genannt habe. Damit ist eine diktatorische Herrschaftsform gemeint, die sich tatsächlich oder tendenziell auf alle Aktivitäten ausweitet, die in einem bestimmten territorialen Bereich ausgeübt werden: vom wirtschaftlichen Handeln zu den sozialen Beziehungen und zum Privatleben der Individuen wie z. B. die Ehe und die Entscheidung, mit wem man sich verschwägert oder befreundet. Dies bedeutet eine flächendeckende Kontrolle über die Ressourcen, sei es durch ihre Aneignung oder sei es durch Mitbestimmung ihrer Nutzung oder auch in anderen, weniger direkten, aber wirkungsvollen und dauerhaften Formen. Diese Form der Herrschaft ist die Grundlage für die umfassende politische Rolle, die direkt und mittels eines Beziehungssystems durch Verbindungen mit den Verwaltungsapparaten und den Entscheidungszentren ausgeübt wird. Auf der Basis dieser allgemeinen Hinweise lässt sich von der „mafiösen Produktion der Politik" sprechen. Die Mafia produziert Politik in vielfacher Hinsicht:
1 mit der *politischen Anwendung von Gewalt* (Wie wir gesehen haben, stellen die sog. politisch-mafiösen Morde, die Massaker von *Portella della Ginestra* bis *Capaci* und in der *via d'Amelio*, einen Eingriff in das politische Leben dar und können die Folge einer Übereinstimmung

---

15: Max Weber, Wirtschaft und Gesellschaft, Grundriss der verstehenden Soziologie (4. Auflage, Tübingen 1956), c.I, §17, S. 39.

mit anderen Interessen und das Ergebnis einer Vielzahl von Urhebern und Vollstreckern sein.),
2 mit dem *Beitrag zur Bestimmung der Volksvertreter bei Wahlen*: Sammlung und Kontrolle von Stimmen, direkte und mittelbare Teilnahme an Wahlkämpfen,
3 mit der *Kontrolle über Institutionen* (auf verschiedene Weise: vom Austausch von Gefälligkeiten bis zu ihrer Durchdringung und Identifikation mit ihr, wodurch Formen von formaler oder informeller Herrschaft des Verbrechens (*criminocrazia*) entstehen).

Wiederum kann man von „politischer Produktion der Mafia" in folgendem Sinne sprechen: Die Politik produziert die Mafia insofern, als sie zu ihrer Entwicklung beiträgt, wenn sie ihr Straflosigkeit zusichert, gemeinsame Aktivitäten mit den Institutionen zulässt, durch die Bereitstellung öffentlicher Gelder oder die Institutionalisierung von Mafiamethoden, wie zum Beispiel das Zurückgreifen auf Morde und Attentate, mit oder ohne die Mitverantwortung der Mafia, wenn politische Abläufe eine Gefahr für bestimmte Machtstrukturen darstellen. Man denke nur an die Morde und Anschläge in Italien, die eine terroristische Handschrift trugen, viele Opfer forderten und fast alle unbestraft blieben. Um nur an einige zu erinnern: die Attentate auf der *Piazza Fontana* (1969), in *Brescia* (1974) und auf dem Hauptbahnhof von *Bologna*.[16]

Die Sozialwissenschaften heben das *Monopol der legitimen Gewaltanwendung* als ein unverzichtbares Attribut des Staates hervor. Anderseits lehrt uns die historische Erfahrung in Italien, dass, wenn auch das formale Gewaltmonopol des Staates niemals aufgehört hat zu bestehen, de facto eine De-Monopolisierung stattfand, die sich auch auf Gesetzesebene widerspiegelte. Man denke nur, mit welcher großen Verzögerung die Mafia zur kriminellen Organisation erklärt wurde, was erst im September 1982 durch Gesetz erfolgte. Auf dieser Grundlage wurde mit Bezug auf die Mafia als auch den Staat eine *doppelte Dualität* festgestellt. Anders als die allgemeine Kriminalität verletzt die Mafia nicht das Recht, sondern sie *negiert* das Recht: Wir haben schon gesehen, dass sie *außerhalb* und *gegen* den Staat ist, weil sie das staatliche Gewaltmonopol nicht anerkennt und den Griff zur

---

16: Zur sog. Strategie der Spannung (*Strategia della tensione*) und der Rolle der Mafia siehe Kap. 3.4.

Mordwaffe als ihre Form der Justiz betrachtet; doch durch ihre Geschäfte, bei denen öffentliche Gelder im Spiel sind, und durch ihre aktive Teilnahme am öffentlichen Leben ist sie *innerhalb* und *mit* dem Staat.

Gegenüber der Dualität der Mafia besteht eine *Dualität des Staates* in dem Sinne, dass es einen teilweisen Verzicht auf das Gewaltmonopol und eine de facto-Übertragung repressiver Aufgaben an die Mafia gegeben hat. Das zeigt sich an der Straflosigkeit für verbrecherisches Vorgehen, wenn dieses die Macht der herrschenden Klassen schützen sollte und zwar dann, wenn entweder ein Eingreifen des Staates wegen offensichtlicher Illegalität unmöglich war oder das Eingreifen der Mafia schneller und brutaler erfolgen konnte.

Die vorausgehenden Betrachtungen weisen Ähnlichkeiten mit Überlegungen zum *Doppelstaat*[17] als Produkt der Dynamik der Beziehung zwischen nationaler und internationaler Politik nach dem Zweiten Weltkrieg auf; hier entwickelten die Führungsgruppen eine doppelte Loyalität: gegenüber dem eigenen Land und dem eigenen internationalen Lager, das sich aus der Teilung der Welt in zwei Blöcke ergeben hatte. Dies ist eine analytische Hypothese, die nicht unkritisch zu verwenden ist, die aber nützlich sein kann, wenn man die blutigen und unbestraft gebliebenen Anschläge in Italien verstehen will.

1.26.
Die sogenannte dritte Ebene

Um die Beziehung zwischen Mafia und Staat darzustellen, ist in den letzten Jahren oft der Ausdruck *dritte Ebene* (*terzo livello*) gebraucht worden. Er wurde von den beiden Richtern *Giovanni Falcone* und *Giuliano Turone* unter Hinweis auf die Straftaten der Mafia in einem Bericht benutzt, den sie im Juni 1982 einem Seminar des Obersten Gerichtsrates vorlegten[18].

Als *Straftaten der ersten Ebene* werden nach den beiden Richtern kriminelle Mafiageschäfte, die unmittelbar Geldbewegungen auslösen, genannt.

17: Der Begriff wurde 1915 von Emil Lederer geprägt und später von Ernst Frankel in Bezug auf die nationalsozialistische Diktatur wieder aufgegriffen, Vgl. E. Fraenkel, Der „Doppelstaat". Recht und Justiz im Dritten Reich, Rückübers. aus dem Englischen, Frankfurt a. M.: Europäische Verlagsanstalt, 1974.

18: G. Falcone / G. Turone, Tecniche di indagine in materia di mafia, in: „Il Consiglio Superiore della Magistratura", Sondernummer, Anlage Nr. 2 zu Nr. 3, Maggio-Giugno 1982, Roma 1983, S. 38-71, wiedergedruckt in G. Falcone, Interventi e proposte (1982-1992), Firenze: Sansoni, 1982, S. 221-255.

Straftaten der zweiten Ebene werden Verbrechen genannt, die mit der mafiösen Logik des Profits und den Auseinandersetzungen zwischen den einzelnen Clans in Zusammenhang stehen.
Straftaten der dritten Ebene werden Verbrechen genannt, die das System der Mafia schützen sollen wie z.b. die Ermordung eines Politikers oder eines Staatsvertreters, dessen Haltung als gefährlich eingeschätzt wird.

Aufgrund des Einflusses der Medien wurde diese Unterscheidung in der Alltagssprache auf die Mafiaorganisation angewandt, die man sich als ein dreistöckiges Gebäude vorstellte: Auf der ersten Etage befänden sich die Vollstrecker der Verbrechen, auf der zweiten die Auftraggeber, auf der dritten eine Art politisch-finanzielle *Supercupola*, die über die allgemeinen Strategien sowie die Aufsehen erregenden Morde entscheiden würde.
Falcone hat sich gegen diese Darstellung immer gewehrt, auch wenn er dafür viel Kritik einstecken musste, die oft die Grenze zur Verleumdung überschritt, als wolle er die Existenz der Beziehung zwischen Mafia und Politik bestreiten und die Untersuchungen dazu vertuschen.
In Wirklichkeit hatte *Falcone* die Auswirkungen dieser Beziehung ganz klar vor Augen. Man kann zum Beispiel daran erinnern, dass der Beschluss (*ordinanzasentenza*) der Ermittlungsabteilung zur Eröffnung des Maxiprozesses gegen die Mafia im Jahre 1985 – zum großen Teil ein Ergebnis seiner Arbeit – von „Geheimnissen und beunruhigenden Verbindungen" spricht, die über die im Plädoyer der Staatsanwaltschaft hervorgehobene Nähe zur Mafia weit hinausgehen. Auch ist *Falcone* ein entscheidender Beitrag zur Formulierung des juristischen Sachverhalts der sog. externen Mitwirkung bei einer mafiösen Vereinigung (*concorso esterno in associazione mafiosa*) zu verdanken; diese zielt darauf ab, die externen Beziehungen zu treffen, d.h. das Beziehungsnetz, das die wirkliche Kraft des mafiösen Phänomens ausmacht.
Sowohl die Anklageschrift zur Vorbereitung des Maxiprozesses, die unter Bezugnahme auf dokumentierte Fälle wie die des ehemaligen Bürgermeisters von *Palermo*, *Vito Ciancimino*[19], und der Steuereintreiber *Ignazio e Antonino*

19: *Vito Ciancimino*, aus *Corleone*, 1924-2002; erster Bürgermeister (CD) Italiens, der ausdrücklich als Mafia-Mitglied verurteilt wurde.

Salvo[20] auch von „organischer Durchdringung" (*compenetrazione organica*) sprach, als auch der Beweisbeschluss und das Urteil des Maxiprozesses in erster Instanz, das zum großen Teil in der Berufung und später in der Revision bestätigt wurde, haben einige Fixpunkte markiert. Das Urteil zeichnete ein deutliches Profil der institutionellen Natur der *Cosa Nostra*; sie ist gleichzeitig:
- Gegenmacht wegen ihrer kriminellen Natur
- eine in das gesellschaftliche Umfeld eingenistete Gewalt, die in der Lage ist, sich an die historisch veränderten Bedingungen anzupassen
- eine Rechtsordnung, die mit dem Staat als Form folgende Wesenszüge gemeinsam hat: ein Territorium, ein Gesetz und Anhänger, die es befolgen, und Leute, die sich ihm anpassen
- eine Interessengruppe, die Pläne für ihre geographische Ausdehnung und die Stärkung ihrer Rolle auf nationaler und internationaler Ebene vorbereitet und realisiert.

Sieht man von den besonderen Eigenschaften eines Gerichtsbeschlusses ab, ergibt sich ein ziemlich aufschlussreiches Bild, mit dessen Hilfe es gelingt, die verschiedenen Verästelungen der Mafia als politisches Subjekt zu begreifen.

Ein Weg schien sich anzubahnen; doch die Arbeit der Richter und Staatsanwälte kam weitgehend zum Stillstand, gerade als man begann, die Beziehung zwischen Mafia und Staat etwas genauer zu untersuchen. Die Reaktionen, die durch das Vorgehen gegen hochrangige Personen des politischen Lebens wie den mehrmaligen Ministerpräsidenten *Giulio Andreotti* ausgelöst wurden, waren nahezu alle durch Parteinahme gegen die mit diesen Untersuchungen betrauten Richter und Staatsanwälte geprägt; man beschuldigte sie der unzulässigen Einmischung in das politische Leben. Auch wurden die Informationen über den Ausgang des *Andreotti*-Prozesses verzerrt dargestellt: Der ehemalige Ministerpräsident und Senator auf Lebenszeit, der der „Mitwirkung in einer mafiösen Vereinigung" (*associazione mafiosa*) angeklagt und in erster Instanz freigesprochen worden war, wurde

---

20: Die beiden Vettern standen in Verbindung zur *Cosa Nostra*. Der Staat hatte ihnen die Eintreibung der Steuern anvertraut. Dafür kassierten sie jahrelang fette Prozentsätze und waren sehr mächtig. *Antonino* erlag einem Tumor, während *Ignazio* von der *Cosa Nostra* ermordet wurde.

im Berufungsprozess zwar für die Zeit ab 1980 freigesprochen, aber für die Zeit bis 1980 der „kriminellen Vereinigung" (*associazione a delinquere*) für schuldig befunden, die Straftat war jedoch zu diesem Zeitpunkt bereits verjährt.

Dieses Urteil wurde durch das Kassationsgericht bestätigt. Die Presse sprach nur über den Freispruch, ignorierte jedoch die schweren Anschuldigungen, die in dem Urteilsspruch enthalten waren: die vor Gericht wenigstens bis zu einem ganz bestimmten Zeitpunkt ermittelten Treffen mit Mafiabossen und weitere Kontakte. Man wollte die Straftat auf die Jahre vor 1980 beschränken, als das Antimafiagesetz noch nicht verabschiedet war; denn erst dieses führt das „Vergehen der kriminellen Vereinigung mafiösen Typs" (*associazione a delinquere di tipo mafioso*) ein; es würde sich also, so die Vorstellung, vor dem Inkrafttreten jenes Gesetzes um „einfache kriminelle Vereinigung" handeln.

Wie man erkennt, eine sehr schwere Anschuldigung für einen Politiker, der im politischen Leben Italiens eine fundamentale Rolle gespielt hat.

In Wirklichkeit unterhielt *Andreotti* Beziehungen zu *Salvo Lima* (1928-1992)[21] bis zu dessen Tod: Dieser war jahrelang Bürgermeister von *Palermo*, dann Parlamentarier in *Rom*, schließlich Europa-Abgeordneter, bis er am 12. März 1992 ermordet wurde. Seine Beziehungen zur Mafia sind bei der parlamentarischen Antimafia-Kommission aktenkundig, wenn auch nicht vor Gericht sanktioniert. Auch wenn diese Beziehungen strafrechtlich nicht als relevant angesehen wurden, sind sie es auf moralischer und politischer Ebene dennoch.

Auf diese Weise entstand in den letzten Jahren in Italien eine Situation, die man als paradox bezeichnen könnte; doch in Wirklichkeit stellt sie eine „Normalität" Italiens dar: Die Justiz hat stumpfe Waffen; jedenfalls kann sie bei Straftaten nur auf der Basis einer Beweislage gerichtlich vorgehen, die in der Hauptverhandlung standhalten soll. Die Straftat der „externen Mitwirkung in einer mafiösen Vereinigung" wurde nicht durch ein spezielles Gesetz genau geregelt. 1993 wurde die „politische Verantwortung" im Bericht der Antimafia-Kommission festgelegt, der unter dem Eindruck, den die Bluttaten jener Jahre ausgelöst hatten, mit breiter Mehrheit angenommen wurde. Jedoch blieb sie auf dem Papier und die politischen Kräfte schufen

---

21: Zu *Salvatore Lima* siehe auch Kap.4.1 und Kap.5.5.

keinen Verhaltenskodex zur Selbstkontrolle. Personen wurden in die Wahllisten aufgenommen und gewählt, die wegen Mafiakontakten bereits verurteilt waren oder unter Anklage standen. Einige von ihnen attackierten die Richterschaft, die immer dann, wenn sie verurteilt, beschimpft wird, wenn sie aber freispricht, bejubelt wird. In diesem Kontext sind die Beziehungen zwischen Mafia und Politik gewissermaßen ein physiologisches Faktum, ein Element der italienischen Kultur geworden.

1.27.
Kultureller Kodex und gesellschaftlicher Konsens. Kultur, Subkultur und Transkultur

Der Terminus „Kultur" bezeichnet umgangssprachlich den Besitz von Kenntnissen und Wissensinstrumenten, während er in der Fachsprache der Anthropologie lediglich als eine wertneutrale Bezeichnung für verbreitete oder herrschende Verhaltenskodizes und -muster verwendet wird.
Mit Blick auf die Verhältnisse in Sizilien spricht man von „sizilianischer Kultur" oder der „Natur der Sizilianer" als einer tief verwurzelten, unveränderbaren anthropologischen Gegebenheit, die häufig mit dem Mafiaphänomen und der Kriminalität im Allgemeinen in Verbindung gebracht wird. Eine tradierte Vorstellung von dem Sizilianer, die erst im 16. Jahrhundert auftaucht, verknüpft Fähigkeit zum Verbrechen, Ehre, List und Umsicht bei der Abwicklung privater und Verwegenheit bei öffentlichen Geschäften.
Um eine Definition für diese Kultur zu finden, wurden Begriffe wie „sicilianismo", „sicilianità" und auch „sicilitudine" geprägt. Der erste ist dem historiographischen und politologischen, die beiden anderen dem literarischen und psychologischen Bereich entnommen. Sie suggerieren das Bild einer geschlossenen, blockierten sizilianischen Kultur: entweder als ideologischer Glaube und konkrete Form von gesellschaftlichem Zusammenleben oder als eine durch die Insellage bestimmte Lebens- und Denkweise. Als typische Merkmale sizilianischer Kultur wurden Machismus (*maschilismo*), Überbewertung der Familie (Familismus), emphatische Hervorhebung der Ehre, Abwertung der Arbeit, Fehlen von Bürgersinn usw. genannt.

Aus der Verinnerlichung dieser Stereotypen entsteht eine Art depressives Syndrom – man könnte es „sicilianite" nennen –, eine irrationale Überzeugung (*sensazione-convinzione*) angeborener Ohnmacht und unvermeidlichen Scheiterns; diese wird bekräftigt und verschärft durch Vorstellungen, nach denen alles, was sich jenseits der Straße von Messina befinde, positiv und normal sei und – nicht anders sei es möglich –, was diesseits sich befinde, dagegen negativ und abartig. Dieses Syndrom wird unterstützt von einer verflachten Erinnerung, in der auch die bedeutsamsten Erfahrungen in einem nebulösen Dunkel untergehen.

Wir haben schon darauf hingewiesen, dass bei dem Studium der Mafia vor allem der Begriff der „Subkultur" verwendet wurde. Die Kriminologen haben den spezifischen Terminus von „krimineller Subkultur" eingeführt. In der Anthropologie versteht man unter Subkultur eine „Untergruppe kultureller Elemente, seien sie immateriell oder materiell – Werte, Kenntnisse, Sprachen, Verhaltensnormen, Lebensstile, Arbeitsgeräte –, erarbeitet oder typischerweise benutzt durch einen bestimmten Sektor, ein Segment oder eine Schicht einer Gesellschaft."[22] Innerhalb der herrschenden Gesamtkultur kann eine solche Untergruppe als differenzierte oder spezialisierte Variante charakterisiert werden oder auch als eine Form von Abweichung oder Opposition.

Wir haben bereits gesagt, dass *im ersten Fall* der „Begriff der Subkultur" zu allgemein ist. (Er würde nur besagen, dass die Mafia wie jedes andere x-beliebige soziale Subjekt ihren eigenen Verhaltenskodex hat, also eine eigene Kultur.) *Im zweiten Fall* ist er irreführend, da er das Mafiaphänomen als Abweichung und Opposition definiert, damit aber alle Aspekte ignoriert, die sich auf die Wechselbeziehung mit dem sozialen und institutionellen Kontext stützen.

Diese irreführenden Auswirkungen zeigen sich in der Interpretation der „Mafia als Subkultur", die vom deutschen Soziologen *Henner Hess*[23] vorgeschlagen wurde. *Hess* schloss die Existenz einer Organisationsstruktur aus, die er sogar als eine „falsche These" bezeichnete, und bezog die gesamte Bevölkerung Westsiziliens in die mafiöse Subkultur ein, wobei er von

---

22: Luciano Gallino, Dizionario di Sociologia, Torino 1983, S. 703.

23: Vgl. Henner Hess, Zentrale Herrschaft und lokale Gegenmacht, Tübingen 1970.

der Vorstellung der Mafia als einer Selbsthilfeeinrichtung ausging, ohne jedoch die Kämpfe vieler Sizilianer gegen die Mafia zu berücksichtigen. Er trennte scharf zwischen einer Staatskultur und einer mafiösen Subkultur, aber so beachtete er nicht die Beziehungen zwischen Mafia und staatlichen Institutionen.

Über die „kriminelle Subkultur" gibt es reichlich Literatur; die wichtigsten Ergebnisse habe ich im letzten Kapitel des Buches *La violenza programmata*[24] zusammengefasst, in dem ich vorschlage, den „Begriff der Subkultur" durch den „Begriff der Transkultur" zu ersetzen.

Die Analysen und Theorien über die kriminellen Subkulturen können folgendermaßen zusammengefasst werden:

- Die Studien über die Kriminalität in *Chicago*, besonders über die Jugendkriminalität, und von *E. Sutherland*[25] über die Kriminalität der „weißen Kragen" haben vor allem die Lern- und Kommunikationsmechanismen kriminellen Verhaltens ins Licht gerückt.
- Die Analysen von *Albert K. Cohen*[26] über die Jugendgewalt und die Anomietheorie von *Robert K. Merton*[27] haben Verhaltensmodelle erarbeitet.
- Die integrierte Theorie der Subkultur von *Franco Ferracuti* und *Marvin Wolfgang*[28] verbindet soziologische und psychologische Aspekte miteinander; die interdisziplinäre Vorgehensweise in den jüngsten Studien strebt die Schaffung eines neuen Paradigmas an.

Der *Chicagoer Schule* kommt das Verdienst zu, die Analyse krimineller Phänomene mit der Erforschung des sozialen Umfeldes verbunden zu haben. Der amerikanische Kriminologe *Edwin Sutherland* untersuchte besonders die Verbrechen von Vertretern der herrschenden Klassen; seine allgemeine Theorie des verbrecherischen Verhaltens gründete er auf zwei Hypothesen:

24: Vgl. G. Chinnici und U. Santino, La violenza programmata, Milano 1991.

25: Edwin H. Sutherland, White Collar Crime, New York, 1949.

26: Albert Cohen, Kriminelle Jugend. Zur Soziologie jugendlichen Bandenwesens, Reinbek bei Hamburg, Rowohlt, 1961.

27: Robert K. Merton, Sozialstruktur und Anomie, in: F. Sack/ R. König (Hrsg.), Kriminalsoziologie, Frankfurt am Main, 1968.

28: Franco Ferracuti und Marvin Wolfgang, The subculture of violence. Towards an integrated theory in criminology, Beverly Hills, 1982.

die differentielle Assoziation und die soziale Desorganisation. Sutherland weist alle kriminologischen Theorien zurück, die auf ökonomischen Einflüssen und Pathologien beruhen; er sieht dagegen das gemeinsame Element aller Verbrechensformen im Erlernen, d.h. in der Weitergabe kriminellen Verhaltens durch regelmäßigen Kontakt zu „Lehrern des Verbrechens". Er unterstreicht außerdem die Rolle der Gesellschaft, die im Gegensatz zum formalen Recht illegale Verhaltensweisen begünstigt. Sein Augenmerk legt er vor allem auf die Geschäftswelt: Verglichen mit dem Stereotyp, das sich allein auf die Kriminalität der Armen und Ausgegrenzten fokussierte, bedeutet dies eine echte Revolution; indirekt ein bemerkenswerter Beitrag zu der Analyse der Beziehungen zwischen Mafia, Wirtschaftsunternehmen und Machtzentren.

Albert K. Cohen analysiert die Subkulturen als Modalitäten der Anpassung und als Lösungen für *Statusprobleme*, d.h. der sozialen Stellung. *R.K. Merton* betrachtet die Anomie, d.h. den Zustand fehlender oder schwacher sozialer Normen und Regeln, als Produkt der *„Krise der kulturellen Struktur, die in einer Gesellschaft besonders dann auftritt, wenn eine starke Diskrepanz zwischen den als legitim erkannten kulturellen Normen und Zielen (z.B. Konsum, Statussymbole) und der ungleichen Verteilung der Mittel (z.B. Geld, Einfluss, Beziehungen) besteht."* Die typischen Reaktionen oder die Reaktionsmuster auf die Reize, die aus der Verbindung von kulturellen Zielen und legalen Mitteln entstehen, seien fünf: Konformität, Innovation, Ritualismus, Verzicht und Rebellion. Das kriminelle Verhalten entspreche demnach dem Innovationsmuster, das zwar in der Zustimmung zu den kulturellen Zielen, doch ohne Respekt vor den legalen Mitteln bestehe.

Die beiden Kriminologen *M. Wolfgang* und *F. Ferracuti* gehen von der Überlegung aus, dass der Terminus „Subkultur", so wie er von Anthropologen und Soziologen verwendet wird, mehrdeutig sei; deshalb schlagen sie ein komplexes und vielgestaltiges Modell vor. Ausdrücklich schließen sie aus, dass die zeitgenössische Mafia als ein subkulturelles Phänomen gedeutet werden könnte. Sie sei „ein System organisierter Verbrechen" geworden und greife zu „geplanter Gewalt" als einer „Waffe sozialer und wirtschaftlicher Kontrolle, nicht unähnlich der Todesstrafe in der organisierten Gesellschaft", die sie „als Mittel zur Sicherung besonderer Vorteile benutze."

Die jüngsten Studien erforschen die Phänomene der Kriminalität, insbesondere der organisierten Kriminalität, auf der Grundlage komplexer theoretischer Modelle. Der Begriff der „Transkultur" würde es erlauben, die Komplexität der Verhaltensweisen mafiöser und anderer mit ihr verbundener Akteure zu erfassen; denn sie stellt sich als ein „übergreifender Prozess dar, der Elemente verschiedener Kulturen verbindet, wodurch archaische Aspekte wie die territoriale Herrschaft, modernere Aspekte wie die finanzwirtschaftlichen Aktivitäten und subkulturelle Aspekte, die sich vom Kodex von Männerbünden ableiten, und andere „postindustrielle" Aspekte koexistieren und sich gegenseitig nähren können."[29]

Auch vom kulturellen Standpunkt aus verknüpft die Mafia Kontinuität und Transformation, Treue zu ihren Wurzeln und Flexibilität in der Fähigkeit, sich an Veränderungen des Umfeldes anzupassen. Auf diese Weise bleibt die familistisch-verwandtschaftliche Basis erhalten. Breiten Raum nehmen jedoch die Interessen ein, die sogar Vorrang vor engsten Familienbanden haben können (z.B.: Im Mafiakrieg Anfang der 80er Jahre stellte sich *Giovanni Bontate* auf die Seite der Mörder seines Bruders Stefano.). Und zur Abwicklung von Geschäften, die über den begrenzten territorialen Horizont hinaus reichen, – zuerst der Zigarettenschmuggel, später der Drogenhandel – bediente man sich interfamiliärer Organisationsformen.

Auch wenn die Mafiaorganisation, wie wir bereits gesehen haben, formal eher männlich ausgerichtet ist, ist die Eingliederung von Frauen in mafiöse Aktivitäten dennoch durch tägliche Berichte nachgewiesen, und zunehmend hört man von ihrer wachsenden Rolle in der Organisation. Auch darf jene „Kultur der Unterwürfigkeit", wie ich sie genannt habe, auf der der gesellschaftliche Konsens gründet, den die Mafia in weiten Teilen der Bevölkerung genießt, nicht als eine immobile Welt verstanden werden: Sie wird unterminiert und in Frage gestellt durch Bekundungen individueller Rebellion in mehr oder weniger vollzogener Verbindung mit Formen der Mobilisierung gegen die Mafia.

Weitere Elemente mafiöser Transkultur (die Lehrzeit, die Initiationsriten, die Sprache, die *omertà* [Schweigepflicht], die hierarchische Auffassung der Organisation und der Gesellschaft, die Übernahme gesellschaftlicher Ziele wie Bereicherung, Macht, Erfolg, nicht aber der [gesellschaftlich

---

29: G. Chinnici, U. Santino, La violenza programmata, Milano, F. Angeli, 1989, S. 378.

akzeptierten] Mittel; die Rolle der Aggressivität, die Personalisierung des Konflikts, die Ideologie des Sizilianismus und des Meridionalismus usw.) müssen im Zusammenhang mit der konkreten Entwicklung berücksichtigt werden, mit der sich die Beziehung von Kontinuität und Modernisierung innerhalb der mafiösen Organisationen und in dem mit ihnen verbundenen „gesellschaftlichen Block" gestaltet. Personen der bäuerlichen Welt, gleichsam Analphabeten wie *Totò Riina* und *Bernardo Provenzano*, waren voll und ganz mit internationalen Geschäften wie dem Drogenhandel und der Geldwäsche vertraut; sie konnten nämlich auf die Leistung von Fachleuten und Beratern zurückgreifen und bewiesen dabei eine überraschende Flexibilität, wenn man ihre eingeschränkten kulturellen Möglichkeiten und die Begrenztheit ihrer direkten Erfahrungen berücksichtigt. Der Begriff der Transkultur zielt mit seinen oben erwähnten Gliederungen darauf ab, dieses Miteinander ländlicher und moderner Modelle darzustellen. Wenn diese „Kontamination" nicht Realität geworden wäre, hätte sich der mafiöse Kosmos immer mehr in den Dörfern und Stadtteilen ihrer Herkunft verkrochen wie die Exemplare einer dem Aussterben ausgesetzten Spezies in einem Reservat.

1.28.
Der Begriff der Ehre und der Devotionalismus

Die Mitglieder der *Cosa Nostra* nennen sich selbst „Ehrenmänner" (*uomini d'onore*), wobei sie vorgeben, Personen zu sein, die moralische Grundsätze und einen Wertekodex respektieren (sexuelle Zurückhaltung, Familienkult, Wort halten, Befolgung übernommener Verpflichtungen, Aufrichtigkeit, Mut, Entschlossenheit usw.), und deshalb Wertschätzung und Respekt verdienen. In Wahrheit aber besteht ihr Ehrbegriff in der Einhaltung der Regeln der Mafiaorganisation, in dem blinden Gehorsam gegenüber dem Boss (*capo*) und in einer eher formalen kleinbürgerlichen Moralvorstellung (*perbenismo*) hinsichtlich Sexualverhalten und Familienbeziehungen. Auch ihre Verherrlichung des Mutes erschöpft sich einzig und allein im Vollzug von Verbrechen, vor allem von Mordtaten, die immer aus dem Hinterhalt verübt werden, niemals mit offenem Visier, selbst wenn es darum geht, eine unbewaffnete Person oder ein Kind zu töten.

Die zur Schau gestellten religiösen Praktiken fast aller Mafiabosse fördern ein biederes Image, das dazu dient, die eigenen kriminellen Handlungen zu bemänteln. Die Benutzung heiliger Bilder beim Aufnahmeritual, sowie von Begriffen, die dem religiösen Vokabular entnommen sind, wie das Wort „padrino" (Pate), das bei der christlichen Taufe verwandt wird, der Bezug auf die Heiligen als Schutzpatrone und Gründer ihrer kriminellen Organisationen: Das alles gehört zu dem Bild des formalen *Devotionalismus*, der mit der von einem Großteil der Bevölkerung praktizierten und vom Klerus gebilligten Religiosität übereinstimmt.

Wie man weiß, hatte *Bernardo Provenzano* während seines langen Lebens im Untergrund (*latitanza*[30]) eine Bibel bei sich; aus ihr bediente er sich reichlich, um seine „*pizzini*", kleine, mit verklausulierten Botschaften beschriebene Zettel, zu verfassen, in denen er sehr häufig religiöse Zitate und Sentenzen benutzte. Der Mafiaboss *Pietro Aglieri* hatte in den Räumen seines Verstecks eine Kapelle eingerichtet, wohin sich ein Ordensbruder begab, um die hl. Messe zu lesen. Und dennoch: Jeder von beiden verübte hunderte von Verbrechen, die sie als dem Gehorsam gegenüber den Regeln der Mafiaorganisation geschuldete Handlungen betrachteten, obwohl diese fast alle christlichen Gebote übertreten.

1.29.
Der soziale Konsens

Der soziale Konsens mit der Mafia ändert sich mit den gesellschaftlichen Entwicklungen: Groß und weithin anerkannt ist er in Zeiten geringer sozialer Mobilisierung; er gerät aber in eine Krise und verringert sich drastisch, wenn es dagegen zu einer tatsächlichen Mobilisierung kommt und sich Erneuerungsperspektiven abzeichnen.

Dieser Konsens lässt sich weitgehend auf die Vorteile zurückführen, die mafiöse Aktivitäten bieten, sowohl in wirtschaftlicher als auch in sozialer Hinsicht (Aufstiegschancen). Zur Mafia zu gehören, ihrem Beziehungsnetz

---

30: Das Untertauchen vor dem Zugriff der staatlichen Behörden.

beizutreten, das bedeutet für viele, an der Verteilung des Kuchens aus den geschäftlichen Erträgen teilzunehmen, Aufträge und Unteraufträge zu erwerben, Freundschaft und Begünstigung von Regierenden, Politikern und Behördenvertretern zu genießen und zur herrschenden Klasse zu gehören. Dies sind die Argumente, die mehr als die Angst das Verhalten verschiedener Individuen erklären, die unterschiedlichen sozialen Gruppen angehören, von den führenden bis zu den einfachen Volksschichten.

1.30.
Die mafiogene Gesellschaft

Die Mafia ist Produkt einer Gesellschaft, die von ihr gleichzeitig ständig reproduziert wird. In anderen Schriften habe ich von „mafiogener Gesellschaft" gesprochen, um ihre Eigenschaften deutlich zu machen. Ich fasse sie noch einmal zusammen:
- Ein großer Teil der Bevölkerung akzeptiert moralisch Gewalt und Illegalität, die in der Regel unbestraft bleiben; sie betrachtet sie als Mittel zu überleben und als Wege zu gesellschaftlichen Positionen, die sonst kaum zu erreichen sind.
- Die legale Wirtschaft ist zu unbedeutend, um in ausreichendem Maße attraktive Chancen zu bieten.
- Der Staat, die Institutionen im Allgemeinen, werden als weit weg, fremd, isoliert und unzugänglich empfunden, wenn nicht sogar durch die Infiltration von Mafiosi und ihren Freunden als tief verstrickt, auch weil frühere Kämpfe gegen die Mafia gezeigt hätten, dass Institutionen und Mafia sich zusammengetan hätten, um den Angriff auf die bestehende Macht abzuwehren.
- Von früheren Kämpfen gegen die Mafia ist als allgemeines Gefühl die Vorstellung von der Unabwendbarkeit der Niederlage, der Unbesiegbarkeit der Mafia und der Unabänderlichkeit der Macht im kollektiven Gedächtnis haften geblieben.
- Das Gefüge der Bürgergesellschaft ist zu fragil und anfällig (Krise der Parteien, geringe Repräsentativität der Gewerkschaften, Schwäche der Bürgerinitiativen usw.), um ein wirksames Gegenmittel zur Mafiaorganisation und einen Ort, in dem ein neues Bewusstsein reifen

könnte, darzustellen. Wenn die These inakzeptabel ist, nach der es in den süditalienischen Regionen schon seit dem Mittelalter keinen Bürgersinn gegeben habe[31], berücksichtigt andererseits das Bild, das jüngst Forschungen von den süditalienischen Bürgerinitiativen zeichnen, nicht, dass viele Freiwilligenorganisationen zum großen Teil zu klein sind und unter gewaltigen Problemen leiden, um eine angemessene Aktivität entfalten zu können.

- Aus all dem nährt sich die Kultur des Misstrauens und des Fatalismus und schafft die günstigsten Voraussetzungen für eine ständige Reproduktion der Mafia, die wie ein Naturgesetz verstanden wird, das es zu akzeptieren gilt, und die man für eigene Vorteile nutzen kann.
- Im täglichen Leben herrscht Aggressivität sogar in den einfachsten Beziehungen, es gilt die Solidarität auch in der Illegalität („Verteidige, was dir gehört, ob zu Recht oder nicht!"); alles sieht man nur in Bezug auf den eigenen „Vorteil" und das eigene „Interesse".

Also, überall in der Gesellschaft, unten wie oben, sind zahlreiche Kräfte am Werk, die der Mafia und der verbreiteten Illegalität einen fruchtbaren Boden bereiten. Dieses Bild ist nicht unveränderbar. Die Geschichte Siziliens im Besonderen ist reich an Versuchen – in nicht allzu ferner Vergangenheit wie auch in unseren Tagen –, es grundlegend zu verändern.
Die genannten Merkmale, die sich früher in überschaubaren Gesellschaften und begrenzten Bereichen erkennen ließen, sind in den letzten Jahren, zumindest, was einzelne Aspekte angeht, auch in größeren Räumen vorhanden und sie verbreiten sich zunehmend in globalem Maßstab. Von dem, was wir das „mafiogene Dorf" (*villaggio mafiogeno*) nennen könnten, sind wir inzwischen zu einem weltweiten kriminogenen Kontext übergegangen. Um hier einige Ausführungen kurz vorwegzunehmen, können wir sagen, dass die kapitalistische Globalisierung folgende Eigenschaften mit sich bringt:
- Territoriale Ungleichgewichte und soziale Unterschiede tendieren dazu, sich zu verschärfen. 20% der Weltbevölkerung verbrauchten 80% der

---

31: These des amerikanischen Forschers Robert Putnam; vgl. ders., Making Democracy Work: Civic Traditions in Modern Italy, Princeton 1993.

Ressourcen und die ungleiche Verteilung wird größer, anstatt sich zu verringern. In vielen Gegenden des Planeten (Afrika, Lateinamerika, die ehemaligen sozialistischen Staaten usw.) ist die einzig verfügbare oder günstigste Ressource der Rückgriff auf illegale Bereicherung.
- Im Namen des Neoliberalismus wird der Sozialstaat abgebaut und schwache Wirtschaften werden ausgegrenzt. Jeden Tag fliehen viele tausend Menschen aus sog. unterentwickelten Ländern: ein unaufhaltbarer Strom, der sich nicht durch Gesetze gegen illegale Einwanderung aufhalten lässt.
- Aus strukturellen Gründen wächst die Arbeitslosigkeit: Das bestehende Entwicklungsmodell führt Technologien ein, die immer weniger menschliche Arbeit erfordern, und die Vereinheitlichung des Marktes lässt die Arbeitssuche zu niedrigsten Kosten zu. Flexibilisierung und prekäre Beschäftigung werden immer mehr zu beherrschenden Kennzeichen der Arbeit; Formen von Schwarzarbeit und sklavenähnlicher Arbeit nehmen zu; soziale Errungenschaften der Arbeiter sind bedroht.
- Die Undurchsichtigkeit des Finanzsystems mit seinem Bankgeheimnis, seinen Steuerparadiesen und neuen Möglichkeiten erleichtert die Symbiose aus legalem und illegalem Kapital.
- Der Widerspruch zwischen Legalität und Realität produziert Ergebnisse, die den Erwartungen nicht entsprechen. Das bezeichnendste Beispiel ist das staatliche Drogenverbot, das nicht von ihrem Konsum abschreckt, vielmehr einen Bereich mit hoher Rentabilität für das Monopol der Mafiaorganisationen schafft.
- Immer stärker verbreitete „Werte" sind: Erfolg um jeden Preis, Bereicherung, Wettbewerb mit allen, vorzugsweise illegalen, Mitteln, die sofortigen und maximalen Gewinn bringen.

Diese Aspekte tragen dazu bei, die illegale Wirtschaft auszudehnen, sie zu stärken und kriminelle Organisationen mit Mafiacharakter auszubreiten. Nimmt man diese Kernprobleme nicht gezielt in Angriff, werden Maßnahmen gegen das Verbrechen, angefangen mit jenen gegen die Geldwäsche, kaum Erfolg haben.

1.31.
Ein historischer Überblick: Dauer und Wandel

Auch hinsichtlich der historischen Entwicklung des Mafiaphänomens und der dagegen durchgeführten Kämpfe ist es erforderlich, bestehende Vorstellungen zu analysieren; auch hier stoßen wir auf Stereotype. Man spricht von „alter Mafia" und „neuer Mafia" oder auch von „traditioneller Mafia" und „Unternehmermafia" und, was die Kämpfe gegen die Mafia angeht, ist nur oder überwiegend von den Demonstrationen und Initiativen der letzten Jahre die Rede, die als ein Novum präsentiert werden.

Es heißt, die „alte Mafia" und die „traditionelle Mafia" hätten einen Ehrenkodex gekannt, sie wären in der Gewaltanwendung zurückhaltend gewesen, auch respektvoll gegenüber den Werten der bäuerlichen Gesellschaft und gegenüber Frauen und Kindern. Dagegen sei die „neue Mafia" degeneriert und die „Unternehmermafia" habe erst in den 70er Jahren des 20. Jahrhunderts den Wettlauf um den Reichtum entdeckt.

Diese Vorstellungen von einer zunächst idyllischen, später entarteten Mafia wurden angeblich durch Aussagen von Mafiosi bestätigt, die zu Kronzeugen der Justiz wurden; insbesondere durch die Aussagen von *Tommaso Buscetta*, der auf einer Seite seine eigene Mafiaorganisation verteidigte, auf der anderen die seiner Feinde, der „Corleonesi", attackierte, wobei er auf den Drogenhandel (bei dem er selbst eine Pionierrolle hatte) als Ursache der Entartung hinwies.

In Wirklichkeit war die Mafia immer eine kriminelle Organisation; einflussreich durch ihr Beziehungssystem, war Gewalt in den eigenen Reihen und nach außen gängige Praxis; auch die Absicht, sich mit allen ihr zur Verfügung stehenden Mitteln zu bereichern, war eine Konstante ihrer Geschichte sowie in der von mir genannten Protogeschichte, d.h., als es das Wort „Mafia" noch nicht gab.[32]

Wie alle nachhaltig dauerhaften Phänomene hat sich die Mafia durch eine geschickte Verbindung von *Dauer* und *Wandel*, von traditionellen und innovativen Faktoren entwickelt. In ihr existieren nebeneinander archaische Momente wie z.B. die Erpressung, die in *Palermo* seit dem 16. Jahrhundert belegt ist, und moderne wie der Drogenhandel, und beide

---

32: Siehe hierzu das nächste Kapitel.

können – trotz scheinbarer Widersprüche – wechselseitig funktionieren. Die Mafia ist weder ein kulturelles Fossil noch ein getriebener Mutant. Ihre Form ist, laut den wortkargen Erklärungen ihrer Bosse, sehr rigide; aber, blickt man auf die Aktivitäten, die sie ausgeübt hat und weiter ausübt, ist sie im Kern flexibel.

Es ist möglich, geschichtliche Phasen zu unterscheiden, aber nur dann, wenn ein Aspekt als vorrangig gegenüber anderen erscheint und indem man auf die Veränderungen des sozialen und territorialen Umfeldes Bezug nimmt, dem sich die Mafia stets anzupassen in der Lage war.

Danach könnte eine Übersicht über die historische Entwicklung der Mafia folgendermaßen aussehen:
1. eine lange Inkubationszeit vom 16. bis zu den ersten Jahrzehnten des 19. Jahrhunderts; für diese Zeit könnte man sinnvoller von *vormafiösen Erscheinungen* sprechen als von Mafia im eigentlichen Sinne,
2. eine *agrarische Phase* (*fase agraria*); sie reicht von der Gründung des italienischen Staates (1860) bis zu den fünfziger Jahren des 20. Jahrhunderts,
3. eine *städtisch-unternehmerische Phase* (fase *urbano-imprenditoriale*) in den sechziger Jahren,
4. eine *finanzielle Phase* (*fase finanziaria*) von den 70er Jahren bis heute. Für die letzten Jahre spricht man von einer *abgetauchten Mafia* (*mafia sommersa*; *mafia inabissata*), um auszudrücken, dass keine Aufsehen erregenden Verbrechen begangen wurden.

Damit man sich eine Vorstellung von dieser Entwicklung machen kann, beschränken wir uns auf einige zusammenfassende Erläuterungen:

zu 1) Als *vormafiöse Phänomene* verstehen wir zwei Typen:
a) die regelmäßig unbestraft bleibenden Aktivitäten nachgewiesener Verbrecher wie der Banditen im Dienste der Barone Westsiziliens, die private Heere aufstellten und eine Reihe von Verbrechen begingen, die nicht sanktioniert wurden
b) einige auf Gewinn zielende Formen von Verbrechen, die bereits die Ausübung von territorialer Herrschaft mit einschlossen wie Erpressung, Menschenraub mit Lösegeldforderung, Viehdiebstahl, der in der Regel mit

der Komplizenschaft der Polizeikräfte jener Zeit geplant und durchgeführt wurde.

zu 2) Mit der Gründung des italienischen Staates bildet sich ein herrschender Block, der aus Großindustriellen des Nordens und süditalienischen Großgrundbesitzern besteht. Die Wirtschaft ist vorrangig agrarisch; an der Spitze der sozialen Pyramide Westsiziliens stehen die großen Landbesitzer, in der Mitte die Pächter der Latifundien (*gabelloti*)[33] und an der Basis die Bauern. Die Mafia setzt sich vor allem aus Pächtern zusammen, die im Kern eine parasitäre, formell eine unternehmerische Rolle spielen; diese gründet sich hauptsächlich auf die Ausbeutung der bäuerlichen Arbeitskraft, ist aber auch präsent in den Zitronen- und Orangengärten der *Conca d'oro* von *Palermo*[34] und in den Städten.

Die Aufgaben der *mafia agraria* sind folgende: Akkumulation von Kapital in Konkurrenz zu den Besitzern; Kontrolle und Repression der Bauernbewegung, die von den *Fasci siciliani* (1891-94)[35] bis zu den Auseinandersetzungen um die Agrarreform in den 40er und 50er Jahren ihr entscheidender Gegenpol war; Kontrolle über die lokale Regierung; Vermittlung zwischen lokalen Gemeinschaften und zentralen Institutionen; damit stellt sie einen der Eckpfeiler des Klientelsystems dar, durch das die Integration des *Mezzogiorno* in das nationale Umfeld stattfindet.

zu 3) Seit der zweiten Hälfte der 50er Jahre des 20. Jahrhunderts vollzieht sich ein *industrielltertiärer Strukturwandel* der italienischen Wirtschaft. In Süditalien und in Sizilien ist der Dienstleistungssektor vor allem parasitär, begünstigt durch die Entwicklung der öffentlichen Verwaltung zum „sozialen Parkplatz" für Arbeitskräfte und die ständig wachsende Bedeutung öffentlicher Ausgaben durch die Gründung des Sonderstatuts der autonomen Region Sizilien (15. Mai 1946) und der „Südkasse", der *Cassa del Mezzogiorno* (1950).

In dieser Phase verlassen die mafiösen Gruppen zwar nicht den ländlichen Raum, richten sich aber immer mehr in der neuen Realität ein und

---

33: Ein *gabelloto* war in Sizilien (19. u. 1.Hälfte 20. Jh.) der Pächter eines sehr großen Landgutes, der wiederum Land unterverpachtete (*gabella*-Pacht).

34: „Goldene Muschel"; Hinterland von *Palermo*.

35: Siehe Kap. 3.9.

nutzen besonders die Gelegenheiten, die die Bauspekulation im Zuge der Stadtentwicklung anbietet; dabei prallen längst bestehende und aufsteigende Gruppen hart aufeinander. Vor allem dank öffentlichen Geldes entsteht die Figur des Mafia-Unternehmers, mit Ausschreibungen öffentlicher Bauwerke, mit Finanzierungen, die von Kreditinstituten öffentlichen Rechts geleistet werden. Daher ist die städtisch-unternehmerische Mafia in erster Linie *borghesia di Stato*[36], die durch Angehörige der oberen Mittelschicht gebildet ist, die enge Verbindungen zu den Behörden und zu den Machtzentren haben.

Die Mafia hat die Kontrolle über den Baumarkt, die Lebensmittelmärkte, die Kreditvergabe und die Postenvergabe in den örtlichen Ämtern und dadurch wird sie immer mehr zum auf lokaler Ebene herrschenden Bürgertum. Gleichzeitig behält und erweitert sie die Quellen illegaler Bereicherung (Erpressung, Zigarettenschmuggel, Beteiligung an dem internationalen Drogenhandel).

zu 4) Wegen ihrer ständig wachsenden Rolle im internationalen Drogengeschäft und dem damit verbundenen rasenden Zuwachs der illegalen Gewinne ist die Mafia seit den 70er Jahren eine riesige Kapitalvermehrungsmaschine, eine *mafia finanziaria,* geworden, was zu einer zunehmenden Bedeutung mafiöser Gruppen in der Marktwirtschaft und im sozialen Umfeld geführt hat. Die Suche nach Möglichkeiten der Geldwäsche und nach Gelegenheiten zu investieren, ferner nach neuen Machträumen wird immer intensiver; dadurch gerät das Gleichgewicht innerhalb des Umfeldes ins Wanken; in den Reihen der Mafia kommt es zu einem internen blutigen Wettlauf, der seinen Höhepunkt im Mafiakrieg der Jahre 1981–1983[37] erreicht, und es entwickelt sich ein erbitterter Kampf um die Vormachtstellung außerhalb der Organisation, bei dem Hindernisse beiseite geräumt werden, die die weitere Expansion gefährden. Unternehmer, Richter, Staatsanwälte, Vertreter der Sicherheitskräfte, Politiker, auch Regierungsvertreter werden getötet.

36: ein Ausdruck von E. Scalfari, G. Turani; vgl. ders. Razza padrona – storia della borghesia di stato, Feltrinelli, 1974

37: Siehe Kap. 5.2.

Der Höhepunkt dieser Offensive wird mit der Ermordung des Präsidenten der Region, *Mattarella* (6.1.1980), des Generalsekretärs der kommunistischen Partei, *La Torre* (30.4.1982)[38], und des Generals und Präfekten *Dalla Chiesa* (3.9.1982)[39] erreicht.
Diese Verbrechen lösten die Reaktion des Staates aus: Das *Antimafia-Gesetz* (13.9.1982)[40] wurde verabschiedet; es folgte der Maxiprozess mit den Verurteilungen von Bossen und Mitgliedern. Viele Mafiosi, verfolgt von ihren Feinden, boten der Justiz ihre Mitarbeit an. 1992 und 1993 organisierte *Cosa Nostra* die blutigen Attentate von *Capaci* und in der *via d'Amelio*, in *Rom, Florenz* und *Mailand* mit der Absicht, den Staat in die Knie und zu „Verhandlungen" zu zwingen, mit weiteren Bumerang-Effekten: harte Gefängnisbedingungen (Isolation) und die Kronzeugenregelung bei Zusammenarbeit mit der Justiz.

Der Ausdruck "mafia sommersa" (abgetauchte Mafia) wird für die Mafia der letzten Jahre benutzt, in denen es nicht zu Aufsehen erregenden Verbrechen und Massakern kommt; für viele, die sich, ausdrücklich oder unausgesprochen, auf das Stereotyp der „Ausnahmesituation" (*emergenza*) beziehen und die Mafia nur als eine Verbrecherfabrik betrachten, bedeutet dies, dass die Mafia bezwungen sei oder jedenfalls keine Sorgen mehr bereite. In Wirklichkeit hat zwar die Mafia, vor allem in ihrer kriminell-militärischen Organisation, sehr harte Schläge einstecken müssen, ihr Beziehungssystem wurde dabei jedoch lediglich gestreift. Und der Verzicht auf den Einsatz von Gewalt gegen prominente Zielpersonen ist Ergebnis sowohl der erlittenen Schläge als auch einer klaren Entscheidung: Kontrollierte Gewalt ist die unerlässliche Bedingung, um auch fortan eine Rolle in der Geschäftswelt zu spielen und durch Beziehungen mit den neuen Machthabern die Verbindungen, besonders mit der Unternehmerschaft und den staatlichen Institutionen, neu zu beleben.

38: Siehe Kap. 3.16.
39: Siehe Kap. 5.1.
40: Siehe Kap. 5.3.

1.32.
Forschungshinweise

Die Untersuchungen, die diese Arbeitshypothesen überprüfen sollen, wurden vom *Centro Impastato* größtenteils mit eigenen Kräften, in einigen Fällen in Zusammenarbeit mit anderen geführt. Im Rahmen des allgemeinen Projekts „Mafia e società" (Mafia & Gesellschaft) wurden folgende Studien abgeschlossen:

1. die Untersuchung über die Vorstellungen von der Mafia, über die theoretischen Modelle und die Literatur zum Mafiaphänomen und weitere ihm ähnliche Erscheinungsformen organisierter Kriminalität; veröffentlicht in folgenden Büchern: *La mafia interpretata. Dilemmi, stereotipi, paradigmi* (Die gedeutete Mafia. Probleme, Stereotype, Paradigmen und *Dalla mafia alle mafie. Scienze sociali e crimine organizzato* (Von der Mafia zu den Mafien. Sozialwissenschaften und organisiertes Verbrechen)*;* eingegangen wird auf Studien von Soziologen, Historikern, Wirtschaftswissenschaftlern, Kriminologen, Psychologen und Theologen; außerdem werden die Leitlinien des „Paradigmas der Vielschichtigkeit"[41] dargelegt;
2. die Erforschung der Ursprünge des Mafiaphänomens, veröffentlicht in dem Band *La cosa e il nome. Materiali per lo studio dei fenomeni premafiosi* (Die Sache und der Name. Materialien zum Studium der prämafiösen Phänomene). Die Dokumentation betrifft die Inkubationszeit des Mafiaphänomens mit einem besonderen Augenmerk auf straffreie Kriminalität (z.B. Banditen im Dienste der Herren) und auf Gewinne zielende Straftaten, die das Ausüben territorialer Herrschaft voraussetzen (Erpressungen, Viehdiebstahl, Menschenraub);
3. die Untersuchung zu Mordtaten und Mordprozessen wurde in folgenden Bänden veröffentlicht: *La violenza programmata. Omicidi e guerre di mafia a Palermo e provincia dagli anni '60 ad oggi* (Geplante Gewalt. Morde und Mafiakriege in Palermo und seiner Provinz von den '60er Jahren bis heute) und *"Gabbie vuote". Processi per omicidio*

41: Siehe Kap. 1.15.

a Palermo dal 1983 al maxiprocesso („Leere Käfige" [42]. Mordprozesse in Palermo von 1983 bis zum Maxiprozess). Untersucht werden die Verbrechen der Zeit der Mafiakriege zu Beginn der 60er und zu Beginn der 80er Jahre und die Gerichtsakten zu den Mordtaten, die oft mit Freispruch endeten;

4 der Band *L`impresa mafiosa. Dall`Italia agli Stati Uniti* (Das Mafiaunternehmen. Von Italien zu den Vereinigten Staaten) veröffentlicht eine Untersuchung zu in Italien und in den USA von Mafiosi betriebenen oder auf sie zurückführbaren unternehmerischen Aktivitäten, größtenteils, um illegales Geld reinzuwaschen, und zwar auf der Basis von Dokumenten, die infolge des Antimafiagesetzes von 1982 erstellt wurden, und von offiziellen US-amerikanischen Quellen;

5 das Forschungsprojekt über Finanzaktivitäten, veröffentlicht in dem Aufsatz *La mafia finanziaria. Accumulazione illegale e complesso finanziario-industriale* (Die Finanzmafia. Illegale Akkumulation und wirtschaftlich-industrieller Bereich). In ihm werden die Formen der Geldwäsche, der Zirkulation des Kapitals auf lokaler, nationaler und internationaler Ebene und die Prozesse der „Finanzialisierung" der Weltwirtschaft untersucht;

6 die Untersuchung über den internationalen Drogenverkehr, durchgeführt gemeinsam mit CISS (*Cooperazione Internazionale Sud Sud*) und in Zusammenarbeit mit europäischen, asiatischen und lateinamerikanischen Nichtregierungsorganisationen, veröffentlicht in dem Band: *Dietro la droga. Economie di sopravvivenza, imprese criminali, azioni di guerra, progetti di sviluppo* (Hinter der Droge. Überlebenswirtschaft, kriminelle Unternehmen, Entwicklungsprojekte), übersetzt ins Englische, Französische und Spanische;

7 das Projekt zur Erforschung von „Mafia & Politik", veröffentlicht in der Broschüre *La mafia come soggetto politico* (Die Mafia als politisches Subjekt) und das über dieses Thema Zusammengestellte in dem Band *L`alleanza e il compromesso. Mafia e politica dai tempi di Lima e Andreotti ai giorni nostri* (Bündnis und Kompromiss. Mafia und Politik

---

42: Anspielung auf die Diskussion um die Freilassung von bereits zur Höchststrafe verurteilten Angeklagten

seit den Tagen von Salvatore Lima und Giulio Andreotti bis heute);
8 die Untersuchung über die Rolle der Frauen in der Mafia und in dem Kampf gegen die Mafia mit einer Dokumentation von Lebensgeschichten. Veröffentlicht sind sie in den Bänden *La mafia in casa mia* (Die Mafia in meinem Haus), mit der Biographie von *Felicia Bartolotta*, der Mutter von *Peppino Impastato*, *Sole contro la mafia* (Frauen allein gegen die Mafia), mit den Geschichten von *Pietra Lo Verso* und *Michela Buscemi*, Frauen aus Palermo, die als Nebenklägerinnen an Mafiaprozessen teilnahmen; *Storie di donne* (Geschichten von Frauen), mit den Geschichten von *Antonietta Renda, Giovanna Terranova* und *Camilla Giaccone* (die erste ist eine kommunistische Aktivistin in den Jahren nach dem Zweiten Weltkrieg; die zweite ist Witwe des von der Mafia ermordeten Richters *Cesare Terranova*, die dritte die Tochter des ebenfalls ermordeten Gerichtsmediziners *Paolo Giaccone)* und schließlich eine Sammlung von Aufsätzen und Artikeln, veröffentlicht in dem Band *Donne, mafia e antimafia;*
9 die Untersuchungen zu den Kämpfen gegen die Mafia, veröffentlicht in den Bänden *La democrazia bloccata. La strage di Portella della Ginestra e l'emarginazione delle sinistre, und Storia del movimento antimafia. Dalla lotta di classe all'impegno civile* (Die blockierte Demokratie. Das Blutbad von Portella della Ginestra, die Ausgrenzung der linken Parteien und Die Geschichte der Antimafia-Bewegung. Vom Klassenkampf zum Bürgerwiderstand);
10 eine Sammlung von Aufsätzen zur Rolle der Kirchen, veröffentlicht in dem Band *Il vangelo e la lupara. Materiali su Chiese e mafia* (Das Evangelium und die Lupara[43] / Materialien über Kirchen und Mafia)
11 eine Sammlung von Aufsätzen, die in dem Band *Mafie e globalizzazione* (Mafien und Globalisierung) zusammengefasst sind.

Ferner widmet das *Centro Impastato* der Arbeit in den Schulen zahlreiche Publikationen; darunter: *A scuola di antimafia, Oltre la legalità* und *l'Agenda dell'Antimafia 2011* (In der Antimafia-Schule, jenseits der Legalität und das Programm der Antimafia, 2011).

43: Die *lupara* ist ein sizilianisches Jagdgewehr, eine abgesägte Schrotflinte, ursprünglich zur Abwehr von Wölfen, mit der aber auch Feinde hingerichtet wurden.

KAPITEL 2
Vor-mafiöse Phänomene

Die Ursprünge der Mafia verlieren sich nicht in grauer Vorzeit oder liegen in einem dunklen angeborenen Hang der Menschen zum Verbrechen, auch nicht in faszinierenden, aber unwahrscheinlichen Rekonstruktionen, die klaren apologetischen Charakter haben wie jene über den Geheimbund der *Beati Paoli* oder über die sagenhaften Gründer von *Mafia*, *'Ndrangheta* und *Camorra*: die spanischen Ritter *Osso, Mastrosso* und *Carcagnosso,* die niemals existiert haben.
Im Jahre 1863 kommt zum ersten Mal in einem Text der Ausdruck „mafiusi" vor, und zwar im Titel der mundartlichen Komödie *I mafiusi di la Vicaria di Palermu* (Die Mafiosi des Gefängnisses von Vicaria in Palermo) von *Giuseppe Rizzotto* und *Gaspare Mosca*. Nahezu gleichzeitig taucht das Wort „maffia" zum ersten Mal auch in einem offiziellen Dokument auf, in einem Bericht des Präfekten von Palermo *Filippo Antonio Gualterio* vom 25. April 1865.
Die Mafia mit all ihren Aspekten tritt in der Zeit in Erscheinung, in der sich die Bildung des italienischen Einheitsstaates vollzieht. Dies bedeutet nicht, dass wir nicht weiter zurückblicken und der Frage nachgehen sollen, ob sich, bevor es überhaupt das Wort Mafia gab, das Phänomen, das wir heute so nennen, bereits herausgebildet hat. In dem Band *La cosa e il nome* (Die Sache und der Name) habe ich auf der Basis einer ziemlich reichhaltigen, wenn auch nur zum Teil erforschten Dokumentation einige Erscheinungsformen rekonstruiert, die zeigen, dass es einen langen Anlaufprozess gegeben hat. Sie können als Vorläufer der Mafia bzw. als Prä-Mafia oder Proto-Mafia bezeichnet werden. Ich ziehe es vor, von *vor-mafiösen Erscheinungsformen* zu sprechen, wobei ich darunter solche verstehe, die sich um zwei große Kategorien gruppieren:
- kriminelle Aktivitäten, die in der Regel unbestraft bleiben, weil die Täter mit den institutionellen bzw. den tatsächlichen Machthabern in Verbindung stehen,
- kriminelle Formen von Vermehrung des Kapitals und von territorialer Machtausübung.

Also kann man als „vor-mafiös" alle Erscheinungen bezeichnen, bei denen Gewalt als Mittel zur Bereicherung und Machtausübung eingesetzt wird. Die Liste ist ziemlich lang; denn sie umfasst eine Reihe von Phänomenen, die die folgenden Eigenschaften aufweisen:
- Fälle und Formen privater Gewaltausübung, d.h. außerhalb eines institutionellen Rahmens, die durch die offizielle Justiz nicht sanktioniert werden, also unbestraft bleiben;
- verbreitete Anwendung von illegaler Gewalt auch durch offizielle Vertreter der Macht und Teile der Institutionen;
- Gewalt und Illegalität als wiederholte oder professionell ausgeübte Verhaltensform;
- das Vorhandensein von mehr oder weniger organisierten bzw. losen Gruppierungen, die in durch sie kontrollierten Gebieten kriminellen Aktivitäten nachgehen;
- gewaltsame und illegale Verhaltensformen, die auf Bereicherung und den Erwerb realer Macht (die nicht unbedingt in Opposition zur offiziellen Macht stehen muss) ausgerichtet sind und die in der Regel unbestraft bleiben und durch allgemeine Passivität und Akzeptanz legitimiert werden.

Hier beschränken wir uns auf einige exemplarische Fälle. Wir werden in den folgenden Abschnitten zunächst diejenigen, die wir als „protegierte Verbrecher" bezeichnen können, berücksichtigen: darunter die „Banditen im Dienste der Adeligen", die „Proto-mafiosi in Palermo", die „Agenten (*familiari*) der Inquisition" sowie Nachweise über Gruppen, die als Vorläufer der Mafia betrachtet werden können. Bei den Bereicherungsdelikten, die eine auch dank Beziehungen zu den Behörden gefestigte territoriale Kontrolle voraussetzen, werden wir auf Erpressungen und Viehdiebstahl eingehen. Dann folgen einige Reflexionen zum gesellschaftlichen Kontext und zu den spezifischen Bedingungen, unter denen sich auf Sizilien der Übergang vom Feudalismus zum Kapitalismus vollzieht, und schließlich einige kurze Hinweise auf die Entstehung apologetischer Mythen, die das Phänomen Mafia zu beschönigen versuchen.

2.1.
Banditen im Dienste der Herren

Jahrhundertelang war der Banditismus im Mittelmeerraum eine verbreitete Erscheinung, die weitgehend in den Lebensbedingungen sozialer Unterschichten ihren Ursprung hatte. Banditen mussten mit spektakulären Strafen rechnen, wie z.B. mit der Zerstückelung ihres Körpers. Es gab jedoch auch Gruppen von Banditen, die sich der Straflosigkeit erfreuten, wenigstens für eine längere Zeit. Diese standen im Dienste der *„signori"* (Adelige), bildeten Privatheere und spielten sich als Herren ganzer Territorien zur Unterstützung der Macht ihrer Auftraggeber auf, die wiederum häufig im Streit miteinander und mit der Zentralgewalt lagen. Wir wissen, dass es schon zur Zeit des Stauferkaisers Friedrich II. (1194-1240) sog. *bravi* gab, die von den Baronen angeworben wurden, um die Gegend zu terrorisieren. In der Folgezeit wird diese Praxis von den Feudalherren, die private Kriege gegeneinander führen, fortgesetzt. Der bekannteste Fall sind die Auseinandersetzungen 1455 und 1529 zwischen den Familien der *Luna* und der *Perollo* in *Sciacca* (Hafenstadt in der Provinz Agrigent), die regelrechte Heere aus „facinorosi" (Gewalttäter) zu ihrer Verfügung hatten. Solange Delinquenten und Banditen der Machtgier der Barone dienen, bleiben sie unbestraft. Sobald aber einer von ihnen damit droht, kompromittierende Enthüllungen ans Licht zu bringen, wird er beseitigt. Das ist der Fall z.B. bei dem Banditen *Rizzo di Saponara*; er wurde im Jahre 1578 vergiftet, weil man befürchtete, er könne über seine Beziehungen zu den Machthabern sprechen. Ein gleiches Ende wird 1954 dem Banditen *Gaspare Pisciotta* widerfahren, als er damit drohte, Kontakte der Bande von *Salvatore Giuliano* mit Politikern und Repräsentanten der Institutionen auszuplaudern.

2.2.
Die Proto-Mafiosi von Palermo und die „familiari" der Inquisition

Im 16. Jahrhundert ist in *Palermo* die Präsenz von „bravacci" („Kraftprotze") nachgewiesen, die am helllichten Tag mordeten, Frauen raubten und vom Stehlen lebten, indem sie die „Schlichtung" praktizierten, d.h., sie forderten

Geld für die Rückgabe ihrer Beute. Einer ihrer Anführer war *Girolamo Colloca*, genannt „König der Bocceria" (*la Vucciria*, der Fleischmarkt von Palermo; aus dem Frz.: boucherie); er war ein Freund der Mächtigen und wurde von den Adeligen verehrt und geschätzt. 1579 setzte der Vizekönig von Sizilien, *Marco Antonio Colonna*, seinen Unternehmungen ein Ende und verurteilte ihn zum Tode. Adelige und die Stadt intervenierten offiziell zu seinen Gunsten, aber das Urteil wurde vollstreckt, und zwar an einem Galgen, der höher war als der seiner ebenfalls hingerichteten Kameraden. Der Straflosigkeit erfreuten sich dagegen diejenigen, die als „familiari" (Agenten) in den Dienst der Inquisition traten; denn sie unterstanden einer Sondergerichtsbarkeit und konnten sich so der Justiz entziehen. Die Inquisition, die als Instrument gegen die als öffentliche Feinde angesehenen Häretiker entstanden war, war in der Tat eine politisch-repressive Organisation im Dienste der spanischen Monarchie, die sich als die allerkatholischste bezeichnete. Die „familiari der Inquisition" – im 16. Jahrhundert gab es etwa 30.000 – waren vor allem, aber nicht nur Adelige und Kaufleute; viele standen Schlange, um Mitglied zu werden; denn ihre Stellung war eine Art Versicherung gegen Strafe.

In einem Brief vom 3. November 1577 schreibt der bereits erwähnte *Vizekönig Colonna*, dass in den Reihen der "familiari der Inquisition" sich alle Wohlhabenden, Adelige sowie reiche Verbrecher befänden. Auf der Grundlage einer bedeutenden Dokumentation sprechen einige Forscher von der Inquisition als einer regelrecht mafiösen Organisation. Das Urteil mag übertrieben erscheinen. Sicher ist jedenfalls, dass sie eine Schmiede „protegierter Verbrecher" war und zu einer verbreiteten Praxis der Straflosigkeit beitrug, eine Folge der Vielzahl von Gerichtsständen, die Recht sprachen. Es existiert das, was ich ein „Polypol der Justiz" genannt habe. Es wird noch viel Zeit vergehen, bis sich das Machtmonopol des Staates, ein unabdingbares Attribut des modernen Staates, durchsetzt. Von Mafia im eigentlichen Sinne kann man meiner Meinung nach erst sprechen, als sich ein solches Monopol wenigstens formal durchsetzt. Dies wird von der Mafia aber nicht anerkannt, da sie, wie wir gesehen haben, ihre eigenen Normen und ein eigenes Rechtsverständnis hat. Allerdings bleibt sie straffrei, weil das Machtmonopol des Staates nicht durchgesetzt wird; denn Gewalt und Illegalität dienen zur Erhaltung und Festigung bestimmter Machtstrukturen.

Abb. 1: Der Fall „Sciacca" ist das bekannteste Beispiel eines Streits zwischen Adelsfamilien, die in ihrer Gefolgschaft regelrechte Heere hatten, die aus „facinorosi", Verbrechern und Banditen zusammengestellt waren. Sie genossen Straflosigkeit, solange sie im Dienst der Mächtigen standen.
Die Familien der Luna und der Perollo (oben die Wappen) stießen 1455 zum ersten Mal aufeinander, dann nochmal 1529. Von dem Fall erzählt Francesco Savasta in seinem Buch (1726).

Abb. 2-3: Der Banditismus hatte seine Wurzel in den Lebensbedingungen der unteren Schichten und wurde mit spektakulären Strafen bekämpft. Das Manuskript des Marquis von Villabianca (18. Jh.) schildert eine repressive Aktion gegen Banditen, die nicht unter dem Schutz von Adeligen standen. Bei dem zweiten Dokument aus dem Jahre 1843 handelt es sich um eine Art Verbannungsliste gegen Banditen, die sich in der Provinz *Palermo* versteckt aufhielten.

Abb. 4: *Palermo* im 16. Jh. Belegt ist die Anwesenheit von „bravacci", die am helllichten Tag Menschen umbrachten, Frauen raubten und von Diebstahl lebten, indem sie für die Rückgabe große Summen verlangten. Ihr Anführer war *Girolamo Colloca*, genannt „König der Bocceria", (die „Vucciria" war der Fleischmarkt).

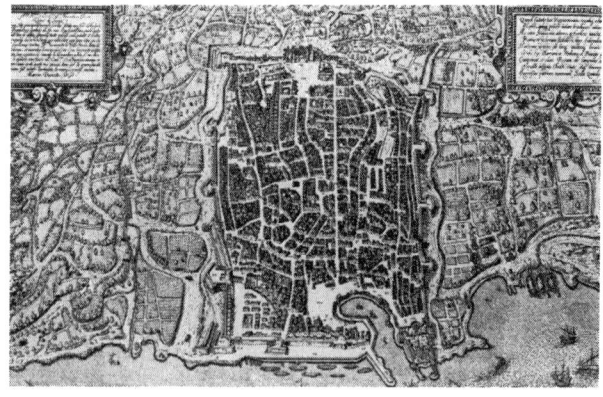

Abb. 5: Fleischmarkt der „Vucciria". Der Markt der „Vucciria" heute. Die Erpressung von Schutzgeldern („pizzo") ist bereits ab dem 16. Jahrhundert nachgewiesen.

Abb. 10: Die Inquisition, entstanden, um Häretiker, die als öffentliche Feinde betrachtet wurden, zu bekämpfen, war eine politisch-repressive Organisation im Dienste der spanischen Regierung.
Alle Personen, die als „familiari" der Inquisition angehörten, unterstanden einer Sondergerichtsbarkeit und entkamen deshalb der offiziellen Gerichtsbarkeit. Unter ihnen waren Adelige und reiche Delinquenten. Auf diese Weise entstand eine Kultur der unbestraften Illegalität.

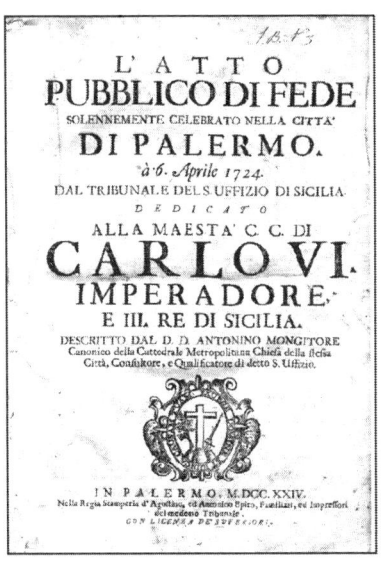

Abb. 11: Der Stich, der zeigt, wie zwei angebliche Häretiker auf dem Scheiterhaufen vebrannt werden, befindet sich in dem Buch, das den „Atto di fede" (Glaubensakt) vom 6. April 1724 beschreibt.

2.3.
Wirtschaftsverbrechen und territoriale Herrschaft

Im 16. Jahrhundert ist die Praxis des „pizzo", der Schutzgelderpressung, auf dem Fleischmarkt *Vucciria* in *Palermo* belegt. Darauf bezieht sich *Argisto Giuffredi*, Sekretär der Inquisition und Autor der *Avvertimenti cristiani* (Christliche Ermahnungen). Als er sich einmal in Begleitung des Stadtkapitäns *Fabio Bologna* auf dem Markt befand, lässt dieser einen jungen Mann festnehmen und verprügelt ihn. Gefragt nach dem „Warum", antwortet *Bologna* ihm, dass sich der junge Mann von Kaufleuten Geld habe geben lassen und dass er ihn vor aller Augen verprügeln wolle, um ihm eine Lektion zu erteilen; auch sollten die Kaufleute so ihre Angst verlieren. Im Nachhinein sieht es nicht so aus, als habe die von *Bologna* erteilte Lektion dazu beigetragen zu verhindern, dass sich das Phänomen des „pizzo" als eine der Hauptpraktiken mafiösen Handelns etablierte.

Das Schutzgeld in der Vucciria von Palermo
Als ich an einem Sommerabend (mit *Fabio Bologna*) ausging, sah ich, dass er in der Nähe des Platzes „Die Alte Metzgerei" in *Palermo* auf einen jungen Mann stieß, der den Ruf hatte, die Kaufleute der Loggia in Angst zu versetzen und sich Geld und ähnliche Dinge geben zu lassen. Er begegnete ihm kurz nach dem Ave Maria, nur mit dem Schwert

am Gürtel, ließ ihn von „sbirri" (Wächter) binden und führte ihn zur Loggia, die zu der Zeit immer voll von Kaufleuten ist, verhöhnte ihn und drohte ihm; er behandelte ihn so schlecht, dass ich bewegt und aus Mitleid mit ihm *Don Fabio* bat, ihn mir zuliebe loszulassen oder zumindest ins Gefängnis zu bringen. Mit leiser Stimme sagte er zu mir Folgendes: „Ihr habt mir das Leben gegeben, um mich darum zu bitten, weil ich ihm nicht mehr antun wollte als das, was ich getan habe"; und als ich zeigte, dass ich ihm das Wort gab, dass der Gefangene während der Amtszeit von *Don Fabio* nach dem Ave Maria nicht ausgehen werde, worum derselbe Gefangene mich inständig bat, ließ er ihn frei. Als ich dann zu dem Hauptmann sagte, dieser sei meiner Meinung nach zu Unrecht gepeinigt worden, erwiderte *Don Fabio*: „Ich bin in meinen Tagen nicht der gerechteste Richter gewesen. Ihr solltet wissen, dass die Kaufleute in der Loggia sich vor jenem da fürchteten; doch man konnte ihm seine Taten nicht nachweisen. Diese Maßnahme hatte einen dreifachen Zweck: erstens, die Kaufleute sollen nicht mehr so viel Angst haben; zweitens, er solle dies von nun an nicht mehr riskieren; drittens, seine Anhänger und Freunde, die gesehen haben, wie ihr Capo behandelt wurde, werden sagen: „Wenn unser Anführer in so eine Gefahr geraten ist, als er niemandem etwas Böses tat, was würde mit uns passieren, wenn wir bei Betrügereien erwischt würden?"

Argisto Giuffredi, Avvertimenti cristiani, Manuskript aus dem 16. Jahrhundert, gedruckt in: L. Natoli (hg.), Documenti per servire alla Storia della Sicilia, IV serie, V., Palermo 1896, S. 59-60.

Die Schutzgelderpressung ist ein Delikt, das sowohl zur Bereicherung als auch zur territorialen Machtausübung dient, da es sich um eine Form krimineller Besteuerung in Konkurrenz zu der des Staates handelt. Auch Entführungen mit nachfolgender „Schlichtung" sind ausgiebig dokumentiert, ebenfalls Drohbriefe, mit denen man Zahlungen verlangt. Ein weiteres gut dokumentiertes Delikt ist der Viehdiebstahl. Damals durchzogen Herden von hunderten von Rindern weite Landstriche. Wenn das Lösegeld nicht bezahlt wurde, wurden sie heimlich geschlachtet. Um dem Diebstahl entgegenzuwirken, markierte man schon im 12. Jahrhundert

die Tiere. Unzählige Vorsichtsmaßnahmen gegen diese Art von Verbrechen wurden unternommen.
Der Viehdiebstahl ist ein Verbrechen, das Stadt und Land verbindet. Es erfordert nämlich organisatorische Strukturen und ist ohne ein Netz von Beziehungen nicht durchführbar. Unerlässlich ist vor allem die eigennützige Komplizenschaft der damaligen Polizei, d.h. der „compagnie d'armi" (Waffenkompanien).

2.4.
Räuber und Gendarm – Der Stammvater des Gattopardo

1543 wurden Waffenkompanien aufgestellt. Sie bestanden aus einem Hauptmann und zehn Männern, die oft unter Vorbestraften und Kriminellen ausgesucht wurden. Und, anstatt für Ruhe und Ordnung zu sorgen, polizeiliche Aufgaben zu übernehmen und Banditen und Delinquenten zu verfolgen, verhielten sich diese Einheiten meistens selbst wie Kriminelle. In einem Dokument des Jahres 1563 lesen wir:
Das Königreich fühlt sich von diesen Capitani d`arme sehr bedrängt. Sie halten sich im Land auf und durchstreifen es. Obwohl sie eigentlich zur Verfolgung politischer Flüchtlinge und Straßenräuber, die plündern und zahllose Verbrechen begehen, angehalten sind, kümmern sie sich um alles Andere als um die ihnen gestellten Aufgaben.
Oft sind die Rollen der Gendarmen und Räuber, der Polizisten und Straftäter austauschbar. Einer dieser *Capitani d`arme* war *Mario de Tomasi* (geb. 1558, gest.?), Stammvater der Familie, aus der später der Schriftsteller *Giuseppe Tomasi*, Fürst von *Lampedusa*, (1896-1957) hervorgeht. Anfangs war *Tomasi* zu den Wachmannschaften zu Fuß („i provvisionati") einberufen worden, die üblicherweise unter den niederträchtigsten und gefährlichsten Individuen rekrutiert wurden. Dann wurde er Capitano d`armi und bereicherte sich durch eine Reihe von Übergriffen, von Erpressungen bis Amtsmissbrauch und Diebstahl, wobei er auch vor der Ermordung seiner Opfer nicht zurückschrak. Einmal reich geworden, heiratete er eine Edelfrau, *Francesca Caro*, und gründete das Geschlecht der „Gattopardi". *Tomasi di Lampedusa* schreibt in seinem äußerst erfolgreichen Roman *Il Gattopardo*, dass mit der Einigung Italiens die Schakale den Platz der Leoparden

eingenommen hätten, d.h., die Bourgeois an die Stelle der Aristokraten getreten seien. Jedoch, wenn wir uns an die historische Realität halten, ähnelt auch sein Stammvater mehr einem Schakal als einem Leopard.

Abb. 6-8: *Giuseppe Tomasi di Lampedusa* schreibt in seinem Roman „Der Leopard", dass mit der Einigung Italiens die Schakale den Platz der Leoparden eingenommen hätten, das heißt, die Bourgeois an die Stelle der Aristokraten getreten seien. Der Stammvater der *Tomasi* selbst ähnelte jedoch mehr einem Schakal als einem Leopard. *Mario di Tomasi* (16. Jh.) wurde zunächst einberufen zu den „Wachmannschaften zu Fuß", die unter den Armen und den gefährlichen Individuen rekrutiert wurden. Später wurde er Waffenkapitän („capitano d'armi") und bereicherte sich durch eine Reihe von Delikten. Einmal reich geworden, heiratete er die Adelige *Francesca Caro* und gründete damit das Geschlecht der *Gattopardi*, zu denen Heilige und selig Gesprochene zählen.

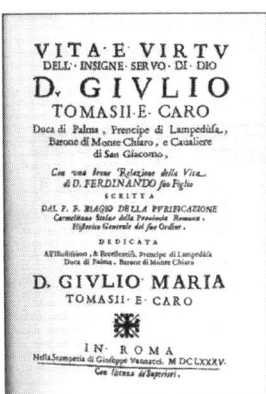

2.5.
Vereinigungen, Bruderschaften, Geheimbünde, Parteien ...

Für die ersten Jahrzehnte des 19. Jahrhunderts sind die ersten Gruppierungen nachgewiesen, die man als Vorläufer mafiöser Vereinigungen betrachten kann. Das bekannteste Dokument ist ein Bericht des Generalstaatsanwalts des Hohen Strafgerichts von Trapani, *Pietro Calà Ulloa*, vom 3. August 1838 an den bourbonischen Justizminister. Der Staatsanwalt schrieb:

In vielen Orten gibt es Vereinigungen und Bruderschaften, besonders Geheimbünde, die sie Parteien nennen, ohne Farbe oder politisches Ziel, ohne weitere Bindung als die der Abhängigkeit von einem Anführer; hier ist es ein Grundbesitzer, dort ein Erzpriester. Eine gemeinsame Kasse hilft bei Bedarf aus, mal um einen Beamten zu entlassen, mal um ihn zu verteidigen, mal um einen Angeklagten zu schützen, mal um einen Unschuldigen zu beschuldigen. Es handelt sich um viele Formen kleiner Regierungen in der Regierung. Das Fehlen der öffentlichen Gewalt hat zu einer Vervielfältigung der Straftaten geführt! Das Volk ist zu einer stillschweigenden Übereinkunft mit den Tätern gekommen. Sobald die Diebstähle erfolgt sind, tauchen Vermittler auf, um eine Transaktion zur Wiedergewinnung der verschwundenen Güter anzubieten. Viele Besitzende halten es folglich für besser, Unterdrücker statt Unterdrückte zu werden, und schreiben sich bei den Parteien ein. Viele hohe Funktionäre decken über diese einen undurchdringlichen Schutzmantel; so ein gewisser Scarlatto, einst Steueranwalt, später Richter beim Obersten Gerichtshof in Palermo, so ein gewisser Siracusa und nicht wenige andere. Manchmal haben sie in mehreren Provinzen gemeinsame Kassen, um Raubzüge zu begehen und mit gestohlenem Vieh von einer zur anderen Provinz Handel zu treiben. Aus diesem Grund werden in einer einzigen Nacht ganze Viehherden gestohlen: So wurden, wenige Meilen von Trapani entfernt, vor gerade einem Monat einem einzigen Besitzer 16 Ochsen gestohlen, einem anderen in der Nähe von Caltanissetta 200 Schafe! Auch fehlen bei solchen Diebstählen nie die Scarlattis und die Artales, die sie decken.

Der Text von *Calà Ulloa* ist mit Vorsicht zu betrachten. Er enthält einige Widersprüche: Es wird gesagt, es handele sich um informelle Organisationen; doch es gibt eine gemeinsame Kasse sowie dauernde und vielschichtige Aktivitäten; außerdem ist seine größte Sorge die Sicherung der bourbonischen Macht, weshalb echte Kriminelle und deren Beschützer mit politischen Gegnern in einen Topf geworfen werden; ein Vorgang, der sich in der Folgezeit wiederholen wird. *Gualterio*, Präfekt von *Palermo*, wird 1865 genau dasgleiche schreiben.

Zehn Jahre vorher, exakt am 16. Oktober 1828, heißt es in einem Bericht des Staatsanwalts von *Girgenti* (nach 1927 Agrigento), dass in *Cattolica* (bei Palermo) eine Organisation aktiv sei, die aus 100 Mitgliedern bestehe: Diese hätten sich durch einen Schwur miteinander verbunden und verfügten ebenfalls über eine gemeinsame Kasse. Es tauchen auch mafiöse Rituale auf wie Leichen mit abgeschnittener Zunge. In einem weiteren Bericht der Intendantur von *Valle di Caltanissetta* vom 27. Oktober 1838 spricht man von einer „lega di ladri" (Räuberbande), „Sacra Unione" (Heilige Union) genannt; ihr Zentrum sei *Mazzarino*. Sie operiere in einem ziemlich weiten Gebiet mit zwei Ordensbrüdern unter dem Vorsitz eines Priesters. Die Union sei hierarchisch gegliedert in *omini* (Männer) und *scassapagghiari* (Übeltäter), die sich des Schutzes der Autoritäten und Grundbesitzer erfreuten. Die ersteren würden einen Teil der Erträge kassieren, die anderen Banditen einsetzen, um ihre Herrschaft auszuüben. Um die Gruppe ziehe sich ein gewaltiges Netzwerk von Verwandten.

In einem weiteren Bericht vom 23. Oktober 1841 spricht der Unterintendant von *Termini*, *Puoti*, von Banditengruppen und Geheimbünden, die in drei Ebenen gegliedert seien: *Organisatoren*, *Vermittler* und *Vollstrecker*. Die *Organisatoren* seien einflussreiche Persönlichkeiten, die *Vermittler* erschienen als Experten, da sie über juristische und administrative Kenntnisse verfügten; sie stünden den Inhaftierten bei und würden die öffentlichen Beamten bestechen. Die *Vollstrecker* seien Banditen, die eher auf Diebstahl, Raub und Mord spezialisierte Verbrecher als Rebellen seien. Es handele sich um ein „integriertes System", das sich in eine umstürzlerische Organisation verwandeln könne: Der Staat solle intervenieren, um eine mögliche Revolte zu verhindern. Wie man sieht, haben wir es hier bereits mit allen Elementen des Mafiaphänomens zu tun: einer geheimen und vereidigten Vereinigung, einer militärischen Organisation, einer familistisch-verwandtschaftlichen Grundlage, einer kriminellen Wirtschaft, der territorialen Herrschaft, der Interaktion zwischen Kriminellen, aufstrebenden sozialen Klassen und der bestehenden Autorität. Wir befinden uns nicht mehr in der Zeit der Prä-Mafia oder Proto-Mafia, sondern der Mafia im eigentlichen Sinne, der Mafia, die wir in den letzten Jahrzehnten kennengelernt haben.

2.6.
Der gesellschaftliche Kontext: Der Übergang vom Feudalismus zum Kapitalismus

Die vor-mafiösen Phänomene Siziliens entwickeln sich vor allem im Westen der Insel in dem gesellschaftlichen Kontext des 16. bis 19. Jahrhunderts.

Das gängige Bild stellt Sizilien als eine vom Rest der Welt abgeschnittene Insel dar, die unter dem ständigen Wechsel von Herrschaften gelitten habe, so als ob die Sizilianer immer von fremden Kolonisatoren unterdrückt worden seien und weiterhin Unterdrückung erleiden müssten. Vielmehr sind die Sizilianer als das Ergebnis von Eingriffen und Interventionen zu betrachten, die sich nicht mit der Abgeschlossenheit der Insel und ihrer Randlage, sondern mit ihrer zentralen Lage inmitten des Mittelmeeres erklären. In diesem Bild wäre Sizilien zu der Zeit, über die wir reden, an einen endlosen Feudalismus und an eine heillose Unterentwicklung gefesselt.

In Wirklichkeit vollzieht sich in dieser Periode ein Prozess, der als Teil der allmählichen Entstehung dessen zu betrachten ist, was der amerikanische Historiker *Immanuel Wallerstein*[44] „die Einheit des Welt-Systems" genannt hat. Wohlgemerkt, es handelt sich nicht darum, von dem Stereotyp der Insellage und Unterentwicklung zugunsten von dem der Homogenität und Unterschiedslosigkeit abzurücken. Die Einheit des Weltsystems, die sich seit dem 16. Jahrhundert gebildet hat, führt zur Etablierung der kapitalistischen Produktionsweise und der Nationalstaaten. Die Aneignung der Produktionsmittel durch die Bürger-Unternehmer und die Bildung von Lohnarbeiterschichten verbinden sich mit dem Siegeszug der absoluten Monarchien und ihrem Gewaltmonopol.

Das Weltsystem schließt die Bildung von *zentralen, semiperipheren und peripheren Regionen* ein, die zwar miteinander verbunden, aber dennoch klar unterschieden sind. In den ersteren finden wir abhängige Lohnarbeit und den Zentralstaat, in den semiperipheren Gebieten die *mezzadria* (Halbpacht), d.h. eine Form bäuerlicher Arbeit, in der der Arbeiter oft ein Kleinbesitzer und die staatliche Autorität deutlich schwächer ist; in den Peripherien herrscht Sklavenarbeit und es fehlt die Zentralgewalt.

Schon *Karl Marx* hatte darauf hingewiesen, dass die Entstehung der kapitalistischen Produktionsweise mit der „ursprünglichen Akkumulation" verbunden sei, bei der der Prozess der Trennung von Produzent und Produktionsmitteln durch die Anwendung von Gewalt gekennzeichnet sei, die direkt vom Staat ausgeübt werde. Daher gibt es einen „wirtschaftlichen" Aspekt der Gewalt, und zwar in dem Sinne, dass sie der Bildung der

---

44: Immanuel Wallerstein, Das moderne Welt-System, 4 Bde, dt. Üb., Frankfurt a. M. / Wien, 1986, 1998, 2004 und 2012.

kapitalistischen Wirtschaft entsprach, und einen „politischen Charakter" der Gewalt insofern, als das Subjekt, das sie anwandte, der Staat in seiner jeweiligen Form war.
Um das Gewaltmonopol durchzusetzen, rüstete sich der Staat mit dafür zuständigen Organen aus, nämlich in seinem Innern mit der Polizei, nach außen mit bewaffneten Formationen, dem Militär. Gleichzeitig entstand die Bürokratie, und es verfestigte sich eine Einheitskultur, die diese institutionelle Ordnung akzeptierte.

Wie und wo ordnet sich in diesem Rahmen Sizilien ein? In früheren Schriften habe ich die Definition Siziliens als einer „anomalen Semiperipherie" vorgeschlagen, d.h., dass in Sizilien verschiedene Formen der Produktion und insbesondere des Ackerbaus nebeneinander bestanden. Es gibt in dieser Zeit vom 16. bis 19. Jahrhundert Latifundien, also Großgrundbesitz, der als Getreide-Monokultur bewirtschaftet wird; aber auch Weinberge, Olivenhaine und Zitruspflanzen sind vorhanden. Es gibt die *metatieri*, Arbeiter, die verschiedene Landabschnitte bearbeiten, die weit von ihrer Ortschaft entfernt liegen; doch man findet auch Lohnarbeit. Die Eigentümer und die Bevölkerung konzentrieren sich in den Städten und in den ländlichen Ortschaften. Viele Eigentümer verlassen sich auf ihre Pächter (*gabelloti*), die sich weniger für landwirtschaftliche Innovationen als für größtmögliche Ausbeutung der bäuerlichen Arbeitskraft interessieren. In Sizilien gelingt es dem spanischen Staat nicht, das Gewaltmonopol durchzusetzen; vielmehr muss er die Gewalt mit anderen Machtzentren teilen: Es liegt also eine *Dyarchie* (Doppelherrschaft) vor, eine Machtteilung zwischen dem Zentralstaat, der durch die Vizekönige repräsentiert wird, und den Baronen zbd dem *Polypol der Justiz*, worüber wir bereits sprachen. In diesem Umfeld behauptet sich die Mafia wegen ihrer nicht nur kriminellen, sondern auch sozialen und politischen Rolle.
Warum nur im Westen Siziliens? Eine Antwort ist nicht leicht. Vermutlich wirkten zu jener Zeit im östlichen Sizilien andere Faktoren:
- *wirtschaftliche Faktoren* wie die Parzellierung der großen Besitztümer durch die Erbpacht, einen langfristigen Vertrag, der Verbesserungen und Innovationen bei der Bewirtschaftung zulässt;
- *politische Faktoren* wie der Gegensatz zwischen den herrschenden Schichten in *Catania* und der Aristokratie in *Palermo* in ihrem Verhalten

zu der Verfassung von 1812, die den Feudalismus abschaffte, wobei die
ersteren gegen die Unabhängigkeitsbestrebungen der letzteren waren.
Vor dem dadurch entstehenden langwierigen Konflikt zwischen der
zentralen Autorität und lokalen Gewalten konnte sich das östliche
Sizilien bewahren;
- *soziale Faktoren* wie die Bauernunruhen von 1820 und 1860, die die
wohlhabenden Klassen des westlichen Siziliens dazu bewegten, auf die
Mafia zurückzugreifen;
- *kulturelle Faktoren* wie ein größeres Vertrauen in die staatliche Autorität
im östlichen Sizilien.
Alle diese Faktoren können eine Rolle gespielt haben, auch wenn eine tiefer
gehende Analyse noch aussteht.

2.7.
Die Entstehung des apologetischen Mythos: die Beati Paoli

Die sog. *Beati Paoli* sollen die Erben eines Geheimbundes von „Rächern"
(*vendicosi*) gewesen sein, über die wir im Jahre 1186 Kenntnis erhalten. Sie
operierten vor allem bei Nacht. Ihr Anführer wurde auf Befehl des Königs
gehängt. Im Jahre 1700 spricht man von sizilianischen „vendicatori", die
Selbstjustiz übten oder gebeten wurden, sie für andere zu üben. Man nannte
sie *Beati Paoli*. Der *Marquis von Villabianca*[45] spricht in seinen *Tagebüchern*
davon, dass einige von ihnen in den ersten Jahren des 18. Jahrhunderts
hingerichtet wurden.
Es handelt sich vor allem um eine Legende, die in der europäischen Literatur
verbreitet ist, zum Beispiel in Deutschland, wo eine Art Geheimtribunal
operierte, das *Femegericht*, auf das 1836 ein Brief eines neapolitanischen
Offiziers, *Gabriele Quattromani*, Bezug nimmt. Wieder aufgenommen
wird der Mythos von volkstümlichen Erzählungen wie *I Beati Paoli* von
Vincenzo Linares und die *Li Biati Pauli* im Dialekt und in Versen von
Carmelo Piola, jeweils veröffentlicht 1836 und 1849.
1864, als die Mafia bereits eine bestehende Tatsache ist, erscheint ein
Theaterstück von *Benedetto Naselli*, und 1874 benannte die Kommune von

---

45: Francesco Maria Emanuele Gaetani, palermitanischer Historiker; 1720-1802.

Palermo nach den *Beati Paoli* eine Straße und einen Platz, wo angeblich der Geheimbund seine Treffen abhielt. Der Feuilletonroman von *Luigi Natoli*, *I Beati Paoli*, der im Anhang des „Giornale di Sicilia" zwischen 1909 und 1910 erscheint, wird den Mythos um die Geheimsekte endgültig etablieren.

Der Roman von *Luigi Natoli* wurde zu einer Art Bibel der Mafia; auch die Kronzeugen gegen die Mafia der letzten Jahre weisen auf dieses Buch hin, um die Ursprünge der Mafia zu erklären; man darf jedoch bezweifeln, dass sie es überhaupt gelesen haben.

Abb. 12: Der Gründungsmythos aller Mafien präsentiert sie als Organisationen, die auf Gerechtigkeit und Ehre basieren. Demnach soll die sizilianische Mafia von den *Beati Paoli* abstammen, eine Sekte von Rächern, die ihre fernen Vorfahren in den „Vendicosi" hätten, über die wir bereits im Jahre 1186 Kenntnis erhalten. Der Roman *I Beati Paoli* von *Luigi Natoli*, der diesen Mythos wieder aufnimmt, wurde zu einer Art Bibel der Mafiosi.

KAPITEL 3
Mafia und Antimafia in der Agrargesellschaft

Die Zeit von den 60er Jahren des 19. Jahrhunderts bis zu den 50er Jahren des 20. Jahrhunderts ist kein starres *Continuum*. Vielmehr lassen sich verschiedene *Phasen* unterscheiden:
- Man hat von einer anfänglichen Opposition der Mafia gegenüber den Regierungen der sog. historischen Rechten, der *Destra storica*[46], gesprochen (doch, wie wir sehen werden, spielte die Mafia auf beiden Seiten mit, auf der der Regierung wie auf der der Opposition).
- Der Übergang der Macht auf die Linke (1876) hätte dann eine Phase der Integration eingeleitet (wobei man auch hier Verallgemeinerungen vermeiden sollte).
- Eine *dritte Phase* ist die *Zeit des Faschismus* (1922 - 1943), mit der Ausschaltung der Gruppierungen der sog. *bassa mafia* und der Integration der *alta mafia*.
- Eine *vierte Phase* reicht von der Nachkriegszeit bis zu den 50er Jahren mit der erneuten Legitimierung der Mafia, der gewaltsamen Unterdrückung der Bauernbewegung, dem Ende der antifaschistischen Einheit (1947), der Vertreibung der linken Parteien aus der Regierung, dem Erfolg der Partei der relativen Mehrheit, der *Democrazia Cristiana* als Monopolist der Macht und der Etablierung eines „mafiösen Bürgertums" (*borghesia mafiosa*) als Bestandteil des herrschenden Blocks.

46: Unter *Destra Storica* versteht man die liberalkonservativen Parteien im 19. Jahrhundert, die von 1861 bis 1876 die Regierungen des neugegründeten italienischen Königreichs bilden, um sie von den rechten Massenbewegungen des 20. Jahrhunderts zu unterscheiden.

3.1.
Auf dem Wege zum Einheitsstaat. Volkskampfverbände und adelig-bürgerliche Gegenkommandos

Wie wir gesehen haben, zeigt die Mafia schon in den 30er Jahren des 19. Jahrhunderts alle ihre typischen Merkmale:
nämlich das Vorhandensein einer Organisation, eine Reihe von kontinuierlich durchgeführten Aktivitäten, ein Beziehungsnetz, eine Kultur der Illegalität, die Straflosigkeit und die Zusammenarbeit mit Teilen der Institutionen.
Die Geschichte des *Risorgimento*, der italienischen Einigungsbewegung im 19. Jahrhundert, und die Bildung des Einheitsstaates lassen erkennen, wie mafiöse Gruppierungen in Übergangsperioden vorgehen und welche Rolle eine privat organisierte Gewalt an der Seite von offiziellen Truppen gegenüber ländlichen und städtischen Volksschichten spielt.
Die Handwerker von *Palermo* waren in Handwerkergilden (*maestranze*) oder Korporationen organisiert, und schon 1735 wurde den „Bürgerwehren" (*ronde*) der Gilden die Verteidigung der Bastionen anvertraut. Im Laufe des Aufstands im Jahre 1773 gegen den *Vizekönig Fogliani* stellten die Korporationen eine *polizia popolare* („Volkspolizei") auf, die die Waffenbruderschaften und Wachdienste ersetzten. In dieser Zeit verschwanden Diebstahl, Raub und Gewalt, die eben diesen Wachdiensten, den sog. *sbirri-ladri* (Polizisten-Dieben) häufig zur Last gelegt wurden. Damals war folgendes Lied in Umlauf:

Es lebe die Handwerkergilde
und alle, die sie geschaffen haben;
denn die Stadt ist ruhig,
es gibt keine Diebe mehr.

Und all die Schergen,
die ihre Runde machten,
raubten und fragten:
Wer ist es gewesen?[47]

Die Frage ist, ob wirklich nur die Wachdienste die Raubzüge unternahmen oder auch die Mitglieder der „Bürgerwehren" der Handwerker. Jedenfalls wurde 1774 die „Volkspolizei" mit der Begründung aufgelöst, es sei zu gefährlich, die Gewalt in den Händen des Volkes zu belassen.

47: Evviva la mastranza / e cu lafici e fu / chi la città è cuieta /e latri un ci nn'è cchiu. / E tutta sta sbirragghia / chi java caminannu / e javanu arrubannu / e spiavano: cu fu?".

Während der Revolte von 1820 bildeten Aristokraten und reiche Bürger eine Nationalgarde (*Guardia nazionale*) mit der eindeutigen Absicht, sie den Volkskampfverbänden (*squadre popolari*) entgegenzustellen. Dies geschah auch 1848. Um ihre Häuser, Hab und Gut zu verteidigen, griffen die Besitzenden auch auf bewaffnete Vertrauensleute zurück, die sie unter Vorbestraften rekrutierten. Volks- und Gegenverbände (*controsquadre*) tauchten auch später in historisch entscheidenden Momenten wieder auf wie z.B. 1860, als *Garibaldis* „Tausend" Sizilien eroberten, und 1866 in *Palermo* während des Aufstandes gegen den Einheitsstaat.

1860 findet man auf der Seite der „Garibaldiner" die *picciotti*, die jungen Mitglieder der Volkskampfverbände; jedoch stießen auch die Interessen der Grundbesitzer bei *Garibaldis* Heeresführern auf Sympathien. So lassen sich die Erschießungen erklären, mit denen die „Exzesse" und Vorgänge in *Bronte*/Catania im August 1860 unterdrückt wurden: Mit der Forderung nach Enteignung der staatseigenen Grundstücke war dort eine Revolte der Bürger und des Volkes ausgebrochen, der auch Grundbesitzer zum Opfer fielen. *Nino Bixio*, *Garibaldis* rechter Arm, schlug am 4. August 1860 die Revolte nieder und ließ ihre Anführer erschießen, obwohl diese sich dafür eingesetzt hatten, Blutvergießen zu vermeiden. 1866 traten die Volkskampfverbände noch einmal in Aktion, mit demselben Personal wie vorher.

Die Urteile der Historiker fallen unterschiedlich aus: Viele von ihnen betrachten auch die Volkskampfverbände als Mafia, und schaut man auf einige ihrer bekanntesten Anführer: Sie sind tatsächlich Mörder und Banditen gewesen.

Es gibt allerdings auch Stimmen, die den revolutionären Charakter dieser Verbände unterstreichen und eine Kontinuität demokratischer Gesinnung von der *Sizilianischen Vesper* (1282)[48] bis zum 19. Jahrhundert erkennen. Sicher ist, dass die sog. *mafia popolare*, die die Volkskampfverbände verkörpert haben sollen, keine Fortführung fand, während sich eine den Gegenverbänden ähnlichere Mafia durchsetzte – zum Schutz der Interessen der Grundbesitzer und mit dem Ziel, ein schlagkräftiges Element der herrschenden Klassen zu werden. Genauer gesagt: Die Gewalt der unteren

---

48: Erhebung der Sizilianer gegen die französische Herrschaft des Hauses Anjou im Jahre 1282, die zu deren Vertreibung führt.

Schichten dürfte zu einem Teil den Weg in die Bauern- und Volksbewegung gefunden und immer stärker Merkmale des Kampfes gegen die Mafia angenommen haben, zum anderen Teil hingegen in die klassenübergreifend zusammengesetzte Mafia eingemündet sein, die als ein Weg gesehen wurde, in die herrschenden Klassen aufzusteigen. Der demokratische Teil wäre demnach zusammen mit den oppositionellen Garibaldinern ausgeschaltet worden, während der andere Teil gesiegt hätte.

In dieser Hinsicht ist die Ermordung von *Giovanni Corrao* (3. August 1863), einem General *Garibaldis*, aufschlussreich: *Corrao*, der aus dem Volk stammte, wurde von seinen politischen Feinden als Gegner an der Seite der *Bourbonen* und als Mafiaführer betrachtet.

Er wurde beseitigt, weil er breite Zustimmung fand und gewiss nicht, wie gesagt wurde, wegen eines Besitzstreites im Gebiet von *Palermo*. Es handelt sich um den ersten politisch-mafiösen Mord.

Abb. 14: Die Ankunft Garibaldis in Palermo. Die Schlacht von Ponte dell'Ammiraglio.

Abb. 15: Während der Rivolten in Palermo, 1820 und 1848, stießen Volkskampfverbände auf aristokratisch-bürgerliche Gegentruppen. Auf beiden Seiten befanden sich unter ihnen auch Kriminelle. 1860 standen neben den „Garibaldinern" die „picciotti" der Volkskampfverbände; aber ebenso die Interessen der Grundbesitzer fanden bei *Garibaldis* Offizieren Gehör. Im August 1860 schlug *Nino Bixio*, einer der prominentesten Führer unter den „Tausend" Garibaldis, die Revolte von *Bronte* blutig nieder, die eine Aufteilung der staatseigenen Ländereien forderte.

3.2.
Die öffentliche Ordnung in Sizilien: Gewalt und politischer Kampf

Um eine Vorstellung von der sizilianischen Wirklichkeit unmittelbar nach der italienischen Einheit zu bekommen, ist ein Bericht des Abgeordneten *Diomede Pantaleoni* an den Innenminister *Bettino Ricasoli* vom 10. Oktober 1861 sehr beachtenswert. Als schwerwiegendstes Problem wird darin das Fehlen öffentlicher Sicherheit genannt: Morde waren an der Tagesordnung und Verbrechen blieben unbestraft, obwohl die Täter in der Regel allgemein bekannt waren wie beim Attentat auf einen Richter des Berufungsgerichts, einen Anhänger von *Giuseppe Mazzini*[49], im August des gleichen Jahres. Die „Gewalttäter" (*facinorosi*) waren eng mit der Regierungspartei, der *Partito della Società Nazionale* (Partei der Nationalen Einheit), verbunden. Demnach war bereits eine „politische Mafia" aktiv, die Morde und

---

49: *Giuseppe Mazzini* (1805-1872) gründete die „Giovine Italia" (Junges Italien) und war in der Zeit des Risorgimento wichtigster Vertreter der republikanisch-demokratischen Bewegung.

Attentate als Mittel des politischen Kampfes beging. Gewalt wurde von den verschiedenen politischen Kräften ausgeübt, jedoch deutlich häufiger auf Seiten der Regierung, wenn auch die meisten Anklagen gegen die Oppositionskräfte erhoben wurden.

Die „Partei der Maffia" (*Partito della Maffia*) stand nach Meinung eines Informanten des Polizeipräsidenten F. A. Gualterio in der Opposition und *Giovanni Corrao*, wie wir gesehen haben, wurde mit den Anhängern der Bourbonen in Verbindung gebracht und als Boss der Mafia genannt. In Wirklichkeit werden in Sizilien in dieser Übergangsphase durch den Rückgriff auf Gewalt als Mittel und Ausdruck politischen Kampfes die Karten neu gemischt. Sizilien steht angeblich in der Opposition zu den Regierungen der historischen Rechten; aber, genauso wie auch in späteren Übergangsphasen, spielt die Mafia auf zwei Klavieren. Die Gewalt ist parteiübergreifend, auch wenn die bekanntesten Fälle der Opposition zugeschrieben werden.

3.3.
Die Revolte von Castellammare und der mafiöse Vermittler

Darunter sind der *Aufstand von Castellammare*/Trapani und die *Morde von Palermo* zu erwähnen, beide im Jahre 1862. In den ersten Januartagen erhoben sich in dem Dorf *Castellammare* tausende Menschen. Bekannt wurde der Aufstand als die Revolte gegen die *cutrara*[50], die reichen „Ehrenmänner" (*galantuomini*). Die Aufständischen, in ihrer Mehrheit Bauern, protestierten gegen die Wehrpflicht und die steuerliche Belastung, wobei sie einen allgemeinen Missmut über ihre elendigen Lebensbedingungen ausdrückten. Sie marschierten zu den Wohnungen der *cutrara*, zum Zollamt und zur Kommune und töteten fünf Menschen. Unter den Aufrührern sind frühere Teilnehmer an antibourbonischen Aufständen, einige von ihnen verhalten sich wie Mafiabosse.

Zum Beispiel die Mitglieder der Familie *Ferrantelli*, die bewaffnet durch das Dorf ziehen, als wären sie Beamte im Dienst. Während der Revolte

---

50: Der Ausdruck weist auf die Bürger und *Honoratioren* hin, die sich die „cutra", die „Decke", aufgeteilt hatten; d.h., sie hatten sich dadurch bereichert, dass sie sich Ländereien angeeignet hatten; auch die kommunale Verwaltung lag in ihren Händen.

kümmern sie sich um die öffentliche Ordnung und vermitteln zwischen Aufrührern und Autoritäten. In der Zeit danach widmen sich einige von ihnen Grundstücksgeschäften und der Bodenspekulation. Auf diese Weise gelingt es den Mitgliedern dieser Familie, ihren sozialen Status zu verbessern; aus *bracciali,* einfachen Tagelöhnern, werden *galantuomini,* die verschiedene Geschäfte betreiben: Sie vergeben Darlehen zu Wucherzinsen, betreiben Viehzucht und verpachten Land, wobei sie legale und illegale (wie den Viehdiebstahl) Aktivitäten miteinander verknüpfen. Die Ehe mit Frauen aus besseren Verhältnissen hilft ihnen beim sozialen Aufstieg. Einer von ihnen wird zum Stadtrat gewählt, er gilt als „Mafia-Mitglied", wird aber niemals verurteilt.

3.4.
Die „Erdolcher von Palermo": Der Beginn der „Strategie der Spannung"

Am Abend des 1. Oktober 1862 wurden in *Palermo* zwölf Menschen niedergestochen; einer starb erst nach einigen Tagen. Aufgrund der Enthüllungen durch einen der Mörder wurden einige Täter in einem Prozess zum Tode verurteilt, andere ins Gefängnis gesteckt; doch es gelang nicht, die verantwortlichen Auftraggeber zu ermitteln; unter ihnen wurde der Fürst von *Sant`Elia, Romualdo Trigona,* genannt, Chef der regierungsfreundlichen Partei und Senator des Königreiches.

Der Vorfall kann als erstes Beispiel dafür angesehen werden, was erst viel später, nach dem Blutbad an der *Piazza Fontana* 1969, „Strategie der Spannung" (*strategia della tensione*) genannt wurde[51] und das Ergebnis der Spannungen unmittelbar bei der Entstehung des Einheitsstaates ist. Und wie es auch in jüngerer Zeit geschehen wird: Die Justiz macht Halt bei den Tätern, löst aber nicht die Frage nach den Hintermännern.

Die Täter waren wahrscheinlich eher bezahlte Verbrecher als Mitglieder

---

51: Unter „Strategie der Spannung" versteht man eine Reihe von bis heute größtenteils ungeklärten terroristischen Anschlägen in Italien in den Jahren 1969 bis ca. 1984, hinter denen die Aktivität von Geheimdiensten und Geheimorganisationen mit dem Zweck, das Land zu destabilisieren und eine Regierungsbeteiligung der Linken zu verhindern, vermutet wird.

einer mafiösen Organisation, eher Handlanger der Mafia, kriminelle Tagelöhner als Mafiosi im eigentlichen Sinne.

Abb. 16: Am 1. Oktober 1862 wurden in *Palermo* 12 Menschen niedergestochen. Aufgrund der Enthüllungen eines der Täter wurden einige der Täter zum Tode verurteilt, andere ins Gefängnis geworfen; die Auftraggeber wurden jedoch nicht gefunden (Genannt wurde der Fürst von Sant`Elia, ein Senator des Königreichs). Der Vorfall kann als ein frühes Beispiel von „Strategie der Spannung" gelten. Die Zeichnung eines unbekannten Autors zeigt die Hinrichtung eines Verurteilten.

3.5.
1863–1865. Die Sache findet einen Namen: „Die Mafiosi der Vicaria von Palermo" und der Präfekt Gualterio

Die Volkskomödie *I mafiusi di la Vicaria di Palermu* wurde zum ersten Mal 1863 aufgeführt. Im Titel erscheint zwar das Wort *mafiusi*, aber im Text spricht man von „camorristi"; so werden die Mitglieder einer Häftlingsgemeinschaft (*sucività*)[52] genannt, die eine hierarchische Struktur hat und im Gefängnis Schutzgelderpressung (*il pizzo* – Schutzgeld) betreibt. Schlüsselgestalt der Komödie ist *l'Incognito* (der Unbekannte), der mit *Francesco Crispi* (1818-896), einem der Hauptprotagonisten des Risorgimento, identifiziert wurde. Er setzt sich dafür ein, die Häftlinge auf den guten Weg zurückzuführen, und in der Tat lässt sich der Boss der *Camorristi* im Stück bei der Arbeiterwohlfahrt einschreiben, einer der ersten sozialen Organisationsformen, und er verlässt die Welt des Verbrechens (*malavita*).

Zwei Jahre später wird der Bericht des Polizeipräsidenten *F. A. Gualterio* vorliegen, auf den wir bereits hingewiesen haben[53], in dem zum ersten Mal in einem offiziellen Dokument das Wort „maffia" zu lesen ist. Die Entwicklung der sog. *Maffia* oder kriminellen Gesellschaft wurde hier auf ein Missverständnis zwischen Nation und Behörden zurückgeführt. Die „ruchlose Gesellschaft" (*trista associazione*) hätte bei allen Aufständen eine Rolle gespielt, ob an der Seite der Liberalen 1848, der Bourbonen bei der Restauration ihrer Herrschaft oder der Anhänger *Garibaldis* 1860. Nun stünde sie auf der Seite der Opposition: Die P*artito d'azione*[54], die Bourbonen, und der Anführer sei *Giovanni Corrao*, später dessen Nachfolger, ein gewisser *Badia*.

Wir sagten es bereits: *Gualterio* bedient sich desselben Erzählmusters wie *Calà Ulloa*[55], indem er alles über einen Kamm schert, um die Opposition pauschal zu kriminalisieren. Hingegen sprach der Abgeordnete D. *Pantale-*

52: Jargon der Verbrecherwelt: von „società" – Gesellschaft.

53: Siehe Kap. 2 (Anfang).

54: 1853 von *Mazzini* gegründete Partei, 1867 wieder aufgelöst.

55: Siehe in Kap.2.5. den Bericht *Calà Ulloas* vom August 1838 an den bourbonischen Justizminister über die Sicherheitslage in Sizilien.

oni ausdrücklich von Verbindungen der „Gewalttäter" (*facinorosi*) zur Regierungspartei.
Wie es auch sei, das Wort „Mafia" wurde nun durch das literarische Werk aus der Taufe gehoben, wenn auch in einem volkstümlichen Text, und erhielt gleichzeitig eine offizielle Beglaubigung.

Abb. 17-18: Eine alte Ausgabe der Volkskomödie *I mafiusi di la Vicaria di Palermu*, 1863 aufgeführt; zum ersten Mal wird das Wort „mafiusi" in einem literarischen Text benutzt; ein Plakat mit drei Szenen der Komödie.

Abb. 19: Am 3. August 1863 wurde in *Palermo Garibaldis* General *Giovanni Corrao* ermordet. Er stammte aus dem Volk und hatte 1860 an den Expeditionen der „Tausend" teilgenommen; 1862 stand er an *Garibaldis* Seite bei dem Versuch, Rom einzunehmen, der mit der Verwundung *Garibaldis* in Kalabrien endete. Seine politischen Feinde betrachteten ihn als Gegner an der Seite der Bourbonen und als Mafiaführer; wegen seiner großen Anhängerschaft wurde er eliminiert.

3.6.
Von der Opposition zur Integration

Für die ersten Jahre nach der Einigung Italiens, von 1861 bis 1876, dem Jahr, das den Wechsel der Macht von der „historischen Rechten" zur sog. *historischen Linken* markiert, war die Rede von einer Mafia, die zunächst in der Opposition stand, dann aber nach und nach integriert war. Aber stand die Mafia tatsächlich in der Opposition? In Scharen wählten die Sizilianer die oppositionelle Linke; doch die Mafia spielte in Wirklichkeit, wie bereits erwähnt, auf zwei Klavieren. Die Ermordung *Corraos* haben wir als politisch-mafiös bezeichnet, es trifft einen Vertreter der Opposition. Die sog. „Erdolcher" von Palermo könnten im Auftrag von Regierungsvertretern gehandelt haben, die jedoch mit dem Wirken der Regierung unzufrieden waren.

Bezeichnend ist auch das Verhalten des damaligen Polizeipräsidenten von *Palermo, Giuseppe Albanese*, und sein Streit mit dem Staatsanwalt *Diego Tajani* (1827-1921). *Albanese* greift auf eine Methode des bourbonischen Polizeichefs *Salvatore Maniscalco* zurück und zwar: Er rekrutiert Kriminelle in die Reihen der Polizei; im Sommer 1869 wurde er niedergestochen. Der Staatsanwalt *Diego Tajani* versuchte, *Albanese* 1871 unter Anklage zu stellen; er habe Verbrecher beauftragt, Mafiosi zu töten; *Albanese* wurde jedoch freigesprochen. Einige Jahre später, 1875, hielt *Tajani*, der inzwischen in die Politik aufgestiegen war und in den Reihen der Opposition saß, in der Abgeordnetenkammer eine deutliche Anklagerede: Der Polizeichef sei von einem Mafioso niedergestochen worden, der die Erpressung nicht akzeptiere, entweder Aufseher zu werden oder ins Zwangsdomizil zu gehen. Die Linke klagte immer wieder die Regierungen der Rechten an, in Sizilien eine Verwaltung geschaffen zu haben, die mit der Unterwelt unter einer Decke stecke.

Im März 1876 wurde die Rechte gestürzt. Vorher hatte sie noch eine parlamentarische Untersuchungskommission zu Sizilien ins Leben gerufen. In dem abschließenden Bericht von *Romualdo Bonfadini* war die Rede von einer unorganisierten Mafia, die lediglich verkörpere[56] „*instinktive, brutale*

56: Den Bericht von Bonfadini kann man nachlesen in: Salvatore Carbone / Renato Grispo (Hg.), L'inchiesta sulle condizioni sociali ed economiche della Sicilia (1875-1876), Bologna: Cappelli, 1969, S. 1037-1186.

und eigennützige Solidarität, die zum Schaden des Staates, der Gesetze und der legitimen Staatsorgane alle jene Individuen und soziale Schichten miteinander vereint, die es vorziehen, ihre Existenz und ihren Wohlstand mit Gewalt, Betrug und Einschüchterung zu sichern anstelle redlicher Arbeit".

Das Wort „mafia"

Laut dem Volkskundler *Giuseppe Pitrè* wurden das Wort „mafia" und seine Ableitungen, vor allem das Adjektiv „mafioso", im Laufe des 19. Jahrhunderts in den Bedeutungen „Schönheit, Lieblichkeit, Vollkommenheit, Vortrefflichkeit in ihrer Art" in einem Stadtviertel von *Palermo, il Borgo*, benutzt.[57] Infolge des Erfolgs der Komödie *I mafiusi di la Vicaria* sei das Wort „mit Brigantentum, Camorra und Gaunerei gleichgesetzt worden." *Pitrès* Aussage entspricht seiner Auffassung der Mafia, die nicht ganz frei von apologetischen Tönen ist.
Das Wort „mafia" könnte abgeleitet sein vom arabischen *mahias*, das „Aufschneider", „anmaßend" bedeuten soll, oder *maha*, ein Wort, das auf die Steinbrüche verweisen soll, die auch als Zuflucht dienten, oder *mu afah*: *mu* bedeutet Rettung und *afah* beschützen.

Es wurden – mit offensichtlich apologetischer Absicht – fantasievolle und unhaltbare Ethymologien vorgeschlagen wie z.B. *Ma fia* (mia figlia/ meine Tochter); es sei der Schrei einer Mutter gewesen, deren Tochter von einem französischen Soldaten beleidigt worden sei, eine Episode, die angeblich die Sizilianische Vesper von 1282 ausgelöst hätte; daher das Akronym „Morte Ai Francesi Italia Anela". (Den Tod der Franzosen ersehnt sich Italien.)
Nach einer anderen Version soll *Giuseppe Mazzini* der Gründer der Mafia gewesen sein und das Wort wäre das Akronym seines terroristisch-revolutionären Programms: *Mazzini Autorizza Furti Incendi Avvelenamenti*. (Mazzini autorisiert Diebstähle, Brandstiftungen, Vergiftungen.).

57: Vgl. Giuseppe Pitré, Usi e costumi, credenze e pregiudizi del popolo siciliano, Permo: Il Vespro, 1978.

Als krimineller Geheimbund kann die Mafia Rituale anderer Bünde übernommen haben wie die der *Carboneria*[58] und der *Massoneria*, der Freimaurer; doch das bedeutet nicht, dass sie mit *Mazzinis* Bewegung gleichgesetzt werden kann.
Ohne Fundament ist auch die Ableitung der Mafia von der mythischen Sekte der Rächer der *Beati Paoli*, die nach Vorstellung des Volkes die Schwachen gegen Übergriffe der Mächtigen schützten.

In einer privaten Untersuchung, die zeitgleich mit der offiziellen zwischen 1875 und 1876 durchgeführt wurde, waren die jungen toskanischen Patrizier *Leopoldo Franchetti* und *Sidney Sonnino* zu ganz anderen Ergebnissen gekommen. *Franchetti* hatte sich mit der Mafia beschäftigt und erkannt, dass in Sizilien die „Gewalttätigen in der Mittelklasse" (*facinorosi della classe media*) „die Industrie der Gewalt" (*industria della violenza*) praktizierten, um sich zu bereichern und das Sagen zu haben; „*sie seien eine Klasse mit eigener Industrie und eigenen Interessen geworden, eine eigenständige soziale Kraft*", deren Bestand und Entwicklung „*in der herrschenden Klasse*" zu suchen seien. Auch ginge der Staat entschlossen gegen das einfache Volk vor, sei aber ohnmächtig gegenüber Mafiosi und „besitzender Klasse" (*classe abbiente*). *Franchetti* hatte auch Unternehmen ermittelt, die unmittelbar von Mafiosi geführt wurden. Auch für ihn handelte es sich nicht um eine zentralisierte Organisation; er hatte aber klar erkannt, dass die Mafia im Unterschied zu anderen kriminellen Gruppierungen, die es überall geben könne, nicht nur eine verbrecherische Erscheinung, sondern eine Form von Bereicherung und Machtausübung war.
Seit 1876 war die „historische Linke" an der Macht. Der Historiker *Salvatore Francesco Romano* hat behauptet, in dieser Zeit habe sich die „politische Legalisierung der Mafia" und ihre Unterwanderung der Institutionen (*mafiosizzazione*) vollzogen[59]. Der Soziologe und Politiker *Napoleone Colajanni* bezeichnete die Regierung als „König der Mafia" (*re della mafia*),

---

58: *Carbonari*, wörtl. Köhler, waren einer der bedeutendsten an der Fortentwicklung der ital. Einigungsbewegung im 19.Jh. beteiligten Geheimbünde.

59: S. F. Romano, Storia della mafia, Milano: Mondadori, 1966.

und der bedeutende Historiker wie auch Politiker *Gaetano Salvemini* nannte später *Giovanni Giolitti* (1842-1928), Finanzminister seit 1889 und seit 1892 wiederholt Ministerpräsident, den *„ministro della malavita"* (Minister der Unterwelt)[60]. Die Praktiken des *Trasformismo*[61] werden zur Gewohnheit und der Skandal der römischen Bank (1893) und andere Skandale sind der Beweis einer Degeneration des politischen Lebens.

In der ersten, von *Agostino Depretis* (1813-1887) geführten linken Regierung ist der Innenminister *Giovanni Nicotera* ein ehemaliger Anhänger Garibaldis. Nach der Entführung des Engländers *John Rose* durch den Banditen *Leone* schickte er *Antonio Malusardi* als Polizeipräsidenten nach *Palermo*, der mit fragwürdigen Methoden eine Militäraktion gegen das Banditentum führte. Grundbesitzer und Mafiosi unterstützten die Kampagne gegen die Banditen, deren sie sich bedient und die sie unterhalten hatten: Auch dies ist eine Art Konstante in der Geschichte der Mafia.

Malusardi machte sich auch auf die Suche nach mafiaartigen Geheimbünden. Wer sind aber die Mafiosi? In einer 1877 vorgestellten Liste von „Mafiosi" in der Umgebung von *Cefalù* und *Termini*/Provinz Palermo gelten als solche vor allem die Komplizen der Banditen; dazu gehören Grundbesitzer, angesehene Persönlichkeiten und Freiberufler, auch acht Priester.

In einem Bericht vom Juli 1874 behauptete der Polizeipräsident von *Palermo Gioacchino Rasponi*, dass *„die Maffia in alle Schichten der Gesellschaft eindringt"*, von den Reichen zur Mittelschicht und ins Proletariat; doch wirklich mächtig sei sie *„vor allem in der Mittelschicht"*, dort insbesondere unter den Rechtsanwälten[62]. Er unterschied den *„verbrecherischen Mafioso"* (*maffioso malfattore*), den Schurken (*malandrino*), von demjenigen, *„der sich nicht in der Öffentlichkeit zeigt"*; eine dritte Gruppierung sieht er bei den „Helfershelfern" (*manutengoli*); „man könnte sie als Mafia-Mitglieder bezeichnen, die mitmachen entweder, weil sie an dem kriminellen Gewinn der Schurken („*malandrini*") teilnehmen, oder aus Furcht oder, um

---

60: So am 14. März 1909 im *Avanti*, dem Organ der Sozialistischen Partei Italiens.

61: Der Begriff bezeichnet den Prozess der Auflösung der historischen Parteien nach 1880, der die Suche auch mit fragwürdigen Mitteln nach neuen parlamentarischen Mehrheiten und einen ständigen politischen Umschwung der Abgeordneten zur Folge hatte.

62: Der Bericht von Rasponi ist im zitierten Band von Carbone und Grispo nachzulesen, S. 30-33.

durch sie Schutz und Unversehrtheit für Leben und Besitz zu erhalten." Es bleibt zweifelhaft, ob die Informationen, auf denen die Mafia-Liste gründet, nicht durch politische Interessen beeinflusst waren. Viele der Aufgelisteten bekamen eine Verwarnung oder Hausarrest, während gegen andere Angeklagte der Zugehörigkeit zur Mafia (*mafiosità*) gerichtlich vorgegangen wurde.
Jedenfalls ist es bezeichnend, dass *Malusardi*, als er sich daran machte, die Helfershelfer und Komplizen zu bestrafen, die Kritik sowohl der Linken als auch der Rechten auf sich zog und gezwungen war, seine Aktion abzubrechen. Er verließ die öffentliche Verwaltung und widmete sich der Politik, wie es schon bei *Diego Tajani* der Fall gewesen war. Dieses Geschichtsmuster, dass „laufende Arbeiten" jäh abgebrochen werden, wird sich noch einmal mit *Cesare Mori* (1871-1942), Polizeipräsident in Sizilien unter *Mussolini*, wiederholen.

Zu der Vorgehensweise der Mafia in dieser Zeit haben wir mit den Erklärungen von *Gaspare Galati*, einem Arzt und Grundbesitzer aus *Palermo*, ein bedeutsames Dokument. Er wurde von den Bewachern eines seiner mit Zitrusfrüchten bebauten Grundstücke bedroht. *Galati* berichtet, er habe einen Bewacher entlassen, der ihn bestohlen hätte, und durch einen anderen ersetzt, der daraufhin ermordet worden sei. Das geschah zu Beginn der 70er Jahre, das Grundstück lag in *Uditore*/Palermo, das damals 800 Einwohner hatte und wo im Jahre 1874 allein 34 Morde registriert wurden: Es tobte ein Krieg zwischen den Gruppierungen der *Badalamenti* und *Amoroso*. *Galati* musste *Palermo* verlassen; doch alles, was ihm widerfuhr, hielt er schwarz auf weiß fest. Die Justiz schwieg zu dem Vorfall; der Innenminister sah sich jedoch in der Pflicht zu intervenieren. Die Untersuchung, die auch innerhalb der Justizbehörden Protektionen aufdeckte, wurde vom Polizeipräsidenten *Ermanno Sangiorgi* übernommen, auf den wir später erneut stoßen werden.

Abb. 20-21 (Seite 102): Der Volkskundler *Giuseppe Pitré* schrieb, dass das Wort „mafia" und das Adjektiv „mafioso" im Laufe des 19. Jh. in *Palermo* in positivem Sinne gebraucht wurden. Zum Beispiel nannte man ein schönes Mädchen „mafiosa".

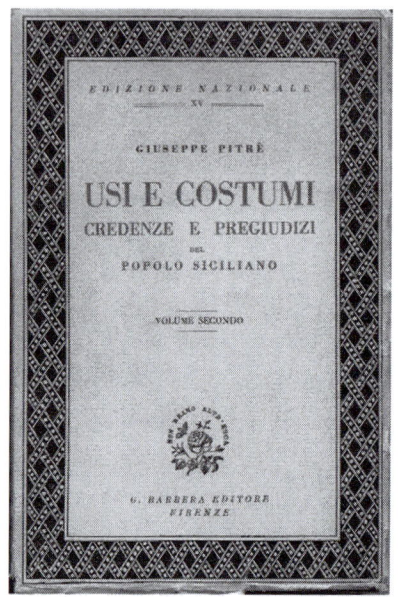 

Aufgrund des Erfolges der Komödie *I mafiusi di la Vicaria* soll das Wort dann „Synonym für Brigantentum, Camorra und Gaunerei" geworden sein. *Pitré* betrachtete die Mafia als ein überzogenes „Bewusstsein des eigenen Seins", das nichts mit krimineller Aktivität zu tun habe.

Abb. 22: Der Staatsanwalt von *Palermo, Diego Tajani,* wandte sich entschieden gegen den Polizeichef *Giuseppe Albanese,* und klagte ihn an, Kontakte zur Verbrecherwelt zu haben.
Nachdem er von seinem Amt zurückgetreten war, wurde er Abgeordneter in den Reihen der Opposition. 1875 hielt er in der Kammer eine Rede, in der er behauptete, die Mafia sei ein Instrument der „lokalen Regierung".

Abb. 23: Der Text der Gesetzesvorlage zur parlamentarischen Untersuchung zu Sizilien 1875.

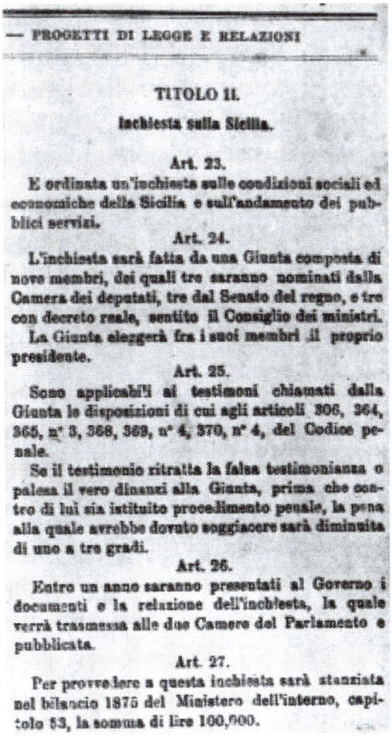

— PROGETTI DI LEGGE E RELAZIONI

TITOLO II.

Inchiesta sulla Sicilia.

Art. 23.

È ordinata un'inchiesta sulle condizioni sociali ed economiche della Sicilia e sull'andamento dei pubblici servizi.

Art. 24.

L'inchiesta sarà fatta da una Giunta composta di nove membri, dei quali tre saranno nominati dalla Camera dei deputati, tre dal Senato del regno, e tre con decreto reale, sentito il Consiglio dei ministri.

La Giunta eleggerà fra i suoi membri il proprio presidente.

Art. 25.

Sono applicabili ai testimoni chiamati dalla Giunta le disposizioni di cui agli articoli 306, 364, 365, n° 3, 368, 369, n° 4, 370, n° 4, del Codice penale.

Se il testimonio ritratta la falsa testimonianza o palesa il vero dinanzi alla Giunta, prima che contro di lui sia istituito procedimento penale, la pena alla quale avrebbe dovuto soggiacere sarà diminuita di uno a tre gradi.

Art. 26.

Entro un anno saranno presentati al Governo i documenti e la relazione dell'inchiesta, la quale verrà trasmessa alle due Camere del Parlamento e pubblicata.

Art. 27.

Per provvedere a questa inchiesta sarà stanziata nel bilancio 1875 del Ministero dell'interno, capitolo 53, la somma di lire 100,000.

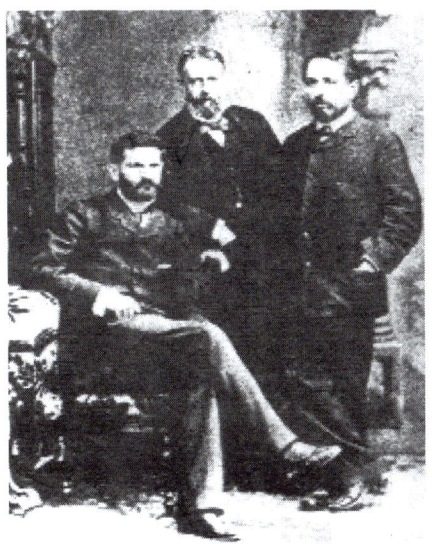

Abb. 24: links *Sidney Sonnino*, rechts *Leopoldo Franchetti*, in der Mitte *Enea Cavalieri*, Weggefährte der beiden während ihrer privaten Untersuchung 1876.

3.7. Prozesse gegen mafiöse Gruppierungen

1878 fand in *Palermo* der Prozess gegen eine Gruppierung statt, die angeklagt war, zu dem Geheimbund der *Stuppaghieri* („Luntenleger“) mit Sitz in *Monreale*/Provinz Palermo zu gehören. Der Prozess kam nach Enthüllungen eines der ersten „Kronzeugen“ (*protopentito*), *Salvatore D`Amico,* zustande, der einen Monat vor Beginn des Prozesses ermordet wurde. Zwölf Angeklagte wurden wegen der Zugehörigkeit zu einer Verbrechervereinigung zu fünf Jahren Haft verurteilt, weitere sechs freigesprochen. Das Urteil wurde wegen eines Formfehlers jedoch wieder aufgehoben; der neue Prozess in *Catanzaro*/Kalabrien endete mit Freispruch.

Handelte es sich nach heutigem Verständnis um eine „mafiaähnliche" Vereinigung oder lediglich um eine Erfindung? Auch wenn die Suche nach Beweisen und der Verlauf des Prozesses viele Fragen aufwerfen, auch wenn ein Großteil der Rekonstruktion durch den örtlichen Bevollmächtigten und das Polizeipräsidium (das von „einer Art Internationalisten" spricht, „die Krieg gegen Personen und Besitz führen") nicht bewiesen wurde, bleibt doch die Tatsache, dass im Gebiet von *Monreale*/Palermo zahlreiche Verbrechen und eine Mordserie stattgefunden hatten: am 22. Oktober 1874 die Ermordung von *Felice Marchese*, der die Verantwortung für die für den Anbau der Zitrusfrüchte unverzichtbare Wasserquelle hatte; am 14. August 1876 die Ermordung des Landbesitzers und Hauptmanns der Nationalwache *Stefano di Mitri* und am 27. August 1876 die von *Simone Cavallaro*, der vor seinem Tod noch die *Stuppaghieri* beschuldigt hatte. Und der Schlüsselzeuge *D'Amico* wurde ganz sicher nicht zufällig vor der Verhandlung getötet.

Das alles lässt sich nicht allein mit einer „Interessengemeinschaft" zwischen einzelnen Akteuren erklären, sondern offenbart die Merkmale einer abgestimmten Strategie im Rahmen einer mehr oder weniger fest strukturierten Organisation, die jedenfalls in der Lage ist, fortwährend und nutzbringend ihre Interessen wahrzunehmen und verbrecherische Handlungen durchzuführen, die eine Vorstellung von territorialer Herrschaft offenbaren.

1883 endet der Prozess gegen die *Gebrüder Amoroso* und weitere Angeklagte wegen Mitgliedschaft in einem Mafia-Clan (*cosca*) in *Porta Montalto,* einem Stadttor in Palermo, mit der Bestätigung der Existenz der Vereinigung; 12 des Mordes beschuldigte Angeklagte wurden zum Tode verurteilt.

Auch der Prozess des Jahres 1885 in *Agrigent* gegen die *Bruderschaft der Favara* (*Fratellanza di Favara*) endete mit Verurteilungen. Angeklagt waren 168 Mitglieder wegen Zugehörigkeit zu einer verbrecherischen Vereinigung, davon 107 in Haft. Diese Vereinigung hatte sich über verschiedene Gemeinden ausgebreitet; sie zählte 500 Mitglieder mit einem Boss (*capo*) und einer Satzung, die Initiationsriten, d.h. Aufnahmerituale, sowie einen Eid und Erkennungszeichen freimaurerischer Herkunft (Man bezog sich auf eine „*repubblica universale*"/universelle Republik.) vorsah. Die Vereinigung hatte sich aus dem Zusammenschluss verschiedener Organisationen mit dem offensichtlichen Ziel gegenseitiger Hilfeleistung in den Gefängniszellen von *Ustica,* einer kleinen Insel nördlich von Palermo gebildet. Unter den Mitgliedern befanden sich vorwiegend Arbeiter aus den Schwefelminen (*zolfatai*), aber auch Bauern, Handwerker und Besitzer. Die auferlegten Strafen schwankten zwischen zwei und vier Jahren Gefängnis.

3.8.
1893. Die Ermordung des Vorstands des Banco di Sicilia „Emanuele Notarbartolo" und die Bankskandale

Auch wenn sich die parlamentarische Untersuchungskommission von 1875 bereits mit der Mafia beschäftigt hatte, kann man sagen, dass die öffentliche Meinung in Italien sie erst nach der Ermordung *Emanuele Notarbartolos* wirklich wahrnahm; denn die Prozesse fanden in *Mailand, Bologna* und *Florenz* statt, wo sie von der Presse mit Interesse verfolgt wurden.
Emanuele Notarbartolo, von 1873 bis 1875 Bürgermeister von *Palermo* und von 1876 bis 1890 Vorstand des *Banco di Sicilia*, zeichnete sich in seinem Amt durch Korrektheit und durch Unnachgiebigkeit gegenüber spekulativen Bankgeschäften aus. Am 1. Februar 1893 wurde er im Zug nach *Palermo* ermordet.
Im ersten Prozess in *Mailand* 1899 wurden zwei Helfershelfer angeklagt; die Anschuldigungen des Sohnes von *Notarbartolo* führten schließlich zur Anklage des Abgeordneten *Raffaele Palizzolo* als Mandant, der enge Kontakte zu Mafiosi hatte. Der Ermordete hatte ihn beschuldigt, bei der Bank unerlaubte Begünstigungen genossen zu haben. *Palizzolo* wurde 1902 von dem Gericht in *Bologna* verurteilt; doch der Richterspruch wurde wegen eines Formfehlers annulliert. Im folgenden Prozess in *Florenz* wurde der Abgeordnete mangels Beweisen freigesprochen.
Dennoch brachten die Prozesse Verantwortlichkeiten der Justiz in der Führung der Ermittlungen ans Tageslicht, ferner die Rolle *Palizzolos* und seine Verbindungen zur Verbrecherwelt sowie auch die Rolle des Komitees „Pro Sicilia", das zur Unterstützung *Palizzolos* von der Mafia gegründet worden war und das offizielle Geburtsdatum des *Sizilianismus* als Ideologie

darstellt, wonach alle, die von der Mafia als Verbrechervereinigung sprächen, Sizilien verunglimpfen würden. Der Volkskundler *Giuseppe Pitrè*, einer ihrer Initiatoren, behauptet, die Mafia sei lediglich ein übertriebenes „Ichgefühl" (*senso dell'io*), mit Verbrechen habe sie aber überhaupt nichts zu tun. Auf der anderen Seite steht der Sohn von *Notarbartolo*, der alles in Bewegung setzte, die Schuldigen zu finden: erstes Beispiel eines Familienangehörigen, das von der Justiz Gerechtigkeit und Wahrheit fordert. Angesichts des triumphalen Empfangs in *Palermo* für den freigesprochenen *Palizzolo* wird er die Stadt als „*città cannibale*", eine Stadt von Kannibalen, eine Stadt, die ihre besten Söhne schluckt", bezeichnen[63].

Die Ermordung des Vorstandschefs des *Banco di Sicilia, Emanuele Notarbartolo,* ist in einem größeren nicht nur sizilianischen Zusammenhang zu sehen: Es sind die Jahre des Skandals der *Banca Romana*, in den zusammen mit dem Gouverneur der Bank, *Bernardo Tanlongo*, auch Politiker verwickelt waren, die Kredite zur Finanzierung ihres Wahlkampfes bekamen. Das Besondere beim *Banco di Sicilia* sind die Beziehungen, die Spekulanten zu offenkundigen Mafiosi unterhalten, welche keine Verbrechen scheuen, um ihre Spekulationsgeschäfte weiter zu betreiben.

Abb. 25: *Emanuele Notarbartolo*, Bürgermeister von *Palermo* und Direktor der *banco di Sicilia*, tat sich durch seine Korrektheit als Bankvorstand und seinen Widerstand gegen spekulative Bankgeschäfte hervor. Am 1. Februar 1893 wurde er ermordet.

Abb. 26: Leopoldo Notar-

63: Siehe E. Notarbartolo, La città cannibale. Il memoriale Notarbartolo, Palermo: Il Novecento, 1994 (1. Ausgabe, 1949).

bartolo führte einen lang andauernden Kampf gegen die des Mordes an seinem Vater Angeklagten. >
< Abb. 27: *Raffaele Palizzolo*, Ab-

geordneter mit Kontakten zur Mafia, angeklagt als Auftraggeber des Mordes an *Notarbartolo*, wurde zuerst verurteilt, dann freigesprochen.

< Abb. 28: Der Marquis *Antonio di Rudinì*, Bürgermeister von *Palermo*, später italienischer Ministerpräsident, war ein Freund von *Emanuele Notarbartolo*. Dessen Sohn *Leopoldo* wandte sich an ihn; Rudinì gab ihm den Rat, durch einen angeworbenen Killer Selbstjustiz zu üben.

3.9.
Die Bauernaufstände: Von den sizilianischen Fasci zu den Pachtgenossenschaften

Von 1891 bis zu den ersten Tagen des Jahres 1894 ist Sizilien der Schauplatz einer gewaltigen Massenbewegung, die unter dem Namen „Fasci siciliani dei lavoratori" bekannt ist.

Die *Fasci* waren ein vielschichtiges Phänomen. Als Organisationen nehmen sie eine Zwischenstellung zwischen Gewerkschaft und Partei ein (In diesen Jahren wurde die Sozialistische Partei Italiens/*Partito socialista Italiano* gegründet.) und waren ein Sammelbecken für Bauern, Handwerker, Arbeiter aus den Schwefelminen, Lehrer und Fachkräfte. Sie vertraten folgende Ziele: Arbeitsverträge, höhere Löhne, Acht-Stunden-Tag, Verbesserungen der Lebensbedingungen der Halbpächter *(metatieri = mezzadri)*, d.h. der Bauern, die das Land der Grundbesitzer aufgrund eines *Mezzadria*-Vertrages bearbeiteten, und Teilnahme an der kommunalen Verwaltung.

Die *Fasci* können als das erste Beispiel eines gegen die Mafia gerichteten Kampfes bezeichnet werden (*lotta antimafia*). Es gibt wenigstens zwei Gründe, die diese Annahme unterstützen:

1. Die *Fasci* stoßen mit ihrem Reformprojekt der Arbeitsverhältnisse und der Erneuerung der lokalen Verwaltungen auf eine Machtstruktur, in der die Mafia eine nicht unwichtige Rolle spielte.
2. Die *Fasci* stellten sich bewusst dem Problem der Mafia, auch als Reaktion auf den Vorwurf, kriminelle Vereinigungen zu sein, und schlossen in ihren Statuten Mafiosi und Verbrecher aus. Nur kleine Vorbestrafte wurden mit dem Ziel einer Resozialisierung aufgenommen.

Dies gilt nicht für alle *Fasci*, aber für die Mehrheit, die Beziehungen zu den Sozialisten hatten und, mehr oder weniger konsequent, ihr Handeln nach deren Prinzipien ausrichteten. Daneben gibt es *Fasci*, die vor allem das Ergebnis von Streitigkeiten und lokalen Interessen sind. In zwei Fällen sind sie von Mafiosi organisiert, die auch in der Folgezeit versuchen werden, den Protest des Volkes auszunützen.

Die Bewegung der *Fasci* entsteht vor dem Hintergrund einer Wirtschaftskrise, in der die internationale Arbeiterbewegung sich mit der „Landfrage" (*questione agraria*) befasst und sich mit ganz unterschiedlichen Positionen konfrontiert sieht. Während für einige das Problem darin bestand, die vielschichtige Welt der Bauern, die neben den eigentlichen Landarbeitern auch die Kleinbauern und mittelgroßen Eigentümer umfasste, für eine sozialistische Perspektive zu gewinnen, sahen andere die Möglichkeit nur für die ersteren, also die Landarbeiter.

In Sizilien markieren die *Fasci* den Übergang der unteren Schichten von den unter dem Schutz wohlgesinnter Arbeitgeber entstandenen „Vereinen zur gegenseitigen Hilfeleistung" (*società di mutuo soccorso*)[64] zu einer autonomen Organisationsform; daher das Interesse der Theoretiker und Anführer der nationalen und europäischen Arbeiterbewegung für die *Fasci*: Von *Friedrich Engels* (1820-1895), neben *Karl Marx* (1818-1883) dem führenden sozialistischen Ideologen, zu *Antonio Labriola* (1843-1904), dem bedeutendsten italienischen Forscher des Sozialismus, und *Filippo Turati* (1857–1932), Anführer der sozialistischen Partei.

Die Aktion der *Fasci* endete nach nur wenigen Jahren. Die ersten *Fasci* entstanden 1891 und 1892; am 21. und 22. Mai 1893 fand in *Palermo* der Regionalkongress statt, der eine Führungsgruppe ernannte; von August bis November 1893 streikten die Landarbeiter für die Umsetzung der „Verträge von Corleone" (*patti di Corleone*), Pachtverträge, die die Bedingungen der landlosen Bauern verbessern sollten; im Oktober fand der Kongress der Minenarbeiter statt. Das Jahr 1893 beginnt und endet blutig. Am 20. Januar in *Caltavuturo*/Palermo, wo sich eigentlich der *Fascio* noch nicht gebildet hatte, schossen die Ordnungskräfte auf die Teilnehmer einer Demonstration für die Verteilung staatseigenen Landes, das sich Vertreter des Bürgertums rechtswidrig angeeignet hatten; am Ende gab es 13 Tote und zahlreiche Verletzte.

Im Dezember des Jahres 1893 und in den ersten Januartagen 1894 entarteten die Proteste gegen die Steuerlast in Bauernaufstände, die unverhältnismäßig brutal unterdrückt wurden; mehr als 90 Tote waren die Folge. Am 3. Januar hatte der Ministerpräsident *Francesco Crispi* (1887-1891/1893-1896) in Rom den Ausnahmezustand verhängt und die Auflösung der *Fasci* angeordnet. Es folgten Prozesse gegen die Anführer und die Aktivisten vor den Militärtribunalen.

Die *Fasci* verfügten über eine weit verzweigte Organisation, die ein Schutzsystem über das ganze Territorium gewährleistete. Sie finanzierten sich selbst und bestanden aus 300. bis 400.000 Personen. Eine bedeutende Rolle spielten die Frauen, die in einigen Zentren, zum Beispiel in *Piana dei Greci*/Palermo, reine *Frauen-Fasci* gründeten. Die Fasci veranstalteten außer politischen Initiativen auch kulturelle Aktivitäten; das reichte vom

---

64: „Società di mutuo soccorso": Ihr geht es nicht um finanziellen Gewinn, sondern um die Verbesserung der Lebensbedingungen der Menschen („social profit").

gemeinsamen Lesen- und Schreibenlernen (Der Analphabetismus war bei den Frauen noch enorm, nahezu total.) bis zu Theateraufführungen und der Gründung von Musikkapellen.
Die nationale Regierung unter der Führung des Piemontesers *Giovanni Giolitti* versuchte, die Bewegung zu kriminalisieren. Sie schickte den Polizeichef *Giuseppe Sensales*; seine Berichte vermerkten jedoch nur geringfügige Strafverstöße, meistens Zuwiderhandlungen gegen Regeln öffentlicher Sicherheit durch Streikposten gegen Streikbrecher. *Sensales* ließ viele Anführer verhaften, wandte aber keine Gewalt an. Der nächste Regierungschef *Francesco Crispi*, eng verbunden mit den Grundbesitzern, die wegen des wachsenden Erfolgs der Bewegung besorgt waren, beschloss, sie im Blut zu ersticken; gleichzeitig versprach er Maßnahmen zugunsten der Bauern, die jedoch nicht ergriffen wurden.
Die Prozesse offenbarten die Charakterstärke der Hauptfiguren der *Fasci*. Sie verdienten sich Wertschätzung und Bewunderung, sogar von Seiten der militärischen Pflichtverteidiger. Die Prozesse endeten mit harten Strafen, auch wenn nach einigen Jahren eine Amnestie erfolgte.
In den folgenden Jahren verließen circa eine Million Menschen Sizilien. Vor allem junge Leute wanderten aus: ein Ausbluten der Bevölkerung, das sich nach späteren Bauernaufständen wiederholen wird.

Die Rolle der Frauen in den sizilianischen Fasci

- Der Journalist Adolfo Rosi trifft in *Piana dei Greci* einige Frauen: Und was erhofft ihr euch von den Fasci?
- Eine *verheiratete Bäuerin* (hübsche Frau mit strahlenden Zähnen und großen intelligenten Augen): *Wir wollen, dass alle so wie wir arbeiten können. Dass es in Zukunft weder Reiche noch Arme gibt. Dass alle für sich und ihre Kinder ein Auskommen haben. Wir sollten alle gleich sein. Ich habe fünf Kinder, aber nur ein kleines Zimmer, in dem wir essen, schlafen und alles andere erledigen müssen, während so viele „signori" zehn oder zwölf Zimmer und ganze Paläste haben.*
- Ihr wollt also das Land und die Häuser aufteilen?
- *Nein, es reicht, alles zusammenzulegen und dann gerecht zu verteilen, was zusammenkommt.*

- Habt ihr keine Angst, dass, auch wenn es zu diesem Kollektivismus käme, nicht Schwindler und betrügerische Bosse auftreten?
- *Nein, weil es Brüderlichkeit geben muss, und wenn jemand sich vergehen würde, würde er bestraft.*
- In welcher Beziehung steht ihr zu euren Priestern?
- *Jesus war ein wirklicher Sozialist. Er wollte genau das, was die Fasci fordern; doch die Priester vertreten ihn nicht gut, vor allem dann, wenn sie Wucherzinsen nehmen. Bei der Gründung des Fascio stellten sich unsere Geistlichen quer; im Beichtstuhl sagten sie, die Sozialisten seien exkommuniziert worden. Wir antworteten jedoch, sie irrten sich, und im Juni ging niemand von uns zur Corpus Domini-Prozession, um gegen ihre Kampfansage an den Fascio zu protestieren. So etwas passierte zum ersten Mal.*
- Eine alte Jungfer erhob sich und begab sich mitten unter die Anwesenden, um besser zu verstehen; sie sagte:
- *Früher waren die „signori" nicht religiös, nun aber, seitdem es die Fasci gibt, verbrüdern sie sich mit den Priestern. Sie beleidigen uns sozialistische Frauen, als seien wir ehrlos. Das Mindeste, was sie sagen, ist, wir seien alle Huren des Präsidenten.*

Aus: Adolfo Rossi, *L`agitazione in Sicilia, Inchiesta sui Fasci dei lavoratori* (Die Unruhen in Sizilien, Untersuchung der Arbeiter-Fasci), la Zisa, Palermo 1988, Seite 68 ff. (erste Ausgabe 1894)

Zu Beginn des 20. Jahrhunderts lebt die Bauernbewegung mit verschiedenen neuen Initiativen wieder auf. Unter den wichtigsten waren die *Pachtgenossenschaften (affitanze collettive)* und die Einrichtung von *alternativen Kreditinstituten*. Mit dem Ziel, die Leitung der Landgüter mafiösen Pächtern zu entreißen, entstanden *Genossenschaften*, die den Grund und Boden anmieteten, indem sie die sog. *affittanza collettiva* praktizierten: eine strategische Entscheidung, die darauf abzielte, die sozialunternehmerische Rolle der Mafia auszuschalten. Genossenschaften wurden sowohl von Sozialisten als auch von Katholiken gegründet, die auf der Basis der Weisungen der Enzyklika *Rerum novarum* von *Papst Leo XIII.*

(1891) sozial engagiert waren. Die Pachtgenossenschaften entwickelten sich in vier Regionen: Sizilien, Emilia, Piemont und Lombardei. An der Spitze stand Sizilien, das 1906 56 solche Genossenschaften zählte, auf einer Fläche von 39.800 ha mit 15.900 Mitgliedern. Obwohl die Genossenschaften bessere Bedingungen boten, blickten die Grundbesitzer mit Argwohn auf die Pachtgenossenschaften, weil sie die Rolle der Bauernbewegung stärkten; die Großgrundbesitzer bevorzugten nämlich die mafiösen Pächter (*gabelloti*), die ihnen die Ausbeutung der bäuerlichen Arbeitskraft garantierten. Der Erste Weltkrieg von 1915–1918 sollte dieser Erfahrung einen tödlichen Schlag versetzen.

Um Wucherzinsen zu unterbinden, entstanden vor allem auf Initiative der Katholiken die *Landwirtschaftskassen* (*casse rurali*), die Mikrokredite vergaben. Diese Kassen entwickelten sich beachtlich. In wenigen Jahren verbreiteten sie sich in ganz Italien; mit 145 Kassen stand Sizilien an fünfter Stelle hinter Venetien, der Lombardei, Piemont und Emilia-Romagna. Unter den sizilianischen Provinzen stand *Palermo* mit 40 Kassen an vorderster Stelle.

Abb. 29-31: Von 1891 bis zu Beginn des Jahres 1894 entstand in Sizilien eine gewaltige Massenbewegung mit dem Namen „Fasci siciliani", unter Beteiligung von Bauern und Arbeitern; auch Frauen beteiligten sich an

der Bewegung; sie gründeten eigene Fasci. Die Bewegung wurde mit Hilfe sogenannter „campieri" der Mafia von den Ordnungskräften gewaltsam niedergeschlagen. Die Prozesse gegen die Führer der Fasci endeten mit schweren Verurteilungen.
Der Stich zeigt Frauen aus *Piana die Greci* in der Provinz *Palermo*, die eine führende Rolle bei den Bauernaufständen spielten.

Abb. 32: Francesco Crispi, Protagonist des Risorgimento und italienischer Ministerpräsident, entschied die Auflösung der "Fasci italiani"; damit kam er den Forderungen der Grundbesitzer nach; er schickte ein Heer, um die Bewegung zu unterdrücken.

3.10.
1898–1900. Die Berichte des Polizeipräsidenten Sangiorgi

Ermanno Sangiorgi, von 1898 bis 1900 Polizeipräsident in *Palermo*, verfasste eine Reihe von Berichten, die ein detailliertes Bild der Mafia dieser Zeit umreißen. In einem Bericht vom 8. November 1898 schrieb er:

"Das Gebiet von Palermo (...), wie auch andere Teile dieser und benachbarter Provinzen, wird leider von einer weitläufigen Organisation von Verbrechern heimgesucht; organisiert sind sie in Sektionen und aufgeteilt in Gruppen: Jede Gruppe wird von einem Boss (capo) angeführt, der sich caporione (Stadtteil-Capo) nennt. Je nach Anzahl der Mitglieder und Ausdehnung des Territoriums, auf das sich die jeweilige Tätigkeit erstrecken muss, wird dem Stadtteil-Capo ein Vize-Capo an die Seite gestellt mit der Aufgabe, ihn bei Abwesenheit und Verhinderung zu vertreten. Und an der Spitze dieser Verbrechergruppen steht ein oberster Boss (capo supremo). Die Mitglieder wählen ihren Stadtteil-Capo selbst, diese wiederum den obersten Boss in einer Versammlung; diese Versammlungen werden normalerweise auf dem Land abgehalten. Ziel der Vereinigung ist die Oberherrschaft, also, den Grundbesitzern die Verwalter, die Aufseher, die Arbeitskräfte, die Steuern und die Preise für den Verkauf der Zitrusfrüchte und anderer Agrarprodukte aufzuzwingen: Wer keinen Ärger haben möchte und keine Schäden, akzeptiert derartige Auflagen. Wer andererseits die Ruhe der Sommerfrische genießen möchte, muss Geld lockermachen, das für gewöhnlich in Drohbriefen verlangt wird."[65]

Wie man sieht, ist das die Organisationsstruktur der *Cosa Nostra*, wie sie in den 80er Jahren des letzten Jahrhunderts *Tommaso Buscetta*[66] und andere geständige Mafiosi und Kronzeugen der Justiz enthüllt haben.
Mit Hilfe vertraulicher Quellen gelang es dem Polizeipräsidenten Ermanno *Sangiorgi*, eine Reihe von Verbrechen zu rekonstruieren. In dem Prozess, der 1901 auf seine Anzeigen hin in *Palermo* stattfand, wurden von 51 Angeklagten 32 wegen „krimineller Vereinigng" (*associazione a delinquere*) verurteilt und 19 freigesprochen. Unter den Ermordeten befand sich auch ein Mädchen, *Emanuela Sansone*, Tochter der Gastwirtin *Giuseppa Di Sano*, die eigentliche Zielscheibe eines missglückten Attentats. Die Mafiosi verdächtigten die Frau, sie angezeigt zu haben, weil sie bemerkt hätte, dass sie Falschgeld herstellten. Frau *Di Sano* klagte die Mafiosi an, für den Mord verantwortlich zu sein, wobei sie allen Einschüchterungen widerstand. Trotz des teilweise positiven Ausgangs des Prozesses gerieten

---

65: Sangiorgis Berichte befinden sich im Staatsarchiv in Palermo. Eine Kopie liegt dem Centro Impastato, Palermo, vor.

66: Siehe Kap. 1.16/18/31.

Sangiorgis Berichte in Vergessenheit und es verstärkte sich das Bild einer unförmigen, strukturlosen Mafia, einer Mafia, die man nur als eine allgemeine Handlungs- und Lebensweise der Sizilianer verstand. Es muss ein Jahrhundert vergehen, bevor ein Bild der Mafia wieder auftaucht, das, so wie sie der Polizeipräsident *Sangiorgi* in seinen Berichten bereits skizziert hatte, auf dem Vorhandensein einer komplexen und hierarchisch organisierten Struktur beruht.

Abb. 33-35: Der Polizeipräsident von *Palermo, Ermanno Sangiorgi,* verfasste zwischen 1898 und 1900 eine Reihe von Berichten, die die Mafia jener Zeit beschreiben. Es gibt „eine breite Verbrechergesellschaft, organisiert in Sektionen und aufgeteilt in Gruppen: Jede Gruppe wird von einem Boss (capo) angeführt und an der Spitze dieser Verbrecherstruktur steht ein oberster Boss (capo supremo)". Das ist die Verbrecherstruktur, die *Tommaso Buscetta* in den achtziger Jahren des 20. Jahrhunderts enthüllen wird. Der 1901 geführte Prozess übernahm jedoch nicht die Vorstellung einer hierarchisch organisierten Mafia.

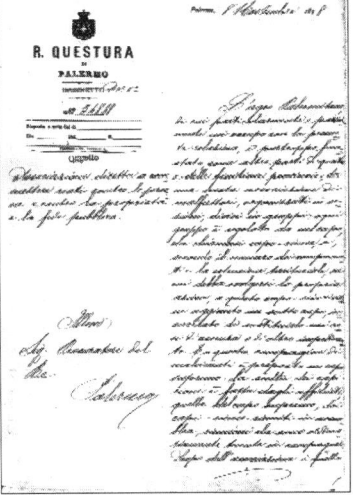

3.11.
Die Ermordung von Aktivisten und Führern: Panepinto, Verro, Alongi und Orcel

In den ersten Jahren des 20. Jahrhunderts forderten Gewalttaten der Mafia weitere Opfer unter Aktivisten und Führern der Bauernbewegung. 1905 wurde in *Corleone* der Tagelöhner *Luciano Nicoletti* ermordet, 1906, ebenso in *Corleone*, der Arzt *Andrea Orlando*, der die Bauern bei ihrer Forderung nach Pachtgenossenschaften unterstützt hatte; 1911 in *Santo Stefano Quisquina*/Agrigent, der sozialistische Führer *Lorenzo Panepinto* und 1915 erneut in *Corleone Bernardino Verro*, seit der Zeit der *Fasci siciliani* Anführer der Bauernbewegung und sozialistischer Bürgermeister. Die Bauernaufstände flammen erneut mit Landbesetzungen nach Ende des Ersten Weltkriegs auf. Während des Krieges waren den Bauern Landzuteilungen versprochen worden und 1919 hatte man die *Dekrete Visocchi und Falcioni* über die Zuteilung unbebauten und verfallenen Landes erlassen. Neben den Sozialisten und Katholiken der Volkspartei[67] gab es nun auch Vereinigungen ehemaliger Soldaten und Heimkehrer. Mafia und Behörden griffen erneut zur Repression. 1919 starb in *Corleone Giovanni Zangara* eines gewaltsamen Todes, im selben Jahr in *Prizzi*/Palermo Giu*seppe Rumore* und in *Barrafranca*/Enna *Alfonso Canzio*. In demselben Jahr schoss in *Riesi*/Caltanissetta die Polizei auf Befehl des Kommissars *Ettore Messana,* auf den wir in den 40er Jahren erneut stoßen, auf demonstrierende Bauern: 15 Tote und 50 Verletzte. Am 27. Juli 1920 wurden, ebenso auf Befehl der Ordnungskräfte in *Randazzo*/Catania, neun Menschen getötet; am nächsten Tag sechs Tote in *Catania* bei einer Kundgebung der sozialistischen Führer *Maria Giudice* und *Giuseppe Sapienza,* dazu kommen ungefähr 40 Verletzte.
Am 29. Februar 1920 wurde in *Prizzi*/Palermo der Bauernführer *Nicolò Alongi* umgebracht, am 3. Oktober in *Noto*/Syrakus der sozialistische Gewerkschaftler *Paolo Mirmina*, am 14. Oktober in *Palermo* der Sekretär der Metallarbeiter *Giovanni Orcel*. *Alongi* und *Orcel* hatten sich für gemeinsame Aktionen von Bauern und Arbeitern, von Stadt und Land eingesetzt; eine

---

67: Der *Partito Popolare Italiano* (PPI) war die von *Luigi Sturzo* 1919 gegründete christliche Volkspartei Italiens. Aus ihr ging 1942 die *Democrazia Cristiana*/DC hervor.

Perspektive, die sich bereits in den Jahren der *Fasci* abzeichnete. Alle diese Verbrechen blieben ungestraft.

Abb. 36: *Joe Petrosino*, der italo-amerikanische Polizist, ermordet 1909 in Palermo (o. li.)
Abb. 37: *Lorenzo Panepinto*, sozialistischer Führer, ermordet 1911 (o.re.)
Abb. 38: *Bernardino Verro*, sozialistischer Bürgermeister von Corleone, ermordet 1915 (u.li.).
Abb. 39: *Giuseppe Rumore*, sozialistischer Kämpfer, ermordet 1919 (u. re.)

untere Reihe v.l.n.r.:
Abb. 40: *Nicolò Alongi*, sozialistischer Führer, ermordet 1920 / Abb. 41: *Giovanni Orcel*, sozialistischer Gewerkschaftler, ermordet 1920 / Abb. 42: *Sebastiano Bonfiglio*, sozialistischer Bürgermeister in Monte San Giuliano, ermordet 1922.

Abb. 43: Bauerndemonstration in den 20er Jahren.

3.12.
Mafia und Antimafia vor und während des Faschismus

Die beiden Jahre 1919 und 1920 sind wegen der Arbeiterkämpfe als die „beiden roten Jahre" (*biennio rosso*) in die Geschichte gegangen. In ganz Italien wurden Fabriken besetzt. Auch in *Palermo* ließen *Orcel* und die *FIOM*[68], die Arbeitergewerkschaft, die Schiffswerft, die größte Fabrik der Stadt, besetzen. Die Arbeiter praktizierten Selbstverwaltung, unter anderem bei dem Bau eines Schiffes mit dem Namen „Alongi", jenem Bauernführer, der Ende Februar 1920 ermordet worden war; damit unterstrichen sie die Gemeinsamkeit der Ziele, die auch in zahlreichen Lebensmittelsendungen der Bauern deutlich wird.

Vor der Machtübernahme des Faschismus gehen in Sizilien der Kampf gegen die Mafia und der für die Demokratie Hand in Hand: Dort, wo die Mafia präsent war, nämlich im Westen Siziliens, leiten Mafiosi die

---

68: FIOM (*Federazione Impiegati Operai Metallurgici*)- Arbeitergewerkschaft in der Metallindustrie.

Offensive gegen das Volk. Im Osten bildeten sich nach dem Vorbild des übrigen Italien faschistische Kampfbünde (*squadristi*; „Schwarzhemden"). Die Jahre 1921 und 1922 sind von zahlreichen Gewalttaten überschattet. Schon im Januar 1921 verwüsteten in *Vittoria/* Ragusa, wo der Stadtrat sozialistisch war, nationalistische Kriegsheimkehrer, Faschisten und die lokale Mafia-Gruppierung der Ziegenhirten den Klub der Sozialisten und schossen auf die dortigen Aktivisten: der Stadtrat *Giuseppe Compagna* wurde dabei getötet. Am 9. April 1921 griffen faschistische Schlägertrupps eine Demonstration in *Ragusa* an: vier Tote und mehr als 60 Verletzte. Ende Mai schossen in *Modica/*Ragusa Nationalisten und Faschisten, unterstützt von Polizisten, auf Arbeiter, die von einer Kundgebung zurückkamen: sechs Tote; weitere Tote sind in anderen Gemeinden zu beklagen. Die Behörden duldeten, ja begünstigten die Gewalt der „Schwarzhemden".

Im Westen Siziliens agierten Mafia und Faschisten gemeinsam. Am 28. April desselben Jahres ermordeten sie in *Piana dei Greci/*Palermo den Präsidenten der Bauernliga, *Vito Stassi*. In der Nacht vom 30. April auf den 1. Mai wurde in *Palermo* der Sitz der Metallarbeiterföderation verwüstet. Am 8. Mai schossen Faschisten in *Castelvetrano/*Trapani auf Teilnehmer einer sozialistischen Kundgebung: Es folgte ein Feuergefecht mit sieben Toten, darunter drei Sozialisten und zwei Faschisten.

1922 wurden in *Paceco/*Trapani die Sozialisten *Domenico, Mario, Pietro Paolo Spatola* und *Antonino Scuderi*, in *Vittoria/*Ragusa der junge Kommunist *Orazio Sortino* und in *Monte San Giuliano/*Trapani der sozialistische Bürgermeister *Sebastiano Bonfiglio* getötet.

Der Faschismus befand sich auf dem Siegeszug. Nach dem "Marsch auf Rom" im Oktober 1922 wurde *Benito Mussolini* (1883-1945) Regierungschef. In der faschistischen Partei und in dem neuen Regime sind auch mafiöse Gruppen vertreten, und zwar im Gefolge der Großgrundbesitzer, die den Aufstieg zur Macht unterstützt hatten. Am 11. Januar 1923 wurden die Konzessionen der Latifundien für die Bauerngenossenschaften aufgehoben; in der Folgezeit wurden nichtfaschistische Parteien und Organisationen aufgelöst, deren Vorsitzende, Gewerkschaftsführer und Politiker ins Gefängnis geworfen oder in die Verbannung (*confino*)[69] geschickt.

69: Es handelt sich um eine Präventionsmaßnahme des Faschismus: Der „Verbannte" wurde für eine bestimmte Zeitspanne an einen entlegenen Ort in Italien geschickt, den er nicht verlassen durfte.

Das Verhalten des Faschismus gegenüber der Mafia ist unterschiedlich bewertet worden. Für die Verteidiger des Regimes zerschlug der Faschismus die Mafia, während er sich für seine Gegner darauf beschränkte, die *bassa mafia* zu treffen, die *alta mafia* jedoch einband.

Sicher ist, dass der von dem Polizeipräsidenten *Cesare Mori* in Sizilien angeführten Aktion ein abruptes Ende bereitet wurde; genau in dem Moment, als er gegen hochgestellte Persönlichkeiten und diejenigen, die zur neuen Machtelite gehörten, losschlagen wollte.

Cesare Mori war schon von 1904 bis 1914 als Kommissar in Sizilien gewesen, und zwar im Gebiet von *Trapani*; 1916 und später, von 1924 bis 1925, war er als Polizeipräsident von *Trapani* dorthin zurückgekehrt. Im Oktober 1925 wurde er zum Polizeipräsidenten von *Palermo* ernannt. Sein Auftrag lautete, den Kampf gegen die Mafia und für eine „faschistische Reinigung der Insel" zu führen. Er blieb in Sizilien bis Juni 1929, als er mit gerade mal 57 Jahren in den Ruhestand versetzt wurde. Man sagt, *Mussolini* habe sich zu diesem Kampf nach einem Besuch in Sizilien entschlossen, in dessen Verlauf ihm der Mafiaboss von *Piana dei Greci*/Palermo, *Ciccio Cuccia*, gesagt hätte, das Aufgebot öffentlicher Gewalt, das ihn begleite, sei nicht nötig, er sei doch sein Gast.

Mit Sonderbefugnissen ausgestattet, führte *Mori* umfangreiche Razzien gegen Banditen und Mafiosi, echte und vermeintliche, durch, besetzte ganze Ortschaften wie *Gangi* in der *Madonie* (Gebirgskette) /Palermo und ließ 11.000 Personen verhaften. Es folgten große Prozesse mit Verurteilungen und Freisprüchen. Seine Aktion richtete sich vor allem gegen die mafiösen „gabelloti" und darauf, die Grundbesitzer von der Belastung durch die Mafia zu befreien; doch bald merkte er, dass viele von ihnen einiges zu verantworten hatten und zu den Unterstützern des Faschismus gehörten. Es gelang ihm, *Alfredo Cucco*, einen prominenten Vertreter der faschistischen Partei, zu entmachten; aber als er versuchte, auch gegen eine angesehene Figur wie den General *Antonino Di Giorgio* vorzugehen, wurde er zu Fall gebracht. So kann man die Aktion des Faschismus gegen die Mafia als „janusköpfig" ansehen: Sie richtete sich gegen die aufstrebenden Schichten des Bürgertums, band aber die Grundbesitzer in das Regime wieder ein, die, anstatt in den Prozessen als Komplizen und Helfershelfer zu erscheinen, als Zeugen der Anklage auftraten. Auf politischer und sozialer Ebene schaltete die Niederschlagung der Bauernbewegung den historischen Gegenspieler der Mafia aus, die Bodenreform stand weiterhin zum großen Teil nur auf dem Papier; daher blieben die Verhältnisse, die zur Entstehung der Mafia geführt hatten, unangetastet. Zwar wurden zahlreiche Mafia-Clans auseinandergenommen und ihre Mitglieder eingekerkert; aber sie werden sofort nach dem Zweiten Weltkrieg und dem Ende der Diktatur Mussolinis wieder auftauchen.

Abb. 44-46: *Cesare Mori*, von 1925-1929 Polizeipräsident in *Palermo*, bekannt für seine repressive Kampagne gegen die Mafia. Die Fotos zeigen ihn während einer Kundgebung auf dem Land bei *Roccapalumba* in der Provinz *Palermo* beim „Eid der campieri" auf *Mussolini* am 13. Mai 1926.

3.13.
Nach dem II. Weltkrieg: Mafia und Separatistenbewegung

In Sizilien endete der Krieg im August 1943, wenige Wochen nach der Landung der Alliierten am 10. Juli. Welche Rolle spielte die Mafia bei der Landung? Jahrelang wurde behauptet, sie habe eine bedeutsame, wenn nicht sogar entscheidende Rolle gespielt; doch im Lichte jüngster Forschungen wurde ihre Bedeutung drastisch eingeschränkt. Die militärischen Operationen erforderten eine Unmenge an Männern und Mitteln; die Mafiosi waren fast alle im Gefängnis oder emigriert.

Sicherlich, die Mafia spielte eine wichtige Rolle unmittelbar nach der Landung und bei der sozialen Kontrolle des Territoriums der Insel, die sieben Monate lang, bis zum Februar 1944, der Alliierten Militärverwaltung[70] unterworfen war.

Mafiosi, die als Verfolgte des Faschismus betrachtet wurden, wurden zu Bürgermeistern ernannt. Grundbesitzer und Mafiosi standen an der Spitze der separatistischen Bewegung, die Sizilien von Italien trennen wollte, um es zu einem Bundesstaat der Vereinigten Staaten von Amerika zu machen, und sogar ein Heer bildete, wozu man auch Banditen anwarb wie *Salvatore Giuliano*[71], Chef einer der zahlreichen Banden, die in diesen Jahren entstanden.

Angesichts der mühseligen Rückkehr zur Demokratie, der Gründung politischer Parteien und der Gewerkschaftsorganisation und des Wiedererstarkens der bäuerlichen Protestbewegungen fürchtete man jedoch in Wirklichkeit, dass der sog. Wind des Nordens auch Sizilien erreichte. Großgrundbesitzer und konservative Kreise bereiteten sich darauf vor, dieser neuen Situation zu begegnen: Sie drohten zwar mit dem Separatismus, aber verfolgten tatsächlich das Ziel, die linken Parteien in den Hintergrund zu drängen und die Einführung einer regionalen Autonomie unter ihrer Kontrolle durchzusetzen.

Auf nationaler Ebene regierte von 1944 bis 1947 eine antifaschistische

---

70: AMGOT/ Allied Military Government of Occupied Territories

71: Geboren 1922; erschossen 1950; sizilianischer Bandit und Separatist, zu Lebzeiten als Volksheld verehrt. Als nach seinem Tod seine Kontakte zur Mafia aufgedeckt wurden, verblasste der politische Mythos.

Koalition, gebildet aus *Democrazia Cristiana* (DC; Christliche Demokratie), *Partito socialista, Partito comunista* (Sozialistische und Kommunistische Partei) und dem linksliberalen *Partito d'Azione*, wobei in der Mitte und im Norden Italiens die Alliierten und die Partisanenorganisationen bis zum 25. April 1945 gegen die Faschisten und Nationalsozialisten weiterkämpften.

Im Oktober 1944 erließ die antifaschistische Regierung die *Gullo-Dekrete (decreti Gullo)*, benannt nach dem Landwirtschaftsminister, dem Kommunisten *Fausto Gullo*. Die beiden wichtigsten Dekrete legten fest, dass die gesamte Produktion aufgeteilt werden sollte: 60% für die Landwirte, 40% für die Eigentümer; außerdem sollten unbebaute und schlecht bestellte Landflächen an Bauerngenossenschaften vergeben werden. Aufgrund dieser Maßnahmen bahnte sich nun eine Bewegung an, die sehr bald ein vorher nie gesehenes Ausmaß erreichte: Mehr als eine halbe Million Menschen setzten sich bis zur Mitte der 50er Jahre für die Umsetzung der *Gullo-Dekrete* und später für die Bodenreform ein.

Abb. 47: Landung der Alliierten in Sizilien Neueste Studien haben die Rolle der Mafia bei den militärischen Operationen eingeschränkt. Sie spielte aber später eine entscheidende Rolle bei der sozialen Kontrolle des Territoriums und der Zerschlagung der wieder aufflammenden Bauernaufstände.

Abb. 48: Die Banditen *Salvatore Giuliano* und *Gaspare Pisciotta*. Die Giuliano-Bande wurde von der Separatistenbewegung angeworben, um gegen die linken Kräfte zu kämpfen, die die Bauernaufstände anführten.

Abb. 49: Manifest *Giulianos* von 1944 (Mit dem Schwert durchtrennt er eine Kette, die Sizilien mit Italien verbindet: *„Tod den Bullen, sie saugen das sizilianische Volk aus und sind die Wurzel des Faschismus. Es lebe der Separatismus der Freiheit. Giuliano"*.

Abb. 50-51 (unten) : Der Landwirtschaftsminister, der Kommunist Fausto Gullo; seine Dekrete führten zu erneuten Bauernaufständen und der Besetzung von unbebautem und schlecht bestelltem Land.

3.14.
Bauernaufstände der Jahre 1945 und 1946

Nach dem Zweiten Weltkrieg können wir drei Phasen der Bauernaufstände unterscheiden:

- die erste von 1944 bis 1945: Kampf für die Getreidespeicher des Volkes und die Umsetzung des *Gullo-Dekrets* zur Verteilung der Produkte,
- die zweite von 1945 bis 1949: Kampf um die Zuweisung der unbebauten und schlecht bestellten Landflächen,
- die dritte von 1949 bis zu den ersten Jahren nach 1950: Kampf um die Bodenreform.

Die Getreidespeicher des Volkes waren als obligatorische Sammelstelle für das Getreide gedacht, um den Nahrungsbedarf zu befriedigen. Sie wurden von den separatistischen Landbesitzern offen boykottiert, in einigen Provinzen blieben sie nahezu leer. Gegen die kleinen und mittleren Produzenten gingen die Ordnungskräfte besonders hart vor, behandelten die Großproduzenten hingegen nachgiebig. Die Kämpfe für die Umsetzung der Dekrete waren die erste Gelegenheit zur Konfrontation mit Grundbesitzern und Mafiosi. Am 6. August 1944 wurde in *Casteldaccia*/Palermo *Andrea Raia* getötet, der zu einem Kontrollausschuss zum Schutz der Getreidespeicher gehörte. Am 27. Mai war während einer Demonstration der Separatisten in *Regalbuto*/Enna der Sekretär der kommunistischen Provinzföderation, *Santi Milisenna*, gefallen; am 16. September 1944 wurde in *Villalba*/Caltanissetta, Hochburg des Mafia-Bosses *Calogero Vizzini*, ein Attentat auf den kommunistischen Sekretär des Landesverbands, *Girolamo Li Causi*, verübt. Vizzini hatte sowohl die örtliche Sektion der Separatisten als auch die der Christdemokraten gegründet. Als *Li Causi* über die Mafia zu sprechen begann, wurde geschossen und der Bürgermeister des Dorfes, *Beniamino Farina*, Neffe von *Vizzini*, warf eine Bombe: *Li Causi* wurde verletzt. *Vizzini* wurde zwar 1949 verurteilt, doch ihm gelang es unterzutauchen. Dessen ungeachtet konnte er seinen Geschäften weiter nachgehen.

Auf dem Land dauerten die Kämpfe an, während in den Städten Kundgebungen gegen die Teuerung der Lebenshaltungskosten stattfanden. Auf Befehl ihrer Vorgesetzten schossen am 19. Oktober 1944 in *Palermo* Soldaten auf die Menge der Demonstranten: Eine offizielle Quelle nannte 19 Tote und 108 Verletzte; das „Komitee der nationalen Befreiung"[72] sprach von 30 Toten und 150 Verwundeten; unter den Toten waren auch Jugendliche und einige Frauen.

72: *Comitato di Liberazione Nazionale* (CLN); 1943-1945; politisches Gremium der Widerstandsbewegung gegen den Faschismus

Zur Zeit der Getreideernte im Sommer 1945 begannen die Kämpfe um die Aufteilung der Produkte. Vorkämpfer sind die *mezzadri* der Dörfer in den Provinzen *Agrigent, Caltanissetta, Enna* und *Palermo*; das sind die Orte, in denen es *Fasci* gab; nun führten die sozialistische und kommunistische Partei die Kämpfe an. Es ging um die Durchsetzung eines staatlichen Gesetzes, doch die Grundbesitzer, die „gabelloti", die „campieri" und selbst die Ordnungskräfte behaupteten, dieses Gesetz nicht zu kennen; ja, es gebe es gar nicht: Somit wurde ein Kampf für die Legalität als illegaler Kampf für ein nicht existierendes Gesetz hingestellt. 1945 starben erneut Menschen, diesmal Gewerkschafter: am 11. September in *Ficarazzi*/Palermo *Agostino D`Alessandria, Giuseppe Scalia* in *Cattolica Eraclea*/Agrigent am 25. November. 1946 wurde das Morden fortgesetzt: Am 16. Mai traf es in *Favara*/Agrigent den sozialistischen Bürgermeister *Gaetano Guarino*, am 28. Juni in *Naro*/Agrigent den sozialistischen Bürgermeister *Pino Camilleri*. Am 22. September wurde in *Alia*/Palermo während einer Versammlung eine Bombe in ein Haus geworfen: Es starben dabei die Bauern *Giovanni Castiglione* und *Girolamo Scaccia*; am 22. Oktober wurde in *Santa Ninfa*/Trapani der *mezzadro Giuseppe Biondo* ermordet; am 2. November fanden in *Belmonte Mezzagno*/Palermo die Bauern *Giovanni, Vincenzo* und *Giuseppe Santangelo* den Tod; in *Baucina*/Palermo starb am 23. Dezember *Nicolò Azoti*. Ziel war es, die Bauernbewegung zu enthaupten und zu terrorisieren, indem man ihre Führer und eifrigsten Aktivisten ermordete.

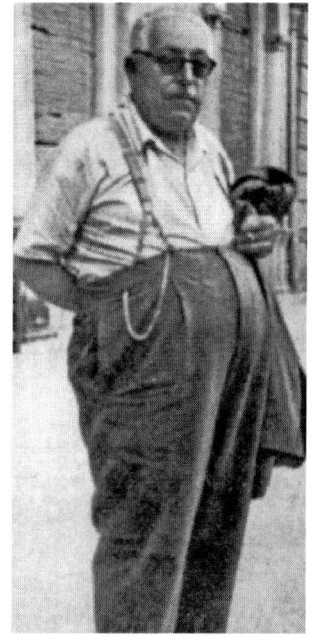

Abb. 52-54: *Calogero Vizzini*, der Mafiaboss von *Villalba (Caltanissetta.* Am 16. September 1944 organisierte er einen Anschlag gegen den regionalen Vorsitzenden der Kommunistischen Partei *Girolamo Li Causi*, während dieser eine Rede auf dem Hauptplatz des Dorfes sprach.
Das andere Bild auf Seite 127 oben zeigt Mafiosi in der ersten Reihe bei einer separatistischen Demonstration in *Palermo*.

Abb. 55-57: (v.l.n.r.) Von der Mafia ermordete Anführer der Bauernaufstände: *Nicolò Azoti, Accursio Miraglia* (Auf dem Foto ist zu lesen: *„Lieber stehend sterben als kniend leben"*), *Epifanio Li Puma*.

3.15.
Das Blutbad von Portella und die Wende im Jahre 1947

Am 4. Januar 1947 wurde *Accursio Miraglia*, Sekretär der Arbeitskammer von *Sciacca*/Agrigent und Führer der kommunistischen Partei (Pci), ermordet. Erneut ein angekündigter Tod: Er hatte Drohungen erhalten, doch Vorkehrungen zu seiner Sicherheit waren nicht getroffen worden. Bezeichnend ist der Gerichtsfall: Die Täter waren geständig; jedoch das Appellationsgericht von *Palermo* sprach sie frei; denn sie widerriefen und gaben an, sie seien gefoltert worden. Die der Misshandlung angeklagten Polizeibeamten wurden aber ebenfalls freigesprochen; denn *„ein rechtserheblicher Tatbestand liege nicht vor."* Eine weitere Untersuchung gegen Täter und Auftraggeber erfolgte jedoch nicht.

Am 17. Januar wurde in *Ficarazzi*/Palermo der kommunistische Aktivist *Pietro Macchiarella* umgebracht. Noch am selben Tag schossen auf der Werft in *Palermo* einige Mafiosi unter der Führung des Bosses des Stadtteils *Acquasanta Nicola D`Alessandro* auf Arbeiter, die die Anwesenheit der Mafia ablehnten und die Entfernung des Kantinenleiters *Emilio Ducci* forderten, eines Faschisten, der von der Firma *Piaggio*, die die Werft leitete, nach *Palermo* geschickt worden war. Zwei Arbeiter, *Francesco Paolo di Fiore* und *Antonino Lo Surdo*, blieben verletzt zurück.

Am 7. März schossen in *Messina* während einer Demonstration gegen die Teuerung der Lebenshaltungskosten Carabinieri mit dem Ruf „Avanti Savoia"[73] in die Menge: Es starben die Teilnehmer *Biagio Pellegrino* und *Giuseppe Maiorana*.

Am 20. April 1947 fanden zum ersten Mal Regionalwahlen statt und im Gegensatz zu den vorhergehenden Wahlen gewannen die Linken. Bei dem Referendum über die Staatsform am 2. Juni 1946 hatte in Sizilien (entgegen dem nationalen Trend) die Monarchie mehr Stimmen (1.219.100) als die Republikaner (705.949) erhalten und bei den gleichzeitigen Wahlen[74] zur Verfassunggebenden Versammlung hatte die *Democrazia Cristiana* in Sizilien 643.355 (33,62%) Stimmen erhalten, der *Partito Socialista* 234.318 (12,25%), der *Partito Comunista* 151.734 (7,91%); zusammen waren die beiden linken Parteien in eindeutiger Minderheit gegenüber den Christdemokraten.

1947 siegten jedoch die Linken, vereint im Volksblock, mit 567.392 (29,13%) Stimmen gegen 399.860 (20,52%) der DC. Der Schwerpunkt der linken Parteien lag vor allem auf dem Land. Sie siegten, weil sie an der Spitze der Bauernaufstände standen. Nach dem Vorbild der

---

73: *Savoia* hieß die königliche Familie in Italien und „Avanti Savoia" (Vorwärts Savoia) war der Kriegsruf, mit dem die Offiziere ihre Soldaten zum Angriff anfeuerten. Nur war Italien zum Zeitpunkt der Zwischenfälle in Messina bereits seit Juni 1946 eine Republik.

74: Dies waren die ersten Wahlen seit 1924. Zum ersten Mal hatten auch Frauen Wahlrecht.

antifaschistischen Koalition, die das Land regierte, schlugen sie vor, eine nationale Einheitsregierung zu bilden.

Zehn Tage später, am 1. Mai, kam es zu einem Blutbad in *Portella della Ginestra*/Palermo: Die Banditen der *Giuliano*-Bande schossen auf die Teilnehmer der Kundgebung zur Feier des Tages der Arbeit und des Sieges der Linken. Offizielle Quellen sprachen von elf Toten und 30 Verletzten, aber die tatsächliche Zahl der Toten und Verletzten war höher.

Noch im selben Monat Mai wurden die Linken aus der nationalen Regierung verjagt und in *Palermo* kam eine regionale Regierung ohne ihre Beteiligung zustande. Die *Democrazia Cristiana* ging ein Bündnis mit den Rechten ein, die als Auftraggeber des Blutbads von *Portella* galten. *Girolamo Li Causi* sprach von „politischem Banditismus", der unter der Protektion des Innenministers, des Sizilianers *Mario Scelba*, von dem Polizeiinspektor *Ettore Messana* geleitet werde; derselbe, der 1919 verantwortlich für das Massaker in *Riesi* gewesen sei. Der Minister könne dessen Karriere nicht ignorieren.

Wie ist die Wende vom Mai 1947, die den Ausschluss der Linken aus der Regierung Italiens und Siziliens markiert, zu erklären? Welches Gewicht kommt lokalen und nationalen Interessen zu, welches den internationalen, die auf den Vereinbarungen von *Jalta*[75] beruhen? Diese teilten den Planeten in zwei große Einflusszonen, eine unter der Ägide der USA, die andere unter der der Sowjetunion.

Die überzeugendste Erklärung ist diejenige, die die verschiedenen Ebenen in einem Zusammenhang sieht: Die Interessen der sizilianischen und süditalienischen Großgrundbesitzer, der Großindustriellen des Nordens, des Vatikans mit seiner antikommunistischen Haltung entsprechen ganz den geopolitischen Interessen der Weltmächte. Im Gegensatz zu dem, was der damalige Innenminister *Mario Scelba* erklärte, war das Blutbad kein nur von Banditen durchgeführtes Verbrechen, sondern die Antwort der Großgrundbesitzer, der Mafiosi, der konservativen Parteien, der Geheimdienste und Neofaschisten auf das Erstarken der Bauernbewegung, was den Sieg der linken Parteien ermöglicht hatte.

Für die Geschichte des Landes folgte eine dramatische Phase, die zu den Parlamentswahlen von 1948 und dem Sieg der *Democrazia Cristiana*

75: Badeort auf der Krim, wo vom 4. bis zum 11. Februar 1945 die Konferenz der alliierten Staatschefs *Franklin D. Roosevelt* (USA), *Winston Churchill* (Großbritannien) und *Josef Stalin* (UdSSR) stattfand.

führte, die ein halbes Jahrhundert lang die Regierung Italiens stellen wird. Die Bauernaufstände wurden in einem zunehmend ungünstigeren Klima fortgeführt; im Laufe des Jahres 1947 kam es zu weiteren Mordanschlägen: Am 22. Juni folgte eine Reihe von Attentaten von Seiten der *Giuliano*-Bande und der Mafia, wobei in *Partinico*/Palermo die beiden kommunistischen Aktivisten *Giuseppe Casarrubea* und *Vincenzo Lo Jacono* ums Leben kamen; am 22. Oktober wurde in *Terrasini*/Palermo der Sekretär der *Confederterra*[76] *Giuseppe Maniaci* ermordet, am 8. November in *Marsala*/Trapani *Vito Pipitone*, auch er ein Anführer der *Confederterra*; am 21. Dezember erschossen die Ordnungskräfte in *Canicattì*/Agrigent drei Teilnehmer einer Demonstration. Am 12. Januar 1948 fand in *Palermo* eine Großkundgebung statt. Das Motto lautete: „*Faremo il `48*" („Wir wollen das Jahr `48 vollenden.") in Erinnerung an den Aufstand 1848 hundert Jahre zuvor in *Palermo*. Diese Veranstaltung erregte bei den nationalen kommunistischen Funktionären, die durch die sich abzeichnende explosive politische Lage alarmiert waren, heftige Kritik; doch die Kundgebung verlief reibungslos; sie markiert die Geburtsstunde der sog. *Costituente siciliana per la terra* (Alternative sizilianische verfassungsgebende Versammlung für Grund und Boden) und die Gelegenheit, den Projektentwurf für die Bodenreform zu präsentieren. Im Laufe des Jahres 1948 wurde weiter gemordet; am 2. März starb in *Petralia Soprana*/Palermo der Sozialist und Bauernführer *Epifanio Li Puma*, am 10. desselben Monats in *Corleone* der Sozialist und Sekretär der Arbeitskammer *Placido Rizzotto*, am 2. April in *Camporeale*/Palermo der Sozialist und Sekretär der *Confederterra Calogero Cangelosi*. Land und Parteien sind immer tiefer gespalten. Nach den Wahlen vom 18. April spitzt sich die Situation noch zu: Am 14. Juli wurde ein Attentat auf *Palmiro Togliatti* (1893–1964), den Führer der italienischen Kommunisten, verübt. Während des folgenden Generalstreiks kam es zur Spaltung der bis dahin vereinten CGIL (*Confederazione Generale Italiana del Lavoro*)[77]; darauf wurde die CISL (*Confederazione Italiana Sindacati Lavoratori*), die mit den Christdemokraten verbunden war, gegründet.

76: Abk. für *Confederazione nazionale dei lavoratori della terra* – Nationale Vereinigung der Landarbeiter

77: Ein nationaler Gewerkschaftsbund Italiens, gegründet im Juni 1944 durch die Einigung von Sozialisten, Kommunisten und Christdemokraten

Abb. 58-59: 1. Mai 1947 Blutbad von *Portella di Ginestra*. Zehn Tage vorher hatten die Wahlen zur sizilianischen Regionalversammlung zum Sieg der linken Parteien geführt, die im Volksblock vereint waren.

Als Täter wurden die Mitglieder der Giuliano-Bande verurteilt. Die eigentlichen Auftraggeber blieben jedoch unerkannt.

Questi i risultati delle elezioni in Sicilia

CIRCOSCRIZIONI	Blocco del popolo	Democrazia Cristiana	Liberali e qualunq.	Separatisti	Partito monarchico	Socialisti lavor. ital.	Partito repubblic
PALERMO	90.426	62.340	71.093	44.286	70.834	10.261	25.340
CATANIA	72.395	79.052	54.049	53.375	43.920	27.136	4.199
MESSINA	66.624	49.155	70.297	27.174	33.675	11.438	13.475
AGRIGENTO	98.911	60.455	29.011	4.652	8.821	3.306	2.242
TRAPANI	66.611	30.699	28.101	10.761	13.130	6.803	23.975
SIRACUSA	53.404	23.537	35.119	10.937	—	10.603	6.315
CALTANISSETTA	55.250	37.287	30.850	2.103	4.618	953	1.917
RAGUSA	52.729	32.029	25.532	4.282	—	5.420	2.526
ENNA	34.531	24.628	11.824	13.282	9.846	6.261	6.628
TOTALI	**590.881**	**329.182**	**287.588**	**170.852**	**184.844**	**82.191**	**82.418**

Abb. 60-62: (v.l.n.r.) Von der Mafia ermordete Führer der Bauernaufstände: *Placido Rizzotto, Calogero Cangelosi, Salvatore Carnevale.*

Abb. 63: rechts die Mutter von *Salvatore Carnevale*, Francesca Serio, mit dem Schriftsteller *Carlo Levi*.

3.16. Die Kämpfe um die Bodenreform

1949 ist im *Mezzogiorno* (Süditalien) ein Jahr der Kämpfe und der Auseinandersetzungen mit der *Celere*, der vom Innenminister *Scelba* 1948 geschaffenen Polizeiabteilung zur Sicherung der öffentlichen Ordnung. In *Melissa* (Kalabrien) schoss die Polizei am 29. Oktober auf Demonstranten, die Land besetzt hielten: drei Tote. *Alcide De Gasperi* (1881-1954), der italienische Ministerpräsident, verpflichtete sich bei seinem Besuch in Kalabrien, das Land den Bauern zu übergeben.
In Sizilien probiert man neue Formen des Kampfes aus: die „tatsächliche Besetzung" (*occupazione effettiva*) des Landes und sog. umgekehrte Streiks (*scioperi a rovescio*)[78], bei denen Arbeitslose die Äcker pflügen und die Saat ausbringen. Am 10. März 1950 wurde während eines dieser Streiks der Kommunistenführer *Pio La Torre*[79] verhaftet; er blieb bis August 1951 im Gefängnis. Mit ihm wurden tausende Demonstranten eingesperrt; nach den Angaben, die von einem *Comitato regionale di solidarietà democratica* („Regionalkomitee demokratischer Solidarität") veröffentlicht wurden, waren es mehr als 3000.
Im Laufe des Jahres 1950 wurden zwei staatliche Gesetze einer partiellen Bodenreform verabschiedet: das *Gesetz Sila Nr. 230*[80] vom 12. Mai und das Übergangsgesetz Nr. 841 für den Süden und die Inseln am 12. Mai. Für Sizilien galt das regionale *Gesetz Nr. 104* vom 27. Dezember 1950,

---

78: Zur Definition und zum Einsatz von *scioperi a rovescio* siehe auch die Aktionen von Danilo Dolci, Kap.4.6.

79: *Pio La Torre* wurde 1982 von der Mafia ermordet, siehe Kap.1.11 und Kap.4.2.

80: Das Gesetz sah die Enteignung besonders großer Ländereien und Neuzuweisung an mehr Selbstbebauer–„coltivatori diretti" vor.

von der Opposition „*controriforma agraria*" („agrarische Gegenreform") getauft.
Jenseits aller denkbaren Deutungen sprechen die Zahlen eine klare Sprache: Bei der Durchsetzung des *Gullo*-Dekrets über die unbebauten und schlecht bestellten Äcker waren den Genossenschaften mehr als 86.000 ha für 50.000 Bauern zugestanden worden. Das regionale Gesetz gab 99.049 ha zur individuellen Auslosung frei (eine deutliche Aufforderung, die Genossenschaften aufzulösen), die in 17.157 Parzellen aufgeteilt waren. Nur 11% der 154.000 Antragsteller gelang es, ein Fleckchen Erde zu bekommen. Um das Gesetz zu umgehen, verkauften die Eigentümer vor dem Inkrafttreten 193.785 ha Land über Wert, mit einem Umsatz von 30 bis 60 Mrd. Lire; zu großen Teilen landete es in den Taschen mafiöser Makler.
Die Kämpfe dauerten auch noch in den folgenden Jahren an, weitere Tote waren zu beklagen: am 7. August 1952 in *Caccamo*/Palermo der Bauer *Filippo Intile*, am 16. Mai 1955 in *Sciara*/Palermo der Sozialist und Gewerkschaftler *Salvatore Carnevale* und am 13. August desselben Jahres in *Cattolica Eraclea*/Agrigent der kommunistische Bürgermeister *Giuseppe Spagnolo*.
In der zweiten Hälfte der 50er Jahre kam es zu einer gewaltigen Auswanderungswelle: In einem Zeitraum von 20 Jahren verließen ca. 1 1/2 Million Sizilianer die Insel. So endete der letzte Akt der sizilianischen Bauernbewegung, die viele Jahre lang zu den größten Massenbewegungen Europas zählte.

3.17.
Der Milazzismus, Mafia und Antimafia

Ende der 50er Jahre steht Sizilien wegen des sog. Milazzismus wieder im Zentrum des nationalen Interesses. Der Name leitet sich ab von *Silvio Milazzo* (1903-1982), der 1958 zum Präsidenten der Region gewählt wurde und im Streit mit seiner Partei, den Christdemokraten, eine neue Partei, die *Unione Siciliana Cristiano Sociale* (Sizilianische Christlich-soziale Union), gründete.
In der *Democrazia Cristiana* setzte sich die Führungsgruppe, die bis dahin aus alter Prominenz bestand, jetzt aus jungen Aufsteigern zusammen, die mit

der Mafia mehr oder weniger liierte Vertreter rechter Parteien aufnahmen. Die Mafiosi von *Camporeale*/Palermo drängten mit ihrem Boss *Vanni Sacco* in die DC. Vergeblich versuchte sich der junge christdemokratische Bürgermeister *Pasquale Almerico* ihrem Beitritt zu widersetzen: Er wurde von den Parteiführern isoliert und am 25. März 1957 ermordet. *Sacco* kam vor Gericht, wurde aber mangels Beweisen freigesprochen. Die kommunalen Wahlen von 1958 in *Camporeale* erlebten den Triumph der DC.

Silvio Milazzo bildete mit Vertretern der Rechten regionale Regierungen, die jedoch auch von den linken Parteien unterstützt wurden, die in seiner Politik die Chance sahen, die Macht der Christdemokraten zu brechen. In Wirklichkeit ist der „Milazzismus" ein Sammelsurium, in dem Mafiaverbündete und Antimafia-Maßnahmen wie zum Beispiel der Versuch, die Mafiosi aus den Bonifizierungskonsortien (*Consorzi di bonifica*)[81] zu vertreiben, nebeneinander existieren.

Diese Phase sollte 1960 ein unrühmliches Ende finden: Ein Versuch, einen Abgeordneten zu korrumpieren, um die Mehrheit im Landesparlament zu sichern, endete damit, dass der Täter in die ihm von den Christdemokraten gestellte Falle tappte. Diese kehrten daraufhin an die Macht zurück und leiteten die Phase der Mitte-Links-Regierungen („*Centro-sinistra*") ein, indem sie sich den Sozialisten zuwandten.

Ende der 50er und in den frühen 60er Jahren entwickelten sich auf den Baustellen in *Palermo* und auf der dortigen Schiffswerft Aktivitäten gegen die Mafia. Auf den Baustellen gelang es, sich gegen den Willen der Baustellenleiter gewerkschaftlich zu organisieren; auf der Werft, die im von der Mafia beherrschten Stadtviertel *Acquasanta* liegt, begehrten die Arbeiter gegen die Mafiosi auf, die die Kantine und die Anwerbung neuer Arbeiter betrieben, und zwar in den Firmen, die sich Unteraufträge sicherten. In der Mitte der 60er Jahre wurde ein Gesetz verabschiedet, das die Auslagerung von Arbeitskräften an Subunternehmer verbietet.

81: Körperschaften öffentlichen Rechts zur Instandhaltung und Verwaltung von Wassergräben und Kanälen

3.18.
Die Rolle der Frauen

In allen Phasen der Bauernkämpfe nach dem Zweiten Weltkrieg spielten Frauen eine bedeutende Rolle, sei es als Teilnehmerinnen an Landbesetzungen, sei es als Aktivistinnen und Leiterinnen in politischen Verbänden.

Die Bauern engagieren sich mit ihrer gesamten Familie; in *Portella* starben auch Frauen, weil sie aktiv an den Kundgebungen und Feierlichkeiten teilnahmen. Wie zur Zeit der *Fasci* bilden die Frauen oft einen Schutzschild zwischen Demonstranten und Sicherheitskräften, reden mit ihnen, werden eingesperrt und verurteilt; einige sind als „Berufsrevolutionärinnen" tätig und üben eine führende Rolle aus.

Allmählich nimmt auch eine Frauenbewegung Konturen an. Am 8. März 1953 fand in *Palermo* mit einer Großkundgebung der erste Kongress sizilianischer Frauen statt.

Unter den bekanntesten weiblichen Persönlichkeiten finden wir *Francesca Serio*, zuerst vom Ehemann verlassen, dann Witwe, Mutter des von der Mafia 1955 ermordeten Gewerkschaftlers und Sozialistenführers *Salvatore Carnevale*. *Francesca* trat als Nebenklägerin auf und forderte Gerechtigkeit. Die angeklagten Mafiosi wurden in erster Instanz verurteilt, in der Berufung aber freigesprochen. An ihrer Seite stand der zukünftige Staatspräsident *Sandro Pertini* (1896–1990); zu den Verteidigern der Mafiosi zählte *Giovanni Leone* (1908-2001), ebenfalls zukünftiger Staatspräsident.

Viele Jahre führte *Francesca Serio* ihren Kampf, klagte die Mafiosi öffentlich an und berichtete von ihren Erfahrungen in ganz Italien. Vergessen, starb sie am 18. Juli 1992 in ihrem Häuschen in *Sciara* in der Provinz Palermo.

> **Die Mutter von Salvatore Carnevale**
>
> *Der Schriftsteller Carlo Levi hat Francesca Serio einige der schönsten Seiten seines Buches „Le parole sono pietre" (Worte sind Steine) gewidmet:*
> Sie spricht vom Leben und vom Tode ihres Sohnes, als setze sie eine Unterhaltung fort, die durch unser Erscheinen unterbrochen worden war. Sie erzählt, begründet, argumentiert, klagt an.

Hastig lässt sie ihre Worte sprudeln, genau abwägend, mal im Dialekt, mal in der Schriftsprache, und sie fügen sich zu einem ausführlichen Bericht zusammen, von logischen Auslegungen unterbrochen. Sie geht völlig auf in ihrer endlosen Lebensgeschichte, der Geschichte einer Bäuerin: ihre Vergangenheit als verlassene Frau, später als Witwe, die jahrelangen Mühen und der Tod ihres Sohnes, die Einsamkeit, das Haus, Sciara/Palermo, Sizilien, das ganze Leben, all das ist in diesen ungestümen und geordneten Lauf der Worte eingeschlossen. Jetzt gibt es für diese Frau nur noch den Prozess, in dem sie selbst die Untersuchung führt und den sie nun abrollen lässt auf ihrem Stuhl neben dem Bett, den Prozess gegen die Feudalherrschaft, gegen die Unterdrückung der Bauern, den Prozess gegen Mafia und Staat. Sie identifiziert sich vollends mit ihrem Prozess und weist alle hierfür notwendigen Eigenschaften auf: Scharfsinn, Wachsamkeit, Misstrauen, Witz, Gewandtheit und Unerbittlichkeit. So ist diese Frau geworden; sie wurde es an einem Tage. Ihre Tränen sind keine Tränen mehr, sondern Worte, und die Worte sind Steine! Sie spricht mit der Härte und der Präzision eines Protokolls, mit einer absoluten Sicherheit, wie jemand, der unversehens einen festen Halt findet, eine Gewissheit erlangt hat. Diese Gewissheit, die ihre Tränen versiegen lässt und sie unversöhnlich macht, ist die Gerechtigkeit, die wahre Gerechtigkeit, Gerechtigkeit als Realität des eigenen Handelns, als ein Entschluss, von dem man nicht mehr zurückweicht; nicht die Gerechtigkeit der Richter, die Gerechtigkeit von Amts wegen. Ihr misstraut Francesca und verachtet sie, denn die ist ein Teil der Ungerechtigkeit, die den Verhältnissen innewohnt.

Francesca erzählt: „Da kam der Amtsrichter, um die Mordtat an meinem Sohn zu untersuchen; er schien sehr nervös. Er achtet nicht darauf, dass Arbeiter da sind, die dir zuschauen. Übe wenigstens wie gewöhnlich dein richterliches Amt aus, nein, nicht aus Mildtätigkeit, denn das da ist menschliches Fleisch und deinesgleichen! Aber du fühlst dich als hohe Persönlichkeit, und dieser da ist für dich ein Nichts! Er warf verächtlich den Kopf in den Nacken und sagte: *Ach, es war nicht der rechte Zeitpunkt zu einer solchen Tat!* Wie ich das höre, drehe ich mich um und sage:

Oh, du Schuft, du hast Recht, wenn du meinst, dass es nicht der richtige Augenblick war; du denkst an die Wahlen und weißt, du verlierst an Boden. Wenn du an der Macht bist, dann kommst du wieder und bringst mich um, wie? Ist das die Zucht, die du aufzuweisen hast? Wozu machst du diese Untersuchung überhaupt, willst du uns zum Besten haben? Warum gehst du nicht nach Hause? Klar, der rechte Zeitpunkt war`s nicht!"
Der Ungerechtigkeit, die den Dingen innewohnt, steht folglich die Gerechtigkeit gegenüber, die eine Gewissheit ist. Und Francescas Antwort ist nicht die anarchistische und individuell-spontane, die dem Briganten die Waffe in die Hand drückt und ihn in die Verbannung, in den Wald treibt, ihn zum Ausgestoßenen macht. Sie ist eine politische Entgegnung, auf der Idee vom Menschenrecht fußend, einer Idee, die einem Kraft verleiht und aus der eine Macht hervorgeht, die das Unrecht bekämpft: die Partei. Das Gesetz, das Francesca Zuversicht gibt, sind nicht die Staatsgewalt und ihre Organe, diese gehören ihrem Wesen nach zur feindlichen Welt.
Carlo Levi, Le parole sono pietre, Einaudi, Torino 1979, p. 160 s. (dt.: Carlo Levi, Worte sind Steine, Drei Reisen nach Sizilien, dtv, S.102-104, Übers. von Caesar Rymarowicz)

3.19.
Die Rolle der katholischen Kirche

In den verschiedenen Phasen der Bauernaufstände war die Haltung der Kirche ausschließlich oder sogar überwiegend von entschiedenem Widerstand gegen den *Sozialkommunismus*[82] gekennzeichnet. Und weil die Sozialisten und Kommunisten an der Spitze der Bauernaufstände standen, bezog die Kirche gegen sie Position, auch wenn es nicht an Beispielen des engagierten Einsatzes zugunsten der Forderungen der ärmsten und schwächsten sozialen Schichten gefehlt hat.

82: Unter diesem Begriff versteht man in Italien die enge politische Zusammenarbeit von PSI (Sozialistische Partei Italiens) und PCI (Kommunistische Partei) in der Nachkriegszeit.

In den Jahren der sizilianischen *Fasci* ergriffen nur einige Vertreter des niederen Klerus Partei für die Protestaktionen. Nur Bischof *Giovanni Guttadauro* von *Caltanissetta* schrieb im Oktober 1893 einen Hirtenbrief, in dem er die „Gründe für die Unzufriedenheit" für verständlich erklärte. Aber auch er, wie alle seine Mitbrüder, stellte sich später, nach den Massakern gegen die *Fasci* 1893/1894, entschieden gegen die „niederträchtigen Aufwiegler" der „verhängnisvoll getäuschten Plebs". Der Erzbischof von *Palermo*, Kardinal *Celesia*, verurteilte „die anarchistischen und sozialistischen Intriganten" hart. General *Morra di Lavriano*, der die Repression der *Fasci* befehligt hatte, begab sich eigens zum Palast des Erzbischofs, um ihm für seine Einstellung zu danken.

Bald allerdings wurden katholische Verbände und Einrichtungen tätig, die sich zum Ziel setzten, „die Armut des Volkes aus der Welt zu schaffen". Durch den Einsatz von *Don Luigi Sturzo* (1871–1959), Gründer des *Partito Popolare*, der Christlichen Volkspartei[83], wurden Genossenschaften gegründet, die einige *„affittanze collettive"* (Pachtkollektive) und Sparkassen betrieben, um gegen den Zinswucher vorzugehen. Es gab auch sog. *preti sociali* („Sozialpriester"), die Opfer mafiöser Gewalt wurden, wie *Costantino Stella*, ermordet im Juli 1919 in *Resuttano*/Caltanissetta, und *Stefano Caronia*, ebenfalls ermordet in *Gibellina*/Trapani im November 1920.

Aber einige Kleriker standen auch auf der Seite von Mafiafamilien wie die beiden oben genannten Bischöfe und drei Priester der Familie des Mafia-Bosses *Calogero Vizzini*, außerdem der Stadtpfarrer von *Castel di Lucio*/Messina, *Gian Battista Stimolo*; er wurde 1925 nach Streitigkeiten innerhalb der mafiösen Gruppen ermordet.

In den 40er und 50er Jahren positionierte sich die Kirche entschieden gegen die von den linken Parteien geführte Bauernbewegung. Der Erzbischof von *Palermo, Kardinal Ernesto Ruffini*, schrieb sogar angesichts des Blutbades von *Portella della Ginestra*, es handele sich, auch wenn er jeden Gewaltakt verurteile, um eine unvermeidliche Reaktion auf „Willkür und Aggressivität" („*prepotenze*") der Kommunisten. Nach den Wahlen des 18. April 1947 forderte er, die kommunistische Partei für illegal zu erklären, und die *Democrazia Cristiana* solle eine Einheitsfront mit den rechten

---

83: Der Partito Popolare Italiano (PPI) wurde 1919 gegründet; 1926 verboten. Mitglieder des PPI waren 1942 Mitbegründer der Democrazia Cristiana.

Parteien bilden. In den 60er Jahren, vor allem nach dem Blutbad von *Ciaculli*/Palermo im Juni 1963, begegnen wir erneut dem *Kardinal Ruffini*, immer noch an vorderster Front im Einsatz gegen die Kommunisten: Sie hätten die Mafia „erfunden" und Sizilien verleumdet.

Erfindung der Kommunisten seien auch die Anklagen gegen die Mönche von *Mazzarino*/Caltanissetta.[84] In der zweiten Hälfte der 50er Jahre ging man gegen einige von ihnen gerichtlich vor und verurteilte sie für ihre Beziehungen zu Mafiosi, die mit ihrer Hilfe Erpressungen verübten.

84: Die Mönche terrorisierten in diesem Dorf in den 50er Jahren die örtliche Bevölkerung. Die Anklage lautete auch: Zugehörigkeit zu einer kriminellen Vereinigung, Mord, Erpressung und Nötigung.

KAPITEL 4
Mafia und Antimafia in den 60er und 70er Jahren

Die 60er und 70er Jahre können angesichts der Veränderungen, die in der Gesellschaft sowie in der Mafia und dem Kampf gegen sie stattfinden, als Übergangsjahre betrachtet werden. Die Wirtschaft Siziliens ist immer weniger landwirtschaftlich orientiert und immer stärker durch den Dienstleistungssektor geprägt. Dazu einige Zahlen: Von 1951 bis 1971 verringerte sich die Anzahl der Beschäftigten in der Landwirtschaft drastisch von 760.000 (56%) auf 399.000 (29%), in der Industrie stieg sie von 338.000 (25%) auf 463.000 (34%) und im Dienstleistungssektor von 255.000 (18%) auf 512.000 (37%).
Während die Auswanderung das Land ausbluten lässt, wachsen die Städte dank einer Industrie, die vor allem mit dem Baugewerbe verbunden ist, und dank einem tertiären Bereich, der vorwiegend aus dem öffentlichen Dienst besteht.

Die Mafia erlebt eine neue Phase ihrer Geschichte, die „städtisch-unternehmerische", und schickt sich an, in die „finanzielle" Phase einzutreten. Wie wir bereits verdeutlicht haben, handelt es sich nicht um einen Umzug vom Land in die Städte (Die Mafia wird auf dem Land bleiben und war in den Städten schon präsent.), sondern um eine Neuorientierung des Schwerpunktes ihrer Interessen. Nun stehen die Bauspekulation, die Aneignung öffentlicher Gelder, die aus der sizilianischen Landesverwaltung und aus der 1950 gegründeten *Cassa del Mezzogiorno* (Fonds für die Entwicklung Süditaliens) fließen, sowie der Einstieg in den weltweiten Schmuggel, zuerst mit Zigaretten, dann mit Drogen, im Mittelpunkt. Auf diesen Terrains rivalisieren die mafiösen Gruppen, bilden Allianzen und tragen blutige Konflikte aus.

Nachdem die Bauernbewegung sich aufgelöst hatte, hat der Kampf gegen die Mafia nicht mehr den Charakter einer Massenbewegung. Es handelt sich um einen Kampf von Minderheiten, der auf institutioneller Ebene von oppositionellen Kräften geführt wird, denen es nach dem Blutbad von *Ciaculli*/Palermo (30. Juni 1963) gelingt, eine parlamentarische Kommission einzusetzen, und auf gesellschaftlicher Ebene durch Gruppen und Einzelpersonen wie *Danilo Dolci* und *Giuseppe Impastato*.[85]

4.1.
Der Mafiakrieg der frühen sechziger Jahre

Die „städtisch-unternehmerische Mafia" hat folgende Funktionen:
- die Ausübung unternehmerischer Aktivitäten vor allem im Bauwesen, häufig als Vermittler zwischen Grundstücksbesitzern und auswärtigen Unternehmen (die sog. *Plünderung von Palermo*, „sacco di Palermo"[86], die schon in den 50er Jahren eingeleitet wurde, sieht in vorderster Front nicht-sizilianische Unternehmen wie die mit dem Kapital des Vatikans operierende Baugesellschaft „Immobiliare" und Genossenschaften aus der Emilia-Romagna, die das Monopol im sozialen Wohnungsbau haben),
- die Kontrolle über die Lebensmittelmärkte,
- die Kontrolle über die Personaleinstellungen in der lokalen Verwaltung,
- die Kontrolle über das Kreditgeschäft.

Dank dieser Beziehungen zu den Institutionen schickt sich das „mafiöse Bürgertum" (*borghesia mafiosa*) an, immer deutlicher zur herrschenden Klasse zu werden. Die illegale Bereicherung stützt sich sowohl auf traditionelle Quellen wie Erpressungen als auch neue wie den Zigarettenschmuggel in Zusammenarbeit mit Schmugglern aus *Marseille* und *Korsika* und den Handel mit Heroin, dessen Verbrauchermarkt hauptsächlich in den USA liegt.

Im Oktober 1957 fand in *Palermo* ein sizilianisch-amerikanisches Gipfeltreffen statt, das eine *task force* bildete, die sich um den Drogenhandel

---

85: zu beiden siehe Kap.4.6. und 4.8.

86: „Plünderung Palermos" (siehe in diesem Kap. den Bericht des Präfekten *T. Bevivino*) wird die durch die Mafia forcierte Bauspekulation genannt, die in kurzer Zeit unwiederbringliche Baudenkmäler und Grünflächen der Stadt vernichtete und bezeichnend ist für das Zusammenwirken von Politik und Mafia.

kümmern soll. Um diese Aktivitäten in internationalem Rahmen zu bewerkstelligen, wurde eine einheitliche Organisation der „Familien" ins Leben gerufen.

Durch richterliche Ermittlungen, vor allem durch die des Richters *Cesare Terranova* (1921-1979)[87] entsteht ein Bild der verschiedenen Familien. Sie basieren auf vertraulichen Informationen und belegen die Entstehung eines Zentralorgans, der *Provinzkommission* (*commissione provinciale*), die von den Bossen der verschiedenen Familien gebildet wurde. Die Untersuchungen waren eine Folge der zahlreichen Verbrechen, die während des Mafiakrieges zu Beginn der 60er Jahre begangen wurden. Jedoch hielten sie der Überprüfung beim Hauptprozess nur teilweise stand: dem Prozess gegen 114 Angeklagte im Jahre 1968 in *Catanzaro* (Hauptstadt von Kalabrien), der mit nur wenigen Verurteilungen, aber zahlreichen Freisprüchen endete. Wieder einmal geriet die organisatorische Struktur, die zuerst durch die *Sangiorgi*-Berichte[88], dann noch einmal durch die Untersuchungen des Richters *C. Terranova* ans Licht gekommen war, in Vergessenheit. Erst in den 80er Jahren wird sie durch die Enthüllungen von *Tommaso Buscetta* und weiterer Kronzeugen wieder ins Licht gerückt.

Dieser erste Mafiakrieg zieht sich durch die Jahre von 1960 bis 1963 und hat seine Wurzeln in einem Machtkampf in der Organisation selbst. Auf der einen Seite standen alte Mafiafamilien wie die *Greco*, auf der anderen Seite Aufsteiger wie die Brüder *Angelo* und *Salvatore La Barbera*. Zusammen mit den altbewährten Schrotflinten mit abgesägtem Lauf (*la lupara*) kam es nun auch zum Einsatz von Autobomben. Am 26. April 1963 tötete ein mit TNT beladener *Alfa Romeo Giulietta* den Mafiaboss *Cesare Manzella*, einen Onkel von *Giuseppe „Peppino" Impastato*[89]. Ihren Höhepunkt erreichten die Auseinandersetzungen im Juni des gleichen Jahres: Am 30. Juni wurden neun Tote aufgefunden, sieben davon waren Carabinieri und Soldaten, die in *Ciaculli* an der Peripherie *Palermos* beim Überprüfen eines mit Sprengstoff beladenen Autos die Explosion auslösten. Der Anschlag hatte Mafiosi der Gegend gegolten.

87: leitender sizilianischer Ermittlungsrichter und wichtiger Vorkämpfer der Antimafia-Bewegung, der von der Mafia ermordet wurde.

88: Siehe Kap. 3.10.

89: Siehe Kap. 4.8.

Das Blutbad von *Ciaculli* löste Alarm auf nationaler Ebene aus; zum x-ten Mal wurde die Mafia „neu entdeckt". Endlich begann die *parlamentarische Anti-Mafia-Kommission*, deren Einrichtung seit den 40er Jahren vergeblich beantragt wurde, ihre Arbeit.

Am Ende der 50er und in den frühen 60er Jahren fand auch in *Corleone* ein Krieg statt, in dessen Verlauf *Luciano Liggio*[90] seine Konkurrenten ausschaltete – beginnend mit dem Arzt und Mafiaboss *Michele Navarra*, ermordet im August 1958 – und damit seine blutige Karriere startete.

Abb. 64: Das Begräbnis anlässlich des Blutbades von Ciaculli vom 30. Juni 1963.

4.2.
Die Rolle der Opposition und die Antimafia-Kommission

Mitten im Mafiakrieg (1962/63), in dem die Straßen von *Palermo* von Blut überströmten, stimmte das sizilianische Landesparlament am 30. März 1962 einem Antrag zu, der die Einrichtung eines parlamentarischen Untersuchungsausschusses forderte. Der Senat stimmte am 11. April 1962

90: Bis zu seiner Verhaftung 1974 galt *Luciano Liggio* (1925-1993) als der Anführer der Mafia von *Corleone* und ihm werden zahlreiche Morde zur Last gelegt. *Provenzano* und *Riina* waren seine direkten Stellvertreter.

dem Gesetz zur Einrichtung eines Untersuchungsausschusses zu und am 12. Dezember 1962 gab das Abgeordnetenhaus seine endgültige Zustimmung; doch tätig wurde die Antimafia-Kommission erst nach dem Blutbad von *Ciaculli*.
Von 1963 bis 1976 zogen sich die Arbeiten der Kommission immer zähflüssiger in die Länge; anfängliche Erwartungen wurden sehr bald enttäuscht. Es wurden 12 Untersuchungsunterausschüsse gebildet, zentrale und lokale Behörden sowie zahlreiche Zeugen befragt, richterliche Akten und andere Dokumente zusammengetragen. Der Präsident, der Christdemokrat *Donato Pafundi*, verkündete, dass das Archiv der Kommission ein „Pulverfass" sei; doch die Arbeiten während der *vierten Legislaturperiode*, die 1968 zu Ende ging, schlossen mit der Veröffentlichung von nur drei kleinen Aktenseiten.
Zur gleichen Zeit fand in *Lecce*/Apulien der Prozess wegen der Ermordung des Polizeikommissars *Cataldo Tandoy* (30. März 1960 in *Agrigent*) statt. Dieser Prozess enthüllte die Absprachen des Kommissars mit der ortsansässigen Mafia. Ebenfalls in *Agrigent* kam es im Juli 1966 zu einem verheerenden Erdrutsch, der durch Bauspekulation verursacht war und die Komplizenschaft von Mafiosi und Verwaltung offenbarte.
In der *fünften Legislaturperiode* (1968-1972) nahm die Antimafia-Kommission die Arbeiten unter der Präsidentschaft des Christdemokraten *Francesco Cattanei* wieder auf; gebilligt und veröffentlicht wurden die Berichte über die Beziehungen zwischen Mafia und Banditentum, über die Großmärkte und über einzelne Mafiosi; doch das vorzeitige Ende der Legislaturperiode machte die Abfassung eines Schlussberichtes unmöglich.
Im Juli 1972 ging mit der *sechsten Legislaturperiode* der Vorsitz über auf den Christdemokraten *Luigi Carraro*. Unter den Mitgliedern der Kommission befand sich *Giovanni Matta*, ehemaliger christdemokratischer Stadtrat der Kommune *Palermo*, der von der vorherigen Kommission im Rahmen ihrer Ermittlungen gegen die Kommune vernommen worden war. Die kommunistischen Mitglieder der Kommission forderten *Mattas* Rücktritt. Als sie das nicht erreichten, verließen sie die Kommission gemeinsam mit den anderen Mitgliedern, ausgenommen diejenigen der *Msi–Destra*[91]. Im

---

91: *Movimento Sociale Italiano – Destra Nazionale* (Sozialbewegung Italiens – Nationale Rechte); 1946 gegründet; neofaschistische Partei

Februar 1973 bildete sich die Kommission neu, jedoch wieder unter der Präsidentschaft *Carraros*. 1976 wurde der Abschlussbericht der Mehrheit vorgelegt, zusammen mit zwei Minderheitsberichten, der eine von der *Msi*, der andere von der *Pci*, unterzeichnet unter Anderem von *Pio La Torre* und dem Richter *Cesare Terranova*.

Im Laufe der Arbeiten entwickelten sich *zwei gegensätzliche Thesen*: Zahlreiche Kommissionsmitglieder sind der Ansicht, die Mafia gebe es nun nicht mehr, sie habe sich in ein städtisches Gangstertum ohne gesellschaftliche Wurzeln umgewandelt (Diese These wurde auch von einigen Wissenschaftlern vertreten.); die andere These verzeichnet die Veränderungen des Phänomens Mafia und legt den Akzent auf die Beziehungen der Mafia mit dem institutionellen und politischen Kontext.

Der Mehrheitsbericht spricht von der Mafia als Phänomen herrschender Klassen in vergangenen Zeiten und macht sich die These zu eigen, dass eine Organisationsstruktur nicht existiere. Diese These wird in diesen Jahren von einem Erfolgsbuch des deutschen Soziologen *Henner Hess*[92] vertreten. Der Bericht spricht zwar ebenfalls von Beziehungen der Mafia mit der Politik, begrenzt sie allerdings auf *Vito Ciancimino*[93], den ehemaligen Stadtrat in den vom Bürgermeister *Salvo Lima*[94] geführten Gemeinderäten.

Der kommunistische Bericht bekräftigt dagegen, dass die Mafia noch immer ein Phänomen der herrschenden Klassen sei. Er bringt die politischen Verantwortlichkeiten für das Blutbad von *Portella della Ginestra* (1947) ans Licht und schließt in die Beziehungen der Mafia zur Politik die christdemokratische Führungsgruppe mit ihrem Spitzenmann *Salvo Lima* ein.

Auch der Bericht der neofaschistischen *Msi* spricht von den Beziehungen mit der Politik, wobei er die Geschichte *Luciano Liggios* rekonstruiert und seine Schlussseiten *Salvo Lima* widmet.

Was den Maßnahmenkatalog angeht, kommen die Arbeiten der Kommission zu keinem Ergebnis. In den folgenden Jahren werden immerhin viele Bände

---

92: Vgl. *Henner Hess*, Mafia, Zentrale Herrschaft und lokale Gegenmacht, Tübingen 1970.

93: Siehe Kap. 1.26.

94: *Salvo Lima* (1928-1992), langjähriger Bürgermeister von Palermo und Hauptverantwortlicher für den „Sacco di Palermo", 1992 von der Mafia erschossen, gilt als langjähriger Verbindungsmann zwischen der *Democrazia Cristiana* und der Mafia.

an Dokumentation veröffentlicht, die ein wertvolles Archiv darstellen, um die Geschichte der Mafia dieser Jahre zurückzuverfolgen.

Abb. 67-68: *Salvo Lima* und *Vito Ciancimino*; sie begünstigten die Bauspekulation, bekannt als „sacco di Palermo".

4.3.
Die Studien über die Mafia

Parallel zu den Arbeiten der Kommission erscheinen Studien, vor allem von Soziologen und Historikern. Auf den deutschen Forscher *Henner Hess* haben wir schon hingewiesen. Er betrachtet die Mafia als eine Verhaltensweise, die aus einer in der Bevölkerung des westlichen Siziliens existierenden „Subkultur" hervorgehe. Für falsch hält er im Gegenteil die These von der Existenz einer Organisation.

Die Kommission beauftragte den Soziologen *Franco Ferrarotti*, in verschiedenen Kommunen Siziliens eine Untersuchung durchzuführen. Er kam zu dem Ergebnis, dass die Mafia kein lokales Phänomen mehr sei, sondern ein „grundlegendes Problem der nationalen Entwicklung", das auch eine internationale Dimension besitze[95].

Auf historischer Ebene beschäftigte sich der Historiker *Francesco Brancato* im Auftrag der Kommission mit den Reaktionen der Öffentlichkeit auf das Problem „Mafia" und analysierte die Regierungsberichte sowie öffentliche und private Untersuchungen[96].

1963 erschien *La Storia della Mafia* (*Geschichte der Mafia*) von *Salvatore Francesco Romano*, die erste systematische Darstellung von den Ursprüngen bis zum Zweiten Weltkrieg, mit Verweisen auch zur amerikanischen Mafia. *Romano* sieht in der Mafia das Produkt einer Gesellschaft, die sich im Übergang vom Feudalismus zum Kapitalismus befinde, und bezeichnet die zeitgenössische Mafia als eine Machtgruppe, deren sich politische, wirtschaftliche und soziale Kräfte bedienten und die mittlerweile über Sizilien hinaus verbreitet sei[97].

In diesen Jahren erschienen auch die Bücher des Journalisten und Schriftstellers *Michele Pantaleone*[98], die die Beziehungen der Mafia zur Politik unterstreichen und ihre Rolle im Drogenhandel dokumentieren.

4.4.
Kardinal Ruffini und der Pastor Panascia

Sofort nach der Bluttat von *Ciaculli* ließ der Waldenser Pastor *Valdo Panascia*[99] an die Mauern *Palermos* ein Manifest heften, in dem er seine Solidarität mit den Familienangehörigen der Opfer zum Ausdruck

---

95: F. Ferrarotti, Rapporto sulla mafia: da costume locale a problema dello sviluppo nazionale, Napoli: Liguori, 1978.

96: F. Brancato, La mafia nell'opinione pubblica e nelle inchieste dall'Unità d'Italia al fascismo, Cosenza: Pellegrini, 1986.

97: S.F. Romano, Storia della mafia, Milano: Mondadori, 1966.

98: M. Pantaleone, Mafia e politica, 1943-1962, Torino: Einaudi, 1962.

99: www.gustav-adolf-werk.de/nachrichten/items/italien-waldenser-erinnern-an-anti-mafia-manifest-vor-50-jahren.html; dort ist auch die Reaktion des Bischofs *Ruffini* zu lesen.

brachte und die Behörden im Namen der Achtung vor dem Leben an ihre Verantwortung erinnerte.

Das Dokument erregte Aufmerksamkeit beim Vatikan, und der Stellvertreter des Staatssekretärs schrieb einen Brief an den *Kardinal Ruffini*, Bischof von *Palermo*, in dem er ihn fragte, ob es nicht an der Zeit sei, etwas zu unternehmen, um „die Mentalität der sog. Mafia von der religiösen Einstellung abzugrenzen" und zu „einer konsequenteren Befolgung christlicher Grundwerte" aufzufordern.

Der Kardinal reagierte hart und empört: Es gebe keine Verbindung zwischen mafiöser Mentalität und der Religion, und die Initiative *Panascias* sei nur „ein *lächerlicher* Versuch protestantischer Instrumentalisierung". Von der Mafia und ihren Beziehungen zur *Democrazia Cristiana* sprächen die Sozialkommunisten, um „in Konkurrenz zu mafiösen Organisatoren und denen, die dafür gehalten werden", ihre Interessen zu vertreten. Nach Meinung des Kardinals *Ruffini* ist die Mafia lediglich alltägliche Kriminalität; die katholische Kirche habe sich nichts vorzuwerfen, sie sei jeden Tag aktiv, während *Panascia* sich ausnahmsweise mal einmische.

Am Palmsonntag 1964 ließ *Ruffini* einen Hirtenbrief vorlesen mit dem Titel: *Das wahre Gesicht Siziliens*. In ihm behauptete er, Sizilien sei verleumdet worden, und unter die Verleumder zählte er *Giuseppe Tomasi di Lampedusa* mit seinem Roman *Il Gattopardo* und die Initiativen von *Danilo Dolci*. Die Mafia sei eine verschwindend kleine Minderheit, Sizilien besitze viele Monumente und Naturschönheiten, die Sizilianer seien nicht abergläubisch, vielmehr echte Katholiken. Der Kardinal wünschte sich, dass man auf dem „aufsteigenden Weg" weitergehe, damit das Leben des Einzelnen, der Familie und der Gesellschaft eine „strahlende Apologie unserer heiligen Religion" sei. Pastor *Panascia* schrieb an „Seine Eminenz", es bedeute keine Verleumdung Siziliens, wenn man von der Mafia und sizilianischen Übeln spreche; ferner ersuchte er den Kardinal, die Lebensbedingungen in den Vierteln *Palermos* und die Arbeitslosigkeit der dortigen Menschen zu bedenken. In seiner Antwort sprach der Kardinal den Pastor mit „*Egregio signore*" (Sehr geehrter Herr) an und unterstrich seine Zuversicht: Kriminalität gebe es überall und die katholische Kirche tue sehr viel, um die Ärmsten zu unterstützen. Hier endete der Briefwechsel. Man wird die 80er Jahre abwarten müssen, um von einem Erzbischof von *Palermo* andere Worte zu vernehmen.

Abb. 65 (li.): *Kardinal Ruffini* mit *Papst Pius XII.* Beide stellten den Kampf gegen den Kommunismus ins Zentrum ihres Handelns.

Abb. 66 (re.): Der Waldenser Pastor *Panascia*. Direkt im Anschluss an das Blutbad von *Ciaculli* hatte Kardinal *Ruffini* eine Kontroverse mit ihm, in der er die Rolle der Mafia bagatellisierte.

4.5.
Die Opposition zum Sacco di Palermo

Die Antimafia-Kommission beschäftigte sich unter Anderem mit der Bauspekulation in *Palermo*. Im November 1963 betraute die sizilianische Regionalregierung den Präfekten *Tommaso Bevivino* mit der Aufgabe, eine Untersuchung über die Gemeinde von *Palermo* durchzuführen; daraus entstand ein Bericht, der den sog. *sacco di Palermo* dokumentiert. Hier einige Fakten: Von November 1959 bis November 1963 wurden über 4.205 Baugenehmigungen erteilt; 80% davon fünf Strohmännern: einem Maurer, einem Kohlenhändler und anderen, die ebenfalls keine Bauunternehmer waren. Der Bebauungsplan war außerdem nicht umgesetzt und die Baukommission nach Ablauf ihres Mandats nicht erneuert worden.

Die Opposition klagte die christdemokratischen Gemeinderäte wegen der Spekulationen an. Sie forderte und erreichte die Entlassung von *Vito Ciancimino*, als er im Oktober 1970 zum Bürgermeister gewählt wurde und im Stadtrat auch ein Mafioso, *Giuseppe Trapani*, saß.

4.6.
Die gewaltlose Aktion von Danilo Dolci

Danilo Dolci (1924–1997) stammte aus der P*rovinz Triest*; nach gemeinsamen Erfahrungen mit Don *Zeno Saltini*[100] in *Nomadelfia*/ Grosseto, einem Zentrum für kriegsinvalide Kinder, zog er 1952 nach Sizilien um. Hier begann er, eine ganz persönliche Neuauslegung des gewaltlosen Widerstands in die Tat umzusetzen. Er unterstützte die Fischer von *Trappeto*/Provinz Palermo, praktizierte den sog. umgekehrten Streik, bildete Gruppen und Studienzentren, fastete in *Cortile Cascino*, einem Dritte-Welt-Viertel mitten in *Palermo*, veröffentlichte Bücher, die auf nationaler und internationaler Ebene Interesse weckten. Von der Justiz, die wie zur Zeit der Bauernaufstände die Besetzung von Land und die Protestaktionen des Volkes als Straftaten betrachtete, wurde er mit aller Härte verfolgt. An seiner Seite standen namhafte Intellektuelle wie *Piero Calamandrei* (1889-1956), *Norberto Bobbio* (1909-2004) und der britische Philosoph *Bertrand Russel* (1872-1970).
Im Kampf gegen die Mafia sammelte er Dokumentationen und Materialien über bekannte Persönlichkeiten wie den mehrfachen Minister *Bernardo Mattarella*; dieser verklagte ihn und erreichte die Verurteilung *Dolcis* wegen übler Nachrede.

Nach dem Erdbeben von 1968 setzte *Danilo Dolci,* trotz Spannungen in seiner Gruppe, seine Aktivitäten fort. Am 25. März 1970 begann das "Radio der Armen" (*Radio dei poveri cristi*) vom "Studien- und Initiativzentrum" (*Centro studi e iniziative*) in *Partinico*/Palermo aus seine Sendungen. Am Tage darauf drangen hunderte von Vertretern der Ordnungskräfte in die Räumlichkeiten ein und beschlagnahmten die Sendegeräte.
Dolcis Experiment stellt ein seltenes Beispiel der Verbindung von Analyse, Anklage, Projektentwicklung, Organisation und Mobilisierung dar. In seinen letzten Jahren bis zu seinem Tod 1997 beschäftigte er sich vor allem mit pädagogischen Themen, insbesondere mit dem Konzept einer „Erziehung zur globalen Verantwortung" (*educazione alla mondialità*);

100: 1900-1981; ital. Priester, der sich um Waisenkinder des Zweiten Weltkriegs kümmerte

dabei verzichtete er jedoch nie auf seine dichterische Ader; für sein lyrisches Werk erhielt er 1979 den Literaturpreis *Premio Viareggio*, einen der prestigeträchtigsten italienischen Literaturpreise.

4.7.
Rebellierende Frauen: Serafina Battaglia und Franca Viola

In den 60er Jahren gelangen zwei außerordentliche sizilianische Frauen zu Bekanntheit. Die erste ist *Serafina Battaglia*, Lebensgefährtin eines Mafioso, *Stefano Leale*, der im Jahre 1960 ermordet wurde. Die Frau drängte ihren Adoptivsohn, den Mord des Vaters zu rächen; aber auch er wurde 1962 umgebracht. *Serafina* brach daraufhin mit der Mafiakultur des Schweigens (*omertà*) und verklagte die Mörder ihres Partners und ihres Sohnes. Dem Richter *Cesare Terranova*, der ihre Aussagen aufnahm, erklärte sie: „Wenn die Frauen aller Ermordeten sich nicht aus Rache, sondern aus einem Bedürfnis nach Gerechtigkeit zu reden entschieden, dann gäbe es die Mafia schon lange nicht mehr." Ihre Anzeigen führten jedoch nicht zur Verurteilung der Mafiosi; sie zog sich danach völlig zurück und starb 2004 in Vergessenheit.

Die andere Frau ist *Franca Viola*; mit 17 Jahren wurde sie 1965 von einem Mafioso aus *Alcamo*/Trapani entführt und vergewaltigt. Damals kam es nach einer Entführung für gewöhnlich zur Zwangsverheiratung (*matrimonio riparatore*). Nach dem italienischen Strafgesetzbuch war sexuelle Nötigung ein Vergehen gegen die öffentliche Moral, nicht aber gegen die Person; das Vergehen erlosch also mit der Trauung. *Franca* rebellierte jedoch und erklärte, sie wolle den Entführer nicht heiraten, sondern er solle zusammen mit seinen Komplizen verhaftet werden. Die Nachricht verbreitete sich in Windeseile über die Medien. *Franca* wurde zum Symbol einer Kulturwende. Anschließend heiratete sie den Mann, den sie liebte. Erst 1981 wurde der Art. 544 des Strafgesetzbuches zur Zwangsverheiratung abgeschafft.

Abb. 126 (li.): *Serafina Battaglia* klagte die Mafiosi wegen der Ermordung ihres Lebensgefährten und ihres Adoptivsohnes an.
Abb. 127 (re.): *Franca Viola* klagte den jungen Mafioso an, der sie geraubt hatte.

 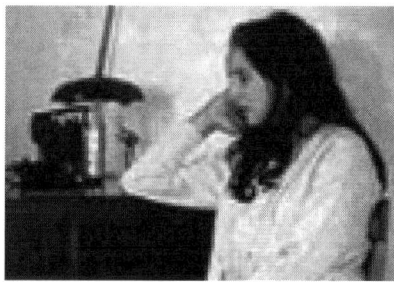

Abb. 128: Eine Demonstration der sizilianischen Frauenvereinigung für den Kampf gegen die Mafia.

Abb. 129: *Felicia Bartolotta*, Mutter von *Peppino Impastato*.

4.8.
Die Neue Linke und Giuseppe Impastato

Die jugendliche Protestbewegung, die Europa und die Vereinigten Staaten von Amerika 1968 erlebten, erreichte auch *Palermo* und Sizilien, wo sie eigene Merkmale entwickelte. Ein Teil der Studentenbewegung, die an den höheren Schulen und in den Universitäten entstand, befasste sich neben grundsätzlichen Forderungen wie dem Kampf gegen autoritäre Verhaltensformen und der Frage nach der „Macht der Studierenden" auch mit dem spezifischen Problem der Mafia. Dies ist der Aktion einer lokalen Organisation zu verdanken, dem „Circolo Lenin" (Lenin-Kreis) in *Palermo*, der von dem Politiker und Wirtschaftswissenschaftler *Mario Mineo* (1920–1987) geleitet wurde. 1970 schloss sich der „Circolo Lenin" der überregionalen linkskommunistischen Gruppierung „Il Manifesto" (Das Manifest) an, und zwar mit einem Dokument, das die Mafia nicht nur als kriminelle Organisation, sondern auch als ein soziales Phänomen bezeichnet und die These vertritt, dass sich in den letzten Jahren ein „kapitalistisch-mafiöses Bürgertum" (*borghesia capitalistico-mafiosa*) mit einer beherrschenden Stellung innerhalb der „privilegierten Klassen" gebildet habe. Auf der Grundlage dieser Analyse startete die palermitanische Sektion von „Il Manifesto" eine Kampagne für die Enteignung mafiösen Besitzes; es blieb aber nur bei dem Aufruf. 12 Jahre mussten vergehen, bis das Antimafia-Gesetz von 1982 die Konfiszierung mafiöser Vermögen verfügte.

Die Analysen und Vorschläge der Gruppe von *Palermo* erregten Kritik und Bedenken, selbst in der „Manifesto"-Gruppe Siziliens, und fanden kein Echo auf nationaler Ebene. Sie wurden hingegen von der Führung der PCI heftig kritisiert, die die Linie des „Autonomiepaktes" (*patto autonomistico*) mit den „produktiven Schichten" der Insel vertrat und die Vorschläge für eine Form generalisierter Kriminalisierung hielt.
Giuseppe „Peppino" Impastato (1948-1978) engagierte sich seit frühester Jugend in Gruppen der Neuen Linken. Er stammte aus einer Mafia-Familie in *Cinisi*/Palermo; als Erstes brach er den Kontakt zum Vater und zu den Verwandten ab; unter ihnen war der (oben schon erwähnte) Onkel und Mafiaboss *Cesare Manzella*, der 1963 mit einem mit TNT beladenen *Alfa Romeo Giulietta* getötet wurde. Wie die Mutter, *Felicia Bartolotta*, in ihrer in dem Buch *La Mafia in casa mia* (Die Mafia in meinem Haus, 1986) erschienenen Biographie berichtet, spielte dieses Erlebnis für den jungen, reifenden *Peppino* eine entscheidende, wegweisende Rolle. Sehr bald engagierte er sich gegen die Mafia mit einer kleinen hektographierten Zeitung *L'Idea socialista* (Der sozialistische Gedanke), beteiligte sich dann

an Studentendemonstrationen und war in linken Gruppen aktiv, von der *Psiup* (*Partito Socialista Italiana di Unità Proletaria* – italienische sozialistische Partei proletarischer Einheit) bis zur außerparlamentarischen Gruppierung „Lotta continua" (Der Kampf geht weiter). *Peppino* war auf vielen Gebieten tätig: vom Filmforum bis zum Theater und zu Musikveranstaltungen, von Versammlungen zu alternativer Berichterstattung mit Hilfe von Flugblättern, Fotoausstellungen und in den letzten Jahren mit einem eigenen Rundfunksender „Radio AUT". Mit dem Radio gingen *Peppino* und seine gleichgesinnten Kameraden Aktivitäten der Mafia nach und klagten deren Kontakte mit der kommunalen Verwaltung an; außerdem bedienten sie sich in der viel gehörten Sendung „Onda pazza" der politischen Satire, um den Mafiosi, vor allem dem lokalen Mafiaboss *Gaetano Badalamenti* (1923-2004), ihren Mythos zu nehmen.

In der Nacht vom 8. auf den 9. Mai 1978 wurde *Peppino Impastato* ermordet; die Inszenierung seines Todes sollte ihn als Terroristen und Selbstmörder hinstellen[101]. Einige seiner Kameraden, sein Bruder, seine Mutter und außerdem das 1977 in *Palermo* gegründete und nach seinem Tod als „Centro Impastato" bezeichnete sizilianische Dokumentationszentrum[102] haben alles daran gesetzt, *Peppinos* Erinnerung zu bewahren und die Justiz anzuregen. Die Auftraggeber des Mordes, *Gaetano Badalamenti* und *Vito Palazzolo*, wurden zwar verurteilt, aber erst mehr als 20 Jahre nach dem Verbrechen. Im Jahre 2000 hat die parlamentarische Antimafia-Kommission einen Bericht verabschiedet, in dem klar zum Ausdruck kommt, dass Vertreter der Ordnungskräfte und der Ermittlungsbehörde die laufenden Ermittlungen irregeleitet und die Verantwortlichen gedeckt haben. Auch dank des Erfolges des Films *I cento passi* (dt. *100 Schritte*)[103] ist *Peppino Impastato* heute als eine der bedeutendsten Persönlichkeiten im Kampf gegen die Mafia anerkannt.

101: *Giuseppe* wurde mit einem Stein erschlagen, an die Schienen der Strecke Palermo-Trapani gefesselt; anschließend zündete man einen Sprengsatz.

102: Siehe die Internetseiten des „Centro Impastato" unter www.centroimpastato.it

103: Dieser Film von *Marco Tullio Giordana* aus dem Jahre 2000 erzählt die Lebensgeschichte von *Giuseppe Impastato*. Der Titel bezieht sich auf die etwa 100 Schritte, die zwischen dem Elternhaus *Impastatos* und dem Haus des lokalen Mafiabosses lagen.

Abb. 69: *Giuseppe Impastato*, Aktivist der Neuen Linken, ermordet 1978.

4.9.
Die Aktivitäten des Centro Impastato

1977 begann das sizilianische Dokumentationszentrum von *Palermo* auf Initiative des Autors dieses Buches und anderer Aktivisten seine Arbeit in den Gruppen der Neuen Linken, und zwar mit einem nationalen Kongress unter dem Titel „Portella della Ginestra": „ein Blutbad für den Zentrismus"[104]. In einem vom „historischen Kompromiss" (*compromesso storico*) bestimmten Klima der strategischen politischen Linie, die auf eine Zusammenarbeit der Kommunistischen Partei mit den Christdemokraten abzielte, in dem des Blutbades vom 1. Mai 1947 als eines weit entfernten blutigen Ereignisses eher rituell gedacht wurde, wollte der Kongress dagegen das Massaker von *Portella* im Licht der damaligen Ereignisse analysieren, die zum Ende der antifaschistischen Einheit und, trotz des Sieges der Volksfront bei den sizilianischen Regionalwahlen im April 1947, zum Ausschluss der Linken aus der nationalen und regionalen Regierung führten.

Die lokale und nationale Geschichte sollte im Zusammenhang mit dem internationalen Kontext, der in den Vereinbarungen von *Jalta* festgelegt worden war, betrachtet werden und dabei wurde die Konvergenz der Interessen von Mafiosi, Grundbesitzern, den konservativen Parteien, dem italienischen Kapitalismus und den Weltmächten hervorgehoben.

Ein Jahr danach wurde *Giuseppe Impastato* ermordet. Das Zentrum wirkte nun an vorderster Front mit: Am Morgen des 11. Mai 1978 nahm es an einer Versammlung in der Universität teil und zusammen

---

104: Siehe dazu Kap.3.15 und 5.5.; Zentrismus meint hier das Bündnis der DC mit den Rechten 1947.

mit anderen Vereinigungen legte es der Staatsanwaltschaft eine Anzeige vor. Am Nachmittag hielt der Autor dieses Buches in *Cinisi*/Palermo die Abschlussrede der Kampagne für die Kommunalwahlen, die *Peppino* hätte halten sollen und in der er auf Hinweis von *Peppinos* Vertrauten die Mafiosi und *Badalamenti* als die Verantwortlichen von dessen Ermordung bezeichnete.

Am 16. Mai brachen die Familienmitglieder von *Peppino* mit ihrer mafiösen Verwandtschaft und präsentierten ihrerseits eine Anzeige, in der sie *Badalamenti* als den Auftraggeber des Mordes beschuldigten. So begann eine dauerhafte Zusammenarbeit, die, wenn auch mit beträchtlicher Verzögerung, gute Ergebnisse zeitigte. 1979 brachte das Zentrum am ersten Jahrestag der Mordtat unter Anteilnahme von ungefähr 2000 Menschen eine nationale Kundgebung gegen die Mafia zustande, die erste in der Geschichte Italiens, die das Thema „Mafia" zur nationalen Frage machte.

Die Mutter von Peppino Impastato

Am 7. Dezember 2004 starb *Felicia Bartolotta*, die Mutter von *Peppino Impastato*. Sie hatte mit der mafiösen Verwandtschaft gebrochen und war ein Bezugspunkt für die Antimafia-Bewegung geworden. Wir zitieren einen Auszug aus ihrer Lebensgeschichte, die *Anna Puglisi* und *Umberto Santino* verfasst haben.
Umberto: Peppino wurde zu einem bestimmten Zeitpunkt aus dem Haus geworfen?
Felicia: Deswegen, weil er negativ über die Mafia sprach.
Umberto: Es war Ihr Mann, der ihn wegjagte?
Felicia: Ja, es war mein Mann. Er sagte: „Du gehst und setzt deinen Fuß nicht mehr in dieses Haus." (…)
Umberto: Also gab es ständig Streit zwischen Giuseppe und seinem Vater?
Felicia: Ab und zu gab es Streit. Die Wahlen standen an, da rief er ihn: „Du weißt, Giuseppe, jetzt sind Wahlen, pass auf und sprich nicht von der Mafia! Wenn du dein Studium abgeschlossen hättest, hätten meine Freunde dich …" „Deine Freunde? Von denen will ich keinen Posten.

> Ich will lieber vor Hunger sterben als von deinen Freunden einen Job bekommen." Und dann: „Mach, dass du 'raus kommst!"
> Felicia Bartolotta Impastato, La mafia in casa mia (Die Mafia in meinem Haus), La Luna, Palermo 1986 – 2003, S. 33 f.

Das Zentrum, das seit 1980 den Namen „Centro Impastato" führt, entwickelte in 30 Jahren vielfältige Aktivitäten: Forschung durch zahlreiche Bücher und Aufsätze, Arbeit in den Schulen, womit am Anfang der 80er Jahre begonnen wurde, Unterstützung sozialer Kämpfe, von den Friedensmärschen am Anfang der 80er Jahre bis zu den Kämpfen für gerechtes Wohnen. Das Zentrum finanziert sich selbst; denn es gelang ihm bisher nicht, von der sizilianischen Landesregierung bzw. örtlichen Einrichtungen eine Regelung nach sachlichen Kriterien bei der Zuweisung öffentlicher Gelder zu erreichen; diese werden ausschließlich nach persönlichen und Klientelinteressen verteilt.

KAPITAL 5
Mafia und Antimafia von den 80er Jahren bis heute

5.1.
Die großen Verbrechen zu Beginn der 80er Jahre

Wie wir gesagt haben, wurde *Peppino Impastato* im Mai 1978 ermordet. Im Laufe des Jahres 1979 wurden in *Palermo* zahlreiche weitere Morde verübt. Die Liste der Opfer ist lang: am 11. Januar *Filadelfo Aparo*, Unteroffizier der PS (Staatspolizei), am 26. Januar der Journalist *Mario Francese*, am 9. März der christdemokratische Provinzsekretär *Michele Reina*, am 29. Juli der stellvertretende Polizeipräsident *Boris Giuliano* und am 25. September der Richter *Terranova* und der Feldwebel *Lenin Mancuso*. Man sprach von einer „Wende" in der Gewaltstrategie der Mafia. Zwar waren bereits der Staatsanwalt *Pietro Scaglione* am 5. Mai 1971 in *Palermo* zusammen mit seinem Chauffeur *Antonio Lo Russo* sowie der ehemalige Oberst der Carabinieri *Giuseppe Russo* am 20. August 1977 zusammen mit dem Lehrer *Filippo Costa* in *Ficuzza* bei *Corleone* umgebracht worden. Und bereits früher, am 12. März 1909, hatte die Mafia den italo-amerikanischen Polizeibeamten *Joe Petrosino* ermordet. Aber, weil solche Morde selten vorkamen, hatte sich die Überzeugung durchgesetzt, dass die Mafiosi keine Vertreter der Ordnungskräfte und keine Richter töteten. Auch die am 11. Juli 1979 in Mailand verübte Ermordung des Anwalts *Giorgio Ambrosoli*, Liquidator der Privatbank von *Michele Sindona*, einem mit der Mafia in Verbindung stehenden Finanzier, konnte im Nachhinein als Anzeichen eines Wandels verstanden werden.

1980 wird die Reihe der Mordanschläge gegen Vertreter des Staats fortgesetzt: Am 6. Januar wurde in *Palermo* der christdemokratische Präsident der Region, *Piersanti Mattarella*, getötet, am 4. Mai in *Monreale* der Hauptmann der *Carabinieri*, *Emanuele Basile*, am 6. August in *Palermo* der Oberstaatsanwalt *Gaetano Costa*. Besonders *Palermo* ist Ort blutiger Taten in den folgenden Jahren: Am 30. April 1982 wurden der kommunistische Regionalsekretär *Pio La Torre* und sein Mitarbeiter *Rosario Di Salvo* ermordet, am 11. August der Gerichtsmediziner *Paolo Giaccone*, am 3. September der General der *Carabinieri* und Stadtpräfekt von *Palermo, Carlo Alberto Dalla Chiesa*, seine Ehefrau Eman*uela Setti Carraro* und der Polizist *Domenico Russo*, am 14. November desselben Jahres der Polizist *Calogero Zucchetto*. Am 29. Juli 1983 fiel der Ermittlungsrichter *Rocco Chinnici* zusammen mit seinen Leibwächtern, *Salvatore Bartolotta* und *Mario Trapassi*, und dem Hausmeister *Stefano Li Sacchi* einem Attentat zum Opfer, bei dem das mit Sprengstoff beladene Auto direkt vor seiner Haustür geparkt worden war. Am 28. Juli 1985 wurde der Kommissar *Beppe Montana* getötet, am 6. August *Ninni Cassarà*, der Chef der *Squadra mobile*, eines mobilen Einsatzkommandos, zusammen mit dem Polizisten *Roberto Antiochia*.

Die Mafia wütete nicht nur in *Palermo*: In *Valderice*/Trapani, starb am 25. Januar 1983 der stellvertretende Staatsanwalt *Giangiacomo Ciaccio Montaldo* bei einem Anschlag; bei einem Attentatsversuch in der Nähe von *Trapani* auf den Richter *Carlo Palermo* kam am 2. April 1985 eine Passantin, *Barbara Rizzo Asta*, mit ihren Zwillingen *Giuseppe* und *Salvatore Asta* ums Leben.

In *Catania* wurde am 5. Januar 1984 der Journalist *Giuseppe Fava* ermordet. Weitere Journalisten waren bereits Opfer der Mafia, weitere werden noch sterben: *Cosimo Cristina* tot aufgefunden am 5. Januar 1979, *Mauro De Mauro* verschwunden am 16. September 1970, *Giovanni Spampinato* ermordet am 29. Oktober 1972 in *Ragusa, Mario Francese* am 26. Januar 1979, *Beppe Alfano* am 8. Januar 1993. Auch *Peppino Impastato* sowie *Mauro Rostagno*, ermordet am 26. September 1988, übten journalistische Tätigkeiten aus.

Abb. 70 (o.): der Journalist *Mario Francese*, ermordet 1979.
Abb. 71 (u.): Stellv. Polizeipräsident *Boris Giuliano*, ermordet 1979.

(v.l.n.r.) Abb. 72: Der Richter *Cesare Terranova*, ermordet 1979, zusammen mit dem Polizisten *Lenin Mancuso* / Abb. 73: Der Präsident der Region Sizilien, *Piersanti Mattarella*, ermordet 1980 / Abb. 74: Der Kommunistenführer *Pio La Torre*, ermordet 1982, zusammen mit *Rosario Di Salvo*.

Abb. 75: Der Präfekt *Carlo Alberto Dalla Chiesa* mit seiner Ehefrau *Emanuela Setti Carraro*, beide 1982 ermordet, zusammen mit dem Polizisten *Domenico Russo* / Abb. 76: Richter *Rocco Chinnici*, ermordet 1983, zusammen mit den Polizisten *Salvatore Bartolotta* und *Mario Trapassi* und dem Hausmeister *Stefano Li Sacchi*.

5.2.
Der Mafiakrieg 1981–1983: Die Belagerung der „Corleoneser"

Zu Beginn der 80er Jahre bahnte sich, parallel zu diesem Ausbruch der Gewalt gegen Vertreter des Staates und Persönlichkeiten des öffentlichen Lebens, ein interner Krieg an; er wird der denkbar blutigste sein. Er begann in *Palermo* am 23. April 1981 mit der demonstrativen Hinrichtung von

Stefano Bontate, dem jungen Erben einer Mafia-Dynastie, der am 11. Mai die Ermordung eines weiteren Mafiabosses, *Salvatore Inzerillo*, folgte. Dieser Mafiakrieg dauerte bis 1983. Man spricht von 1.000 Toten einschließlich der sog. *lupare bianche,* Mafiamorde, bei denen die Leichen nicht gefunden werden.[105] Eine Untersuchung des *Centro Impastato* über die Morde in *Palermo*, Stadt und Provinz, registriert von 1978 bis 1984 332 Opfer, die auf das Konto der Mafia gehen; unter ihnen 203 in den Reihen der Mafia selbst.

Zunächst herrschte Orientierungslosigkeit und man konnte die Geschehnisse nicht einordnen. Schließlich zeichnete sich, auch dank Aussagen von Informanten, nach und nach eine Erklärung ab: Es handelte sich um einen Belagerungskrieg, den die Mafiosi aus *Corleone* initiierten, um ihre Macht durchzusetzen, wobei sie Bündnisse mit den Mafiosi der Stadt und der Provinz trafen und ihre Gegner, d.h. die Bosse und Mitglieder der alteingesessenen Mafiafamilien wie die *Bontate*, die *Inzerillo*, die *Badalamenti* systematisch umlegten oder zum Verrat überredeten. Es ging um die Macht innerhalb der Mafia und um die Kontrolle der Aktivitäten, vor allem des immer stärker werdenden Drogenhandels, bei dem die *Corleoneser* bis jetzt die Rolle der armen Verwandten gespielt hatten. Sieger bleibt der, der militärisch am besten ausgerüstet ist und am rücksichtslosesten zur Gewalt greift. Nach außen hin zielte die Offensive der Mafia darauf ab, Vertreter der Ordnungskräfte, Richter und Politiker aus dem Weg zu räumen, die sich den mit dem Anwachsen illegalen Kapitals enorm gestiegenen Interessen der Mafia entgegenstellten.

Der Krieg endete mit dem Sieg der *Corleoneser* unter ihrem Boss *Totò Riina*, die eine nahezu diktatorische Kommandostruktur der weitgehend dezimierten Organisation aufzwangen; doch es ist ein Pyrrhussieg. Die fürchterlichen Verbrechen außerhalb der Mafiaclans, vor allem die Ermordung *Dalla Chiesas*, hatten einen Bumerang-Effekt: Sie führten zur Reaktion des Staates. Ein Anti-Mafia-Gesetz wurde verabschiedet. Festnahmen, Prozesse und Verurteilungen folgten. Der mörderische Krieg im Innern der Mafia trieb mehr als einen Verlierer zur Zusammenarbeit mit der Justiz. Dabei handelt es sich nicht um echte Reue, obwohl man von „pentito", wörtlich einem Reuigen, spricht; vielmehr geht es um eine

---

105: Zur *lupara* siehe Kap. 1.32; *lupare bianche* (weiß) deutet auf das Fehlen von Spuren hin.

Art legal praktizierte Rache. Damit setzt eine Entwicklung ein, die erst später durch die *„legislazione premiale"*, eine Belohnungsgesetzgebung für reumütige Mafiosi-Kronzeugen in Mafia-Prozessen (siehe Kasten), geregelt wurde und die zur Rekonstruktion von *Organigrammen*, d.h. der internen Strukturen der Mafia und der Identifizierung der Täter und Verantwortlichen einer nicht enden wollenden Reihe von Morden beitragen wird. Der zu zahlende Preis ist der den Kronzeugen zugestandene Straferlass.

Der bedeutendste Kronzeuge ist *Tommaso Buscetta*[106] aus *Palermo*, hinsichtlich Aktivität und Erfahrung ein internationaler Mafioso, der an der Seite von *Badalamenti* und anderen Verlierern der internen Konflikte stand. *Buscetta* wird es sein, der den Namen der Organisation, *Cosa Nostra*, verrät und dabei enthüllt, dass diese sich auf Familien gründet und in einer pyramidalen und streng hierarchischen Organisation mit einem Kommandoorgan, der Kommission oder Dachorganisation der Provinz (*cupola*), besteht, dass außerdem eine Kommission auf regionaler Ebene existiert und der Boss der Kommission von *Palermo* der Boss der Bosse (*capo dei capi*) ist. Wie bereits bemerkt wurde, ist das weitgehend die Struktur, von der bereits der Polizeipräsident *Sangiorgi*[107] gesprochen hatte und die bei den Nachforschungen des Richters *Terranova* erneut ans Licht gekommen war.

Kronzeugen und Zeugen der Justiz

Im Gegensatz zu dem, was erzählt wird, wird das „Gesetz des Schweigens" (*legge dell' omertà*) häufig nicht beachtet, nicht einmal von den Mafiosi. Viele von ihnen waren Informanten, Vertraute der Ordnungskräfte und der Justiz.

Auf der Grundlage ihrer Enthüllungen wurden die Berichte des Polizeipräsidenten *Sangiorgi* erstellt und erfolgten die Nachforschungen des Richters *Terranova*. Von einigen Mafiosi, die mit der Justiz arbeiteten,

---

106: Siehe Kap.3.10.
107: Siehe Kap.3.10.

kennen wir die Namen, wie in dem Fall von *Salvatore D'Amico*. Seine Enthüllungen führten in *Monreale* zu dem Prozess gegen den Clan der „Stuppaghieri". Er wurde jedoch ermordet, bevor er aussagen konnte. 1916 machte der Arzt *Melchiorre Allegra* einige Enthüllungen zur Mafia jener Zeit.

Später haben wir den Fall von *Leonardo Vitale*, der im März 1973 bei der Polizei von *Palermo* erschien und sich einer Reihe von Morden bezichtigte. In seinem Geständnis rekonstruierte er Aktivitäten, interne Strukturen und Komplizenschaft der Familie *Altarello*, zu der er selbst gehörte. Dieser Fall ist vielleicht der einzige, bei dem jemand aus einer ethisch und religiös motivierten Reue Aussagen macht. *Vitale* schenkte man jedoch kein Vertrauen; man glaubte nur dem Geständnis seiner eigenen Verbrechen. Er wurde verurteilt und in eine Maßregelvollzugsanstalt eingewiesen, später in die Verbannung geschickt, ein langer Leidensweg, der schließlich mit seinem Tod endete: Am 2. Dezember 1984 wurde ein Attentat auf ihn ausgeführt, als er ohne jeden Schutz aus der Kirche kam; fünf Tage später starb er.

Seit den 80er Jahren arbeiteten viele Mafiosi mit der Justiz zusammen: Ihre Entscheidung wurde weniger von echter Reue als von den Gefahren des Mafia-Krieges jener Jahre bestimmt. Doch ihr Beitrag ist zum Verständnis der mafiösen Organisation und zur Rekonstruktion unzähliger Verbrechen erheblich.

Die *Mafia-Kronzeugen* profitierten von Strafnachlass und dem Schutz des Staates; aber erst nach den Attentaten von *Capaci* und der *Via D'Amelio* wurde das Gesetz Nr. 306/92 verabschiedet, das die Vorzugsbehandlungen regelt, die allerdings später Einschränkungen unterlagen wie die Verpflichtung, Informationen innerhalb einer bestimmen Zeit zu liefern (sechs Monate nach Beginn der Zusammenarbeit). Die Einschränkungen waren auf einige Fälle zurückzuführen, in denen die Mafia-Kronzeugen vom Schutzsystem profitierten, um ihre kriminellen Aktivitäten fortzusetzen, aber auch auf die Sorgen, die manche Äußerungen über Beziehungen zwischen Mafia und Politikern weckten.

Im Juni 1996 zählte man 1.177 Kronzeugen, die sich folgendermaßen aufteilten: 430 sizilianische Mafiosi, 224 Mitglieder der *Camorra*, 158

der *'Ndrangheta*, 102 der *Sacra corona unita* in Apulien, 264 aus anderen mafiösen Organisationen. In den folgenden Jahren sank ihre Anzahl.
Die Zeugen der Justiz sind dagegen Bürger, die bei Verbrechen zugegen waren und wegen ihres Bürgersinns mit der Justiz zusammenarbeiten. Einer der ersten Fälle ist der der Wirtin *Giuseppa Di Sano*; sie denunzierte die Mörder ihrer 17-jährigen Tochter *Emanuela Sansone*, die 1896 in *Palermo* ermordet wurde.
Zu den bekanntesten Fällen gehören *Piera Aiello*, Witwe des Mafioso *Nicola Atria*, hingerichtet 1991, und der Handelsvertreter *Piero Nava*, Zeuge bei der Ermordung des Richters *Rosario Livatino*, ferner *Nino Miceli*, Kaufmann aus *Gela*, und der kalabresische Unternehmer *Pino Masciari*. Beide denunzierten ihre Erpresser und mussten ihren Namen ändern, Land und Beruf aufgeben und wegziehen.
Durch die geltende Gesetzgebung (Gesetz Nr. 82 vom 15. März 1991) wurden die Zeugen der Justiz und die Mafia-Kronzeugen jahrelang gleich behandelt. Oft waren die Zeugen deswegen gezwungen, unter schwierigen Umständen im Exil zu leben. Der Fall der *Rita Atria* ist bezeichnend: Sie musste ihr Dorf verlassen, wohnte in einem Mietshaus in Rom; nach der Ermordung *Paolo Borsellinos*, ihres Beschützers, nahm sie sich aus Verzweiflung das Leben. Erst durch das Gesetz Nr. 44 vom 22. Februar 1999 wurden für die Kaufleute, die Erpressungen zur Anzeige bringen, Sicherheitsmaßnahmen eingeleitet. Das Gesetz Nr. 45 vom 13. Februar 2001 differenziert schließlich zwischen Zeugen und Mafia-Kronzeugen durch die Einführung unterschiedlicher Regelungen für die beiden Kategorien. Im Februar 2008 verabschiedete die parlamentarische Antimafia-Kommission einen Bericht, der neue Maßnahmen zugunsten der Zeugen vorsieht. 2007 konnte die Justiz 71 Zeugen aufweisen.

5.3.
Das Antimafia-Gesetz und die späteren Gesetze

Am 13. September 1982, zehn Tage nach der Ermordung *Dalla Chiesas*, verabschiedete das Parlament das Gesetz Nr. 646, das sog. *Antimafia-Gesetz*.

Es legt fest, dass die Mafia ganz und gar einen kriminellen Sachverhalt darstellt, und definiert sie als eine Verbrechergesellschaft mafiösen Zuschnitts, worüber wir bereits berichtet haben. Ebenso haben wir die Inhalte des Gesetzes bereits analysiert. Eine der wichtigsten Neuigkeiten ist die Bestimmung, dass mafiöses Vermögen beschlagnahmt und konfisziert wird.

Das Gesetz kommt mit einer Verzögerung von mehr als einem Jahrhundert. Es ist mehr auf die Mafia der 50er und 60er Jahre zugeschnitten, die sog. Unternehmer-Mafia oder „städtisch-unternehmerische Mafia"; unbeachtet bleiben die finanzielle und die politische Dimension der Mafia. Ihr versucht man durch nachfolgende Gesetze zum „Recycling schmutzigen Geldes" entgegenzutreten (Gesetze Nr. 197 und Nr. 413 aus dem Jahre 1991) und durch die Bestrafung des sog. *scambio elettorale politico-mafioso*; ein Tatbestand, der 1992 mit dem Gesetz Nr. 356 eingeführt wurde und den „Austausch von Geld gegen Wählerstimmen" betrifft, eine Formulierung, die einengend ist und der Realität kaum gerecht wird. Die Beziehung zwischen Mafia und Politik ist viel weitreichender und komplexer und lässt sich kaum in dieser Form fassen, allenfalls, wenn es sich um einen Austausch von Stimmen gegen „Gefälligkeiten" handelt, die jenen Mafiosi entgegengebracht werden, die die Wahlkandidaten unterstützen.

Diese gesetzgeberische Lücke versuchten die Staatsanwälte mit einem aus der Praxis der Rechtsprechung stammenden Sachverhalt zu umgehen, nämlich der „externen Mitwirkung bei einer mafiösen Vereinigung" (*concorso esterno in associazione mafiosa*), einer Straftat, die mehrmals zu Anklagen, Verurteilungen, aber noch öfter zu Freisprüchen geführt hat. Beschlagnahmungen und Konfiszierungen wurden in den ersten Jahren der Anwendung des Gesetzes von 1982 erst eingeschränkt angewandt, später jedoch in wachsendem Maße durchgeführt. Dank einer von der Antimafia-Vereinigung „Libera" initiierten Volkspetition wurde 1996 das Gesetz Nr.109 über die soziale Verwendung konfiszierter Güter durch Vereine, Körperschaften und Genossenschaften erlassen.

5.4.
Der Antimafia-Pool und der Maxiprozess

Auf Initiative des Richters *Rocco Chinnici* ging man zu Beginn der 80er Jahre am Landgericht in *Palermo* zu einer neuen Praxis über, die sich als sehr effektiv zeigen wird: Anstatt einzelnen Richtern die Bearbeitung einzelner Verbrechen zuzuweisen, beschloss man, eine Gruppe von Richtern zusammenzustellen („Antimafia-Pool"), die gemeinsam die Ermittlungen gegen die Verbrechen der Mafia, die man als ein einheitliches Ganzes verstand, führen sollten. Und unter den Verbrechen richtete man von nun an das Hauptaugenmerk auf das Recycling schmutzigen Geldes. Die Untersuchung stand unter der Leitung des Ermittlungsrichters *Giovanni Falcone*. Er schaffte es, trotz mangelnder Mitarbeit der Bankinstitute, unter ihnen Banken der Schweiz, einen Großteil der Wege des illegalen Kapitals zu rekonstruieren, auf denen es gewaschen und neu angelegt werden sollte. Die Ermittlung wurde am 6. Juni 1983 abgeschlossen.

Am Anfang der 80er Jahre gelang dem *Antimafia-Pool* von *Palermo* eine umfassende Untersuchung, die zum sog. Maxi-Prozess führte. Das Attentat von 1983, in dem *Rocco Chinnici* ums Leben kam, war die Antwort der Mafia auf die Aktivität des Richters, der die Aktion des Antimafia-Pools vorangetrieben und begonnen hatte, den Blick auf Mächtige zu richten wie die Vettern *Nino* und *Ignazio Salvo*, die eine Monopolstellung bei der Steuereintreibung in ganz Sizilien hatten. An die Stelle von *Rocco Chinnici* trat *Antonio Caponnetto*, ein Richter aus Florenz, der den Antimafia-Pool offiziell einsetzte.

Für die Untersuchung leisteten die Mafia-Kronzeugen einen erheblichen Beitrag, indem sie nun in der Verhandlung ihre Anschuldigungen bestätigten. In diesem Maxiprozess, der in erster Instanz von 1986 bis 1987 in einem dafür eigens bestimmten Hochsicherheitstrakt in *Palermo* stattfand, standen 475 Bosse und Clan-Mitglieder unter Anklage. Der Prozess endete mit harten Urteilen: neunzehnmal lebenslänglich, außerdem mehrere tausend Jahre Gefängnis. Das Urteil wurde in der Berufung (nur noch zwölfmal lebenslänglich) und vor der höchsten Instanz, dem Kassationsgerichtshof, teilweise bestätigt.

Abb. 77-78: Der Kronzeuge (*pentito*) *Tommaso Buscetta*. Seine Erklärungen wurden genutzt in dem Maxiprozess von 1986-87, der im Hochsicherheitstrakt des Gefängnisses von *Palermo* geführt wurde und bei dem zahlreiche Bosse und Mafiamitglieder verurteilt wurden.

Abb. 79-82: Die Richter *Giovanni Falcone*, *Francesca Morvillo* und *Paolo Borsellino*, bei den Anschlägen von *Capaci* (23.5.1992) und *via d'Amelio* (19.7.1992) zusammen mit den begleitenden Sicherheitsbeamten ermordet.

5.5.
Das Ende des Antimafia-Pools, der Krieg in Gela zwischen Cosa Nostra und Stidda und die Bluttaten von 1992 und 1993

Im Gegensatz zu der Erwartung, der Antimafia-Pool werde gestärkt und in die Lage versetzt, seine Aktivitäten fortzusetzen, wurde er demontiert: Offensichtlich haben die in dem Beweisbeschluss enthaltenen Hinweise, dass man sich mit den politisch-mafiösen Verbrechen beschäftigen müsse, falls man tatsächlich „eine neue Seite aufschlagen" wolle, Besorgnis ausgelöst. Am 21. Juni 1989 wurde *Giovanni Falcone* in seinem Sommerwohnsitz Ziel eines gescheiterten Attentats. Nachdem er schwer gedemütigt worden war (Er war nicht zum Untersuchungsrat und Nachfolger des zurückgetretenen Richters *Antonino Caponnetto* ernannt worden. An dessen Stelle trat der bereits alte *Antonino Meli*, der die Untersuchungen zur Mafia wieder zerstückelte.), zog er um ins Justizministerium nach Rom; dort arbeitete er als Generaldirektor für Strafrechtsangelegenheiten eine nationale Strategie für den Kampf gegen die Mafia aus. Sie stützte sich auf die Einrichtung zweier neuer Körperschaften: die DNA, Nationale Antimafia-Direktion, und die DIA, eine investigative Antimafia-Direktion.

Während des Maxi-Prozesses der ersten Instanz hielt sich die Mafia von Gewalttaten zurück, ging aber schon 1988 wieder zu ihnen über mit der Ermordung des ehemaligen Bürgermeisters von *Palermo, Giuseppe Insalaco* (12. Januar), des Polizisten *Natale Mondo* (14. Januar), der beiden Unternehmer *Donato Boscia* (9. März) und *Luigi Ranieri* (14. Dezember). Am 25. September 1988 wurden der Richter *Antonino Saetta*, Kandidat für den Vorsitz am Berufungsgericht beim Maxi-Prozess, und sein Sohn *Stefano* umgebracht. Am 5. August 1989 tötete die Mafia den Polizisten *Antonino Agostino* zusammen mit seiner schwangeren Frau *Ida Castellucci*. Das Verbrechen wurde mit dem gescheiterten Attentat an dem Richter *Falcone*, über das wir bereits berichteten, in Verbindung gebracht.

Zwischen 1987, dem Jahr der Ermordung des Bosses *Francesco Madonia*, und 1991 fand in *Gela* ein regelrechter Krieg zwischen *Cosa Nostra* und der *Stidda* um die Kontrolle öffentlicher Ausschreibungen statt. Er erreichte seinen Höhepunkt im November 1990 mit der Mordtat in einer Spielhalle (acht Tote, 13 Verletzte). Im November 1992 wurde der Kaufmann *Gaetano Giordano* hingerichtet. Er hatte sich geweigert, Schutzgeld zu bezahlen. Ein anderer Kaufmann, *Antonino Miceli*, wurde gezwungen, die Stadt zu verlassen. Auf das Konto der *Stidda* geht die Ermordung des Richters *Rosario Livatino* am 21. September 1990.

Nach der Berufung und in Erwartung des Urteils des Kassationsgerichts wurde am 9. August 1991 in Kalabrien der Richter *Antonino Scopelliti* getötet; er war als Staatsanwalt für den Maxi-Prozess vorgesehen. Als das Kassationsgericht der Argumentation der Anklage folgte, die

die Einheitlichkeit von *Cosa Nostra* und die Verantwortung ihrer Kommandogruppe, der Kommission oder der Dachorganisation (*cupola*), für eine ganze Reihe von Verbrechen hervorhob, brach die Gewalt der Mafia von Neuem los. Es begann am 23. Mai 1992 in *Capaci*/Palermo, wo *Giovanni Falcone*, seine Frau und drei seiner Leibwächter starben, dann am 19. Juli desselben Jahres das „Massaker der via D`Amelio", als *Paolo Borsellino* mit fünf seiner Leibwächter in die Luft gesprengt wurde. *Falcone* hatte sich angeschickt, den Posten des nationalen Staatsanwalts bei der von ihm geschaffenen DNA zu übernehmen, *Borsellino* war sein wahrscheinlicher Nachfolger. Am 26. Juli beging *Rita Atria*, ein 17-jähriges Mädchen aus mafiöser Familie, in Rom Selbstmord. Sie hatte zusammen mit ihrer Schwägerin *Piera Aiello* mit der Justiz zusammengearbeitet und dabei zu *Paolo Borsellino* eine fast töchterliche Beziehung hergestellt. Noch im selben Jahr beglich die Mafia alte Rechnungen mit Leuten wie *Salvo Lima*, ermordet am 12. März, und dem Steuereintreiber *Ignazio Salvo*; er starb am 17. September. Am 28. September wurde in *Castellammare del Golfo*/Trapani der ehemalige Kapitän der Marine *Paolo Ficalora* ermordet. Er hatte den Kronzeugen *Totuccio Contorno* in seiner Ferienanlage zu Gast gehabt, ohne jedoch dessen wahre Identität zu kennen. Des Weiteren fiel 1992, am 21. April, in *Lucca Sicula*/Agrigent der Unternehmer *Paolo Borsellino* (nicht mit dem ermordeten Richter verwandt) einem Attentat zum Opfer. Er hatte sich gegen den Zutritt der Mafiosi in seine Betonfirma gewehrt. Anschließend tötete die Mafia auch seinen Vater *Giuseppe*, weil er bei den Nachforschungen zum Mord des Sohnes mit der Justiz zusammenarbeitete.

1993 verlagerte sich die Gewalt der Mafia auf die nationale Ebene: Am 14. Mai kommt es in Rom zu einem fehlgeschlagenen Attentatsversuch auf den Fernsehjournalisten *Maurizio Costanzo*, der einige Sendungen dem Kampf gegen die Mafia gewidmet hatte. Am 27. Mai erlagen fünf Menschen einem Anschlag in *Florenz*, am 27. Juli fünf weitere in *Mailand*. Am selben Tag explodierten in *Rom* zwei Sprengkörper vor der *Basilika S. Giovanni in Laterano* und vor der *Kirche S. Giorgio in Velabro*. Nun hat man es auf die Denkmäler abgesehen wie die *Gallerie der Uffizien* in *Florenz*, den *Pavillon zeitgenössischer Kunst* in *Mailand* und die *Kirchen Roms*. Am 31. Oktober scheiterte der Versuch eines tödlichen Anschlags im Olympia-Stadion von *Rom*.

Massaker und Verbrechen der Jahre 1992 und 1993 lösen eine erneute Reaktion des Staates aus: Es folgen Gesetze, die verschärfte Haftbedingungen für Mafiosi vorsehen (*Artikel 41* des Strafgesetzbuches, um jeden Kontakt nach außen zu unterbinden). Diese Gesetze führen die sog. Belohnungsgesetzgebung (*legislazione premiale*) für Mafiosi ein, die mit dem Staat zusammenarbeiten. Die Antwort des Staates ist stets lediglich eine Reaktion auf eine Notsituation. Auch das Gesetz gegen das organisierte Verbrechen wurde nach der Ermordung des Unternehmers *Libero Grassi* am 29. August 1991 in *Palermo* erlassen. Dieser hatte öffentlich erklärt, dass er das Schutzgeld nicht zahlen wolle. Die anderen Unternehmer ließen ihn in seinem Kampf gegen die Mafia allein, d.h. ohne jede Unterstützung. (Die einzige Initiative zu seiner Unterstützung, an der der Verfasser beteiligt war, brachte nicht mehr als 30 Personen zusammen.)

Am 15. Januar 1993, nach 23 Jahren im Untergrund, wurde der Mafiaboss der Corleoneser, *Totò Riina*, festgenommen. Die Villa, die als sein Versteck gedient hatte, wurde dermaßen „gereinigt", als wolle man jede Spur von etwas Gefährlichem auslöschen. Man spricht von einem sog. „*papello*" (Zettel), einem Dokument, in dem die Forderungen der Mafiosi als Bedingung für die Beendigung der Gewalt aufgelistet seien: die Abschaffung verschärfter Haft, Revision der Prozesse und der Antimafia-Gesetzgebung, die eine Konfiszierung ihres Besitzes vorsieht.

Die Prozesse um die blutrünstigen Anschläge zu Beginn der 90er Jahre endeten mit der Verurteilung der Mafiabosse und dem Verweis auf Verantwortlichkeiten weiterer Personen (Unternehmer, Politiker, Vertreter der Freimaurerei); sie können jedoch nicht nachgewiesen werden.

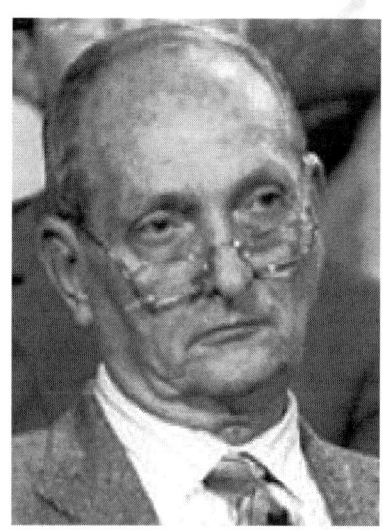

Abb. 83: Der Unternehmer *Libero Grassi*, 1991 ermordet, weil er sich weigerte, Schutzgeld (pizzo) zu zahlen.

Abb. 84: *Rita Atria*, Zeugin der Justiz, beging nach der Ermordung *Paolo Borsellinos* Selbstmord.
Abb. 85: Pfarrer *Pino Puglisi*, ermordet 1993.

Abb. 86 (li.): Festnahme des Bosses der Bosse Totò Riina, Januar 1993, nach 25 Jahren im Untergrund (latitanza).
Abb. 87 (re.): Der blutige Anschlag von Florenz am 27. Mai 1993 mit fünf Toten. Alle Anschläge außerhalb von Sizilien zielten darauf ab, die Institutionen zur Abschwächung der Antimafia-Gesetze und zur Revision der Prozesse zu bringen.

5.6.
Die Mächtigen unter Anklage: von Andreotti bis Dell`Utri

Am Ende der 80er und zu Beginn der 90er Jahre vollzog sich mit dem Zusammenbruch der Sowjetunion ein tief gehender Wandel der politischen Weltkarte. In Italien führte die Untersuchung der Korruption, „Tangentopoli"[108] genannt, zum Verschwinden der beiden Parteien *Democrazia Cristiana* (DCI) und *Partito Socialista* (PSI). Die kommunistische Partei verzichtete auf die rote Fahne und änderte ihren Namen. Die Mafia war nicht mehr das Bollwerk gegen den Kommunismus und machte sich nun unter den neuen Machtträgern auf die Suche nach Gesprächspartnern. Am Anfang stand der Versuch der Gründung einer „süditalienischen Wählervereinigung", der *Lega meridionale* nach dem Vorbild der *Lega Nord*, der sog. *Padania*[109], die mit der Abspaltung Norditaliens drohte; doch später setzte sich der Gedanke durch, sich politisch auf die Seite der neuen nationalen Formationen zu stellen.
1993 gründete der Unternehmer *Silvio Berlusconi* die Partei *Forza Italia* und regierte zusammen mit der *Alleanza nazionale* („Nationale Allianz")[110] und der *Lega Nord* jahrelang das Land mit zwei Unterbrechungen durch Mitte-Links-Regierungen.
In diesem Zusammenhang fanden einige Prozesse gegen alte und neue Machtträger statt. Gesprochen haben wir schon im 1. Kapitel von dem Prozess gegen den langjährigen Ministerpräsidenten und Minister *Giulio Andreotti (1919-2013)* wegen Kontaktes mit der Mafia. Er wurde außerdem als Auftraggeber der Ermordung des Journalisten *Mino Pecorelli* am 20. März 1979 in Rom angeklagt, in erster Instanz freigesprochen (1999), in der Berufung verurteilt (17. Nov. 2002 zu 24 Jahren), endgültig freigesprochen durch das Oberste Kassationsgericht am 30. Okt. 2003. Zu den weiteren unter Anklage stehenden Politikern gehörten der Präsident der Provinz *Palermo*, *Francesco Musotto*, und der Ex-Minister *Calogero Man-*

108: wörtlich „Stadt der Schmiergeldzahlungen". Zunächst bezog sich der Ausdruck nur auf Mailand; später wurde er zum Inbegriff der kriminellen Verflechtungen des politischen Systems in Italien.

109: Propagandabegriff der Lega Nord, der über die Poebene hinaus alle Regionen Norditaliens umfasst.

110: 1995 aus dem neofaschistischen *Movimento Sociale Italiano* (MSI) hervorgegangen

nino, die der „externen Mitwirkung bei einer mafiösen Vereinigung" (*concorso esterno in associazione mafiosa*) beschuldigt wurden. Der erste wurde freigesprochen, der zweite in erster Instanz ebenfalls, aber verurteilt in der Berufung; jedoch das Urteil wurde vom Kassationsgericht mit Verweis an ein anderes Gericht aufgehoben; im zweiten Prozess folgte der endgültige Freispruch. *Marcello Dell' Utri*, Mitbegründer von *Forza Italia*[111], wurde ebenfalls wegen „externer Mitwirkung bei einer mafiösen Vereinigung" 2004 in erster Instanz zu neun Jahren, 2007 im Berufungsprozess zu sieben Jahren Haft verurteilt.

Prozessiert wurde ferner gegen Mitglieder der Ordnungskräfte wie *Bruno Contrada*, zuerst Leiter der mobilen Kriminalpolizei von *Palermo*, dann Chef der Geheimdienste; auch er wurde (2007) wegen „externer Mitwirkung bei einer mafiösen Vereinigung" verurteilt.

5.7.
Die katholische Kirche entdeckt die Mafia

Im Januar 1980 hielt der Erzbischof von Palermo, *Kardinal Salvatore Pappalardo* (1918-2006), während der Totenmesse für den ermordeten Präsidenten der Region Sizilien *Piersanti Matterella* eine Predigt, in der er vom mafiösen Ursprung von Verbrechen sprach. Er wies auf „andere dunkle Kräfte" außerhalb von Sizilien hin und am 31. Oktober zelebrierte er eine Messe, die er allen Opfern der Mafia weihte; sie wurde „Antimafia-Messe" genannt. Im Dezember desselben Jahres ermahnte *Papst Johannes Paul II.* die Bischöfe zum Einsatz gegen die Übel Siziliens und besonders gegen die Mafia. Für die Beerdigung *Dalla Chiesas* und seiner Ehefrau *Setti Carraro* hielt Kardinal *Pappalardo* die sog. „Sagunter Predigt": Ein lateinisches Zitat „*dum Romae consulitur Saguntum expugnatur*" (Während man in Rom noch diskutiert, wird Sagunt von den Feinden eingenommen.)[112] benutzte er, um die dramatische Lage *Palermos* zu beschreiben. Im November 1982 besuchte der Papst *Palermo*, sprach aber in seiner Rede nicht von der

---

111: Erst 2014 trat *Dell' Utri* (geb.1941) seine Strafe an.
112: Livius, ab urbe condita, XXI,7,1: 219 v.Chr. Belagerung der Stadt durch Hannibal

Mafia; auch *Pappalardo* erklärte nach einigen Angriffen, es habe sich um ein Missverständnis gehandelt, ihn als „Antimafia-Kardinal" hinzustellen. Inzwischen bezogen einige Geistliche klar Stellung gegen die Mafia, und in *Palermo* nahm das *soziale Zentrum S. Saverio* in dem Viertel *Albergheria* 1986 seine Bemühungen auf, eines der ärmsten Viertel im historischen Zentrum *Palermos* vom Mafiaeinfluss zu befreien. Die Rede ist inzwischen von einer „pastoralen Antimafia" – auch wenn der Ausdruck an der Spitze der Kirchenhierarchie keinen Gefallen fand –, nämlich einer Aktion, die ein dauerhaftes Engagement von Priestern und Gläubigen bezweckt und auch für Nichtgläubige offen ist. Das Problem blieb jedoch die Beziehung der Mafia zur politischen Macht und insbesondere zu den Christdemokraten, die im Zentrum lokaler und nationaler Macht stehen.

1991 veröffentlichte die italienische Bischofskonferenz das Dokument *Educare alla legalità* (Erziehung zur Legalität). In ihm sprach sie das Problem der „Mafia" an, die als Ausdruck des „Verschwindens der Legalität" betrachtet wurde. Nach den Massakern des Jahres 1992 kehrte *Papst Johannes Paul II.* im Mai 1993 erneut nach Sizilien zurück und sprach in *Agrigent* die Exkommunikation gegen die Mafia-Mörder aus. Er ignorierte jedoch einen an ihn gerichteten Brief über den Fall des Erzbischofs von *Monreale, Salvatore Cassisa*, gegen den wegen Korruption ermittelt wurde. Am 27. Juli 1993 explodierten die bereits erwähnten Sprengsätze vor einigen römischen Kirchen. Am 15. September 1993 wurde in *Palermo* der Pater *Pino Puglisi*, Pfarrer des *Brancaccio*-Viertels, einer Hochburg der Mafia, getötet. Er hatte sich dafür eingesetzt, die Jugendlichen den Fängen der Mafia zu entreißen, und lud die Mafiosi zum Dialog ein. Im November 1995 wird *Papst Johannes Paul II.* noch einmal in *Palermo* sein, diesmal beim italienischen Kirchentag; Thema ist erneut die Mafia.

Die Theologen, die sich mit dem Thema „Mafia" beschäftigten, und *Johannes Paul II.* selbst haben oft von der Mafia als einem „System der Sünde" und „sozialer Sünde" gesprochen; doch bis heute fehlt es an einer angemessenen Reflexion, diese Begriffe weiter zu entwickeln und konsequent in die Praxis umzusetzen.

In der Zwischenzeit setzten einige Bischöfe und Priester, nicht nur in Sizilien, ihr Engagement beharrlich fort. Am 19. März 1994 wurde in *Casal di Principe*, Hochburg der *Camorra* in Kampanien, der Pfarrer *Don Giuseppe Diana* wegen seines mutigen Einsatzes gegen die Mafia getötet. In einigen südlichen Diözesen entfalteten Bischöfe eine intensive Tätigkeit, zum Beispiel die Bischöfe von *Moletta* (*Tonino Bello*), *Caserta* (*Raffaele Nogaro*) und *Locri* (*Giancarlo Bregantini*); der letztere organisierte soziale Genossenschaften, woraufhin 2007 seine Versetzung erfolgte.

Auf der anderen Seite gibt es auch Beispiele für Priester, die in mafiöse Machenschaften verwickelt waren, wie *Agostino Coppola*[113], der nach seiner Verurteilung den Talar ablegte, oder wie der wegen Beihilfe angeklagte Karmeliter *Mario Frittitta*, Pfarrer in *Palermo*, der den Mafiaboss *Pietro Aglieri* in seinem Versteck besuchte; zunächst verurteilt, wurde er dann freigesprochen.

5.8.
Die Mafia tötet auch Kinder

Im November 1993 verschwand *Giuseppe*, der 11-jährige Sohn von *Santo Di Matteo*, einem Kronzeugen. Er wurde bis Januar 1996 als Geisel festgehalten, schließlich erwürgt und dann in Säure aufgelöst. Verantwortlich für dieses Verbrechen waren *Giovanni Brusca*, der die Tat gestand, und weitere Mafiosi: Ihr Ziel war es, den Vater von *Giuseppe* zu bewegen, seine Aussage zu widerrufen.[114]

Bereits davor, im Oktober 1986, war in *Palermo* der 11-jährige *Claudio Domino* von einem Killer auf der Straße erschossen worden, weil er angeblich Zeuge von Drogengeschäften gewesen sein soll. Als es geschah, lief gerade der Maxiprozess (1986/87). Einer der Angeklagten, *Giovanni Bontate*, Bruder von *Stefano*, dem 1981 ermordeten Mafiaboss, distanzierte sich in einer Erklärung von einem so abscheulichen Verbrechen. Im September 1988 wurde er selbst zusammen mit seiner Frau, *Francesca Citarda*, umgebracht.

Kinder waren jedoch auch früher bereits Opfer mafiöser Gewalt geworden, sei es gezielt oder zufällig während Schießereien auf öffentlichen Plätzen. Um das Stereotyp aus der Welt zu schaffen, die Mafia respektiere Frauen

---

113: Er traute *Totò Riina* 1974 in dessen Versteck.

114: Alle Drohungen blieben erfolglos, *Di Matteo* beharrte auf seiner Aussage.

und Kinder, hier eine kurze, unvollständige Liste: 1911 wurde in *Monreale* (Palermo) im Konflikt zwischen Mafiaclans ein 12-jähriger Junge der Familie *Sciortino* getötet. Unter den Toten von *Portella della Ginestra* (1. Mai 1947) befinden sich *Vincenzina La Fata* (acht Jahre alt), *Giovanni Grifò* (zwölf J.), *Giuseppe Di Maggio* (13 J.), *Serafino Lascari* (15 J.); mit ihnen starb *Margherita Clesceri*, schwanger und Mutter von sechs Kindern.

In *Corleone* bekam 1948 ein Junge namens *Giuseppe Letizia* von dem Arzt und Mafiaboss *Michele Navarra* eine Todesspritze, weil er Zeuge der Entführung des Gewerkschaftlers *Placido Rizzotto* gewesen sein soll. 1959 wurden in *Palermo* die 15-jährige *Anna Prestigiacomo* und die 12-jährige *Giuseppina Savoca* erschossen. Im selben Jahr verloren in *Godrano* (Palermo) bei einem Streit zwischen Mafiafamilien *Antonino Pecoraro* (10 Jahre alt) und sein Bruder *Vincenzo* ihr Leben. 1961 wurde in *Palermo* im Laufe einer seit Jahren bestehenden Fehde zwischen Mafiafamilien der 13-jährige *Paolino Riccobono* getötet, 1976 in *Catania* vier Jungen, alle im Alter von 13 bis 15 Jahren, hingerichtet: *Giovanni La Greca, Riccardo Cristaldi, Lorenzo Pace* und *Benedetto Zuccaro*, die, ohne es zu wissen, der Mutter des Mafiabosses *Nitto Santapaola* die Handtasche entrissen hatten. Wir erwähnten schon die Zwillinge *Giuseppe* und *Salvatore Asta*, die zusammen mit ihrer Mutter bei dem misslungenen Attentat auf den Richter *Carlo Palermo* bei *Trapani* am 2. April 1985 durch die Explosion getötet wurden. Erwähnt werden müssen auch die beiden Kinder *Salvatore Cutroneo* und *Rosario Montalto*. Sie spielten in *Niscemi*/Caltanissetta am 27. August 1987 auf der Straße, als sie bei einem Streit mafiöser Gruppen erschossen wurden. Ebenso verlor der kleine *Andrea Savoca* (4 Jahre alt) am 26. Juli 1991 in *Palermo* sein Leben, zusammen mit seinem Vater, der mit Mafiosi verwandt war.

Abb. 115-125 (auf Seite 177): Mehrmals traf die mafiöse Gewalt auch Kinder. Hier zeigen wir einige von ihnen: *Giuseppina Savoca* wurde 1959 ermordet; *Simonetta Lamberti* 1982; zusammen mit ihrer Mutter wurden 1985 die Zwillinge *Giuseppe* und *Salvatore Asta* umgebracht; *Claudio Domino* 1986; *Marcella Tassone* 1996; *Stefano Pompeo* 1999; *Valentina Terracciano* 2000; *Annalisa Durante* 2004; *Domenico Gabriele* im Jahre 2009.

5.9.
Der Kampf gegen die Mafia in den 80er und 90er Jahren: die Frauen, die Schulen, die Verwendung konfiszierter Vermögen, die Mobilisierung gegen die Schutzgelderpressung

In den 80er und 90er Jahren fanden zahlreiche Kundgebungen als Reaktion auf die schrecklichen Verbrechen und Bluttaten der Mafia statt. Es sind Komitees und Vereinigungen der Bürger-gesellschaft, die unentwegt Antimafia-Aktionen durchführen. 1981 nimmt ein Komitee von Frauen seine Arbeit auf, die drei Jahre später die „Sizilianische Frauenvereinigung für den Kampf gegen die Mafia" (*Associazione delle donne siciliane per la lotta contro la mafia*) gründeten. Daran beteiligen sich Familienmitglieder von Opfern wie *Giovanna Giaconia*, Witwe des Richters *Cesare Terranova*, und *Rita Bartoli*, Witwe des Staatsanwalts *Gaetano Costa*, sowie politisch und sozial engagierte Frauen. Diese Frauenvereinigung übernahm verschiedene Aufgaben und unterstützte in *Palermo* – zusammen mit dem *Centro Impastato* – einfache Frauen aus dem Volk wie *Michela Buscemi* und *Vita Rugnetta*, die im Maxiprozess als Nebenklägerinnen gegen die des Mordes an ihren Männern angeklagten Mafiosi auftraten und von ihren Verwandten, aber auch von den Antimafia-Organisationen nicht unterstützt wurden. Es war nämlich entschieden worden, sie von der Möglichkeit auszuschließen, auf die für die Gerichtskosten der Nebenklage eingesammelten Gelder zurückzugreifen, die allein den Angehörigen der Staatsbediensteten vorbehalten waren. Das *Centro Impastato* und die Frauenvereinigung unterstrichen jedoch die Bedeutung des Schrittes der beiden Frauen, mit der Tradition der Unterwerfung unter das Gesetz der Mafia zu brechen, und organisierten eine Spendenaktion: Die eingebrachten Gelder flossen den beiden Frauen zu, da die Rechtsanwälte auf ihr Honorar verzichteten; darüber wird in dem Buch von *Anna Puglisi, Sole contro la mafia*[115] (Frauen allein gegen die Mafia) berichtet.

Auf Anregung des *Centro Impastato* formierte sich 1984 ein Antimafia-Bündnis (*Coordinamento antimafia*), das eine Zeit lang gemeinsame Initiativen fortführte, dann zu einer autonomen Vereinigung wurde.

Im August 1987 rief *Leoluca Orlando*, christdemokratischer Bürgermeister von *Palermo*, einen Stadtrat unter Beteiligung der Linken ins Leben. Es begannen die sog. *giunte di primavera* („Frühlingsräte"), die sich zunehmend der Linken und der Bürgergesellschaft öffneten. Der Bürgermeister sprach offen vom Kampf gegen die Mafia und arbeitete mit dem 1984 gegründeten *Coordinamento antimafia* eng zusammen. Andere Vereinigungen wie das *Centro Impastato* und das *Centro Sociale S. Saverio* drängten gleichzeitig darauf, von einer reinen Imagepolitik zu konkreten Entscheidungen überzugehen wie die Trennung von *Salvo Lima*[116], dessen Leute weiter in den kommunalen Räten saßen. Bei den Kommunalwahlen des Jahres 1990 war *Orlando* Spitzenkandidat der DC, mit einem Vertrauten von *Salvo Lima* an seiner Seite als Nummer zwei. Auch dank des Votums der traditionell linken Wählerschaft führte er die DC zu ihrem historisch größten Sieg, während die Parteien und Verbände der Linken halbiert aus den Wahlen hervorgingen. *Orlando* wurde allerdings nicht erneut als Bürgermeister bestätigt, verließ daraufhin die Partei und gründete die Demokratiebewegung „La Rete" (Das Netzwerk), die für einige Jahre

---

115: Sole contro la mafia, La Luna, Palermo 1990.

116: Siehe bes. Kap.4.2.

Zustimmung auch in ganz Italien erhielt, weil sie den Antimafia-Einsatz in den Mittelpunkt ihrer Arbeit stellte.

Auch auf nationaler Ebene entstanden Initiativen; Arbeitskreise und Vereinigungen wollten ihre Aktivitäten gegen die Mafia verstärken, die inzwischen wegen ihrer verbreiteten Präsenz vor allem im Rauschgifthandel als ein nationales Phänomen betrachtet wurde. 1995 wurde „Libera" gegründet, eine „Vereinigung von Vereinigungen gegen die Mafien" (*Associazioni contro le mafie*)[117]. Grundlage ihrer Tätigkeit ist die Bewahrung der Erinnerung an die zahlreichen Opfer der Mafia, die Arbeit in den Schulen („Erziehung zur Legalität") und die Verwendung konfiszierten mafiösen Besitzes.

Abb. 94 (o.): Nationale Kundgebung gegen die Mafia am ersten Jahrestag der Ermordung von *Giuseppe Impastato*.

117: „Libera" setzt sich aus etwa 700 (auf ihrer Homepage steht sogar die Zahl 1500) lokalen und nationalen Gruppen aus allen Teilen Italiens zusammen.

(v.l.n.r.) Abb. 95: Antimafia-Initiativen an sizilianischen Schulen.
Abb. 96: Von der Mafia konfiszierte Felder.
Abb. 97: Kundgebung gegen die Erpressung von Schutzgeldern („Wir werden kein Schutzgeld auf unsere Zukunft bezahlen!")

Seit 1996 veranstaltet „Libera" jedes Jahr am 21. März den "Tag der Erinnerung und des Engagements zum Gedenken an die Mafiaopfer". Außerdem sammelte „Libera" 1996 eine Million Unterschriften für einen Gesetzesvorschlag, der als Gesetz Nr. 109 verabschiedet wurde. Das Gesetz ermöglicht die Rückgabe konfiszierten Besitzes an die Gemeinschaft. In den folgenden Jahren entstanden Kooperativen, die konfisziertes Land bewirtschaften. Ihre Produkte sind auf nationaler Ebene erhältlich. In den letzten Jahren wurden – im Laufe der Kämpfe für neue Wohnungen in *Palermo* (*„lotte della casa"*) – Obdachlosen beschlagnahmte Wohnungen von Mafiosi zugeteilt.
Die Schulen Siziliens haben infolge des regionalen Gesetzes Nr. 51 vom 4. Juni 1980 begonnen, Initiativen gegen die Mafia zu entwickeln. Dieses Gesetz wurde nach der Ermordung *Pier Santi Mattarellas* 1980 verabschiedet. Nach den Bluttaten Anfang der 90er Jahre wurden die Initiativen in den Schulen durch ein Rundschreiben des Ministers für öffentliche Bildung über die „Erziehung zur Legalität" vom 25. Oktober 1993 auf ganz Italien ausgedehnt. Häufig liegen die Grenzen dieser Initiativen in ihrem Formalismus und sporadischen Charakter sowie in der Vorstellung von der Mafia als einer kriminellen Ausnahmesituation und der Legalität als Achtung vor den Gesetzen ohne Berücksichtigung ihrer Inhalte.
Am Ende der 80er und zu Beginn der 90er Jahre nahmen überall die Erpressungen zu; Kaufleute und Unternehmer werden aktiv. Die erste Vereinigung gegen die Schutzgelderpressungen entstand im Dezember 1990 in *Capo d'Orlando* in der Provinz *Messina*, wo sich Verbrecherbanden

erst in jüngerer Zeit zu mafiösen Vereinigungen entwickelt haben und daher die Geschäftsleute in keinem Verhältnis von Abhängigkeit oder Komplizenschaft mit ihnen stehen. In *Palermo* dagegen formierte sich nur zögernd eine Bewegung gegen die Schutzgelderpressungen – trotz Versuchen, dem Beispiel des mutigen Unternehmers *Libero Grassi* zu folgen. Erst in den letzten Jahren, auch dank der Kampagne des „Comitato Addiopizzo", einer Gruppe von Jugendlichen „Gegen Schutzgeld, verändere dein Kaufverhalten" (*contro il pizzo e per il consumo critico*), schlossen sich Kaufleute und Unternehmer der Bewegung gegen die Forderung von Schutzgeldern an und denunzierten ihre Erpresser. Italiens größte Arbeitgeberorganisation *Confindustria (Confederazione Generale dell'Industria Italiana)* kündigte an, dass sie alle Mitglieder, die den *pizzo* zahlen und nicht mit der Justiz zusammenarbeiten, ausschließen werde. Im November 2007 wurde in *Palermo* die *Associazione Liberofuturo* gegründet, eine Vereinigung, die sich auch in ihrem Namen auf *Libero Grassi* bezieht.

5.10.
Die abgetauchte Mafia

Nach den Festnahmen und Verurteilungen, die den Bluttaten zu Beginn der 90er Jahre folgten, stellte die Mafia den Einsatz von Gewalt ein. Man sprach von einer „unsichtbaren" (*invisibile*), „versenkten" (*inabissata*), „abgetauchten" (*sommersa*) Mafia. Und da die gewalttätige Phase beendet war, wurden nun auch weniger Antimafia-Gesetze erlassen und die Zusammenarbeit mit den sog. *pentiti* eingeschränkt. Die Richter sprachen von nicht mehr wirksamen Waffen und geringen zur Verfügung stehenden Mitteln: Es fehle sogar an Benzin für Autos und Papier für Kopien. Sie ließen verlauten, die *„pentiti"* seien unzuverlässig geworden, seitdem sie begonnen hätten, über die Beziehungen zwischen Mafia und Politik zu reden. *Bernardo Provenzano* wird als der Stratege des „neuen Kurses" (*nuovo corso*) der Mafia bezeichnet. In Wirklichkeit ist er „ein Mann für jede Jahreszeit": In seiner Jugend war er mit *Luciano Liggio*[118] zusammen ein Killer,

---

118: Siehe Kap.4.1.

anschließend wirkte er an der Planung und Durchführung der großen blutigen Anschläge mit *Salvatore Riina* mit. Nun, nach den Bumerang-Effekten dieser Anschläge, reaktivierte er die alte Vermittlerpraxis, mit der die Gewalt unter Kontrolle gehalten wurde, vor allem die „nach oben" gerichtete, die die Reaktion der Institutionen ausgelöst hatte. Solange die Gewalt gegen aufbegehrende Bauern, gegen Aktivisten und Führer der Linken gerichtet war und dazu diente, die Machtstruktur zu festigen, blieb sie unbestraft. Als man sie jedoch gegen Vertreter der Institutionen einsetzte, wurde sie bekämpft. *Provenzano* hatte seine Lektion gelernt. Er warf seine Netze aus, um die alte Zustimmung wiederzuerlangen und neue Beziehungen zu knüpfen.

Er war sich der Tatsache bewusst, dass, um dieses Ziel zu erreichen, die Waffen schweigen müssen, auch wenn das ein oder andere Verbrechen auf bewährte Weise weiter begangen wird – einige Äste der Organisation müssen schließlich abgesägt werden –, und in der Auseinandersetzung mit der sog. *Stidda* bedarf es einer harten Hand. Aber es ist nicht mehr nötig, Politiker, Richter oder Vertreter der Ordnungskräfte zu beseitigen. Und was Unternehmer und Kaufleute angeht, da ist es ratsam, sich an das Motto zu halten: „pagare poco, pagare tutti." – „Wenig zahlen, aber alle zahlen." *Provenzano* nahm seine Führung aus dem Untergrund (*latitanza*) wahr mit Kassiberähnlichen Zetteln, mit denen er Befehle gab, Empfehlungen aussprach, Ratschläge und den Segen im Namen Gottes und seiner Heiligen erteilte. Gefasst wurde er nach 43 Jahren auf der „Flucht" am 11. April 2006, wenige Kilometer von seinem *Corleone* entfernt. Dieses Versteck soll er (2002) nur einmal anlässlich eines chirurgischen Eingriffs wegen Prostatakrebs in einer Privatklinik bei *Marseille* verlassen haben. *Provenzano*, der im Juli 2015 in Mailand starb, besuchte, wie auch *Riina*, nur die ersten beiden Schuljahre und verfügte über einen sehr begrenzten Erfahrungshorizont; doch herrscht die Ansicht, dass er wesentliche Bereiche wie die Auftragsvergabe und die Gesundheitsfürsorge selbst kontrollierte. Eine solch lückenlose Kontrolle kann eigentlich nur oder vor allem durch ein System von Kontakten zu Fachleuten, Unternehmern, Geschäftsführern und Politikern aufrechterhalten und gefestigt werden.
In den letzten Jahren wurde das Gesundheitswesen in Sizilien ein Geschäft: Man demontiert das öffentliche Gesundheitswesen, stärkt dagegen das

private, und zwar mit Hilfe von Abmachungen mit der Landesregierung; dadurch kommt es zu einer gewaltigen Kostenexplosion. Das bekannteste Beispiel dafür ist die Klinik *Santa Teresa* in *Bagheria*/Provinz Palermo, die von dem Unternehmer *Michele Aiello*, einem Vertrauten *Provenzanos*, geleitet wurde: Eine Behandlung des Prostatakrebs kostete in Sizilien 136.000 €; nach der Beschlagnahme der Klinik, die nun unter Zwangsverwaltung steht, kostet sie etwas mehr als 8.000 €. Noch heute stehen einige Ärzte gemäß einer nachgewiesenen Tradition der Mafia nahe, manchmal sogar als deren Bosse oder Mitglieder.

Abb. 88 (li.): Verhaftung des Ausführers des tödlichen Anschlags von *Capaci*, *Giovanni Brusca*, im Mai 1996.
Abb. 89 (re.): Verhaftung des Mafiabosses *Antonino Giuffré* April 2002.

(v.l.n.r.) Abb. 90: Verhaftung des Bosses der Bosse *Bernardo Provenzano* im April 2006 nach 43 Jahren im Untergrund / Abb. 91: Verhaftung des Mafiabosses *Salvatore Lo Piccolo*, November 2007 / Abb. 93: Der Mafiaboss Matteo Messina Denaro, noch immer im Untergrund.

5.11.
Wohin führt der Weg? Mafia und Antimafia in naher Zukunft

Die sizilianische Mafia, die zum großen Teil in der *Cosa Nostra* organisiert ist, dürfte zur Zeit 6.000–7.000 Mitglieder zählen, bei einer Bevölkerung in Sizilien (2005) von 5.021.000 Menschen; der jährliche Umsatz wird auf 30 Mrd.€ geschätzt.
Am 5. November 2007 wurden in einem abgelegenen Landhaus bei *Giardinello*, eine halbe Stunde von *Palermo* entfernt, – zusammen mit zwei weiteren „Flüchtigen" – der Mafiaboss *Salvatore Lo Piccolo* und sein Sohn *Sandro* festgenommen; der erstere war seit 25 Jahren, der zweite seit zehn Jahren untergetaucht. Zusammen mit ihnen gingen zwei weitere „latitanti" ins Netz: *Andrea Adamo*, Chef des Mafiaclans in *Brancaccio* (Stadtteil von Palermo), und Gaspare *Pulizzi* aus der Mafiafamilie in *Carini* (Provinz Palermo). *Lo Piccolo* galt als einer der Anwärter auf die Nachfolge *Provenzanos*. Er hatte den Kontakt zu den sog. *scappati*, d.h. den entflohenen Verlierern im Mafiakrieg Anfang der 80er Jahre, wieder aufgenommen; diese hatten sich in die USA abgesetzt. Fahnder und Presse sprachen von einem Machtvakuum innerhalb der *Cosa Nostra*: Nahezu alle Bosse waren verhaftet und verurteilt worden, nur *Matteo Messina Denaro*, der junge Sprössling einer Mafiadynastie in *Trapani*, seit 1993 auf der Flucht, wird noch gesucht.
Das Beziehungsnetz der *Cosa Nostra* scheint aber keine großen Löcher zu haben. Das jüngste Ereignis vor Gericht ist die Verurteilung des Präsidenten der autonomen Region Sizilien *Salvatore Cuffaro* (2001-2008) in erster Instanz: Am 18. Januar 2008 verurteilt ihn ein Gericht in *Palermo* wegen Begünstigung zu einer fünfjährigen Haftstrafe, doch ohne den erschwerenden Umstand, die Mafia begünstigt zu haben, obwohl sich unter den „begünstigten" Personen der Arzt und Mafiaboss *Giuseppe Guttadauro* befindet. Zunächst blieb *Salvatore Cuffaro* im Amt, trat schließlich doch aufgrund der Proteste von mehreren Seiten am 26. Januar 2008 zurück. In der dritten Instanz wurde das Urteil am 22. Januar 2010 auf sieben Jahre verlängert, nun mit dem erschwerenden Umstand, die Mafia begünstigt zu haben. Im Januar 2011 bestätigte das Oberste Gericht das Urteil; damit war es rechtskräftig und *Cuffaro* kam am 23. Januar 2011 in Haft.
In dem Landhaus, in dem Vater und Sohn *Lo Piccolo* festgenommen wurden, fand man unter den beschlagnahmten Materialien eine Art Hauptbuch mit

ungefähr 500 Namen von Kaufleuten und Unternehmern, die Schutzgeld zahlen mussten, aber auch mit den Namen von Fachleuten, Stellengesuche, Bitten um Gefälligkeiten und Ausweise für die Bar. Es ergibt sich das Bild einer territorialen Herrschaft, die sehr gründlich ausgeübt wird, anerkannt ist und Zustimmung findet.

Die Anzeigen einiger Kaufleute und einiger Unternehmer, die Positionierung von *Confindustria* und die Aktivität von *Addiopizzo* bedeuten immer noch nur die Rebellion einer kleinen, wenn auch wachsenden Minderheit, aber noch nicht den allgemeinen Aufstand gegen die Diktatur der Mafia, der nötig wäre, auch wenn man berücksichtigt, dass die Arbeit der Fahnder andauert und zur Verhaftung fast aller Bosse, wenigstens der bekannten, geführt hat. In den letzten Jahren sind immer mehr Vereinigungen gegen die Schutzgelderpressungen (1997 waren es 42; 2008 bereits 110) entstanden. Die meisten sind in Sizilien und Süditalien aktiv.

Die Verwendung konfiszierten Vermögens durch Genossenschaften und jetzt auch Obdachlose ist ein einzigartiges Beispiel für eine *Antimafia sociale*, eine soziale Struktur gegen die Mafia, die arbeitslose Jugendliche und traditionell der Mafia verpflichtete Schichten einbinden soll. Leider handelt es sich bis jetzt nur um einige hundert Personen. Im Blick auf die anderen Formen der Mobilisierung könnte man von *Antimafia civile* sprechen.

Die Arbeit in den Schulen wird unter dem Thema „Erziehung zur Legalität" weiter verfolgt, doch in den bereits aufgezeigten Grenzen. Bedeutsam sind vor allem Initiativen, die sich auf das Territorium beziehen, um das kollektive historische Gedächtnis aufrechtzuhalten, wie solche an einigen Schulen, die sich dafür einsetzen, eine didaktische Route in dem *Memoriale-laboratorio della lotta alla mafia* („Gedenkstätte des Kampfes gegen die Mafia") zu realisieren, ein vom *Centro Impastato* vorgeschlagenes Projekt[119]. Noch immer fehlt ein wenigstens im Ansatz umfassendes Projekt, das in der Lage wäre, dem Mafia-Phänomen in all seinen Implikationen und Gliederungen wirksam entgegenzutreten, das bestehende Beziehungssystem zu zerbröckeln und eine konkrete Alternative aufzubauen.

Vom Gesetzgeber wird noch ein „Testo unico", ein vereinheitlichender

---

119: Diese Gedenkstätte in *Palermo* soll gleichzeitig Mafia- und Antimafia-Museum, Bibliothek, Videothek, Archiv, Labor und Treffpunkt sein.

Gesetzestext, erwartet, der die bestehenden Vorschriften in Einklang bringt und mit Rücksicht auf die letzten Entwicklungen der Mafia aktualisiert. Im September 2011 wurde ein Vorschriftenkatalog gegen die Mafia (*Codice antimafia*) angenommen, der als unvollständig und ungeeignet bewertet wurde. Es sieht nicht die Straftat der „externen Mitwirkung bei einer mafiösen Vereinigung" vor, auch ergänzt es nicht den Straftatbestand des Stimmentausches zwischen Mafia und Politik; bis jetzt ist es auf den „Stimmentausch gegen Geld" (*scambio voti contro denaro*) begrenzt. Stattdessen müsste es auch den Austausch von Stimmen gegen Aufträge und andere Dienste einschließen; es sieht keine Richtlinien vor, die die Unwählbarkeit von Angeklagten (oder als Mafiosi Verurteilten) und ihren Ausschluss von öffentlichen Ämtern regeln.

In der Rechtsprechung verknüpfen sich Strukturprobleme, die zu einer unerträglichen Verzögerung der Gerichtsverfahren beitragen, mit dem Mangel an Personal und Mitteln, was die Aktivität der Richter erschwert. Die gleichen Probleme bestehen bei den Ermittlungen der Polizei, die allerdings unbestreitbare Erfolge bei der Ergreifung von Bossen und deren Helfern verbuchen konnte.

Im Bereich der Wirtschaft verbindet sich räuberisches Parasitentum, das vor allem durch die Zwangsabgabe bei Erpressungen zum Ausdruck kommt, mit der Bereicherung insbesondere durch den internationalen Drogen-, Waffen-, Schadstoff-Handel usw. Diese riesige Menge an Geld, das in zahlreichen Kanälen recycelt wird, strömt in die legale Wirtschaft und schafft die Basis für ein Netzwerk an Verbindungen und Komplizenschaften. Auf diesem Terrain entstehen und konsolidieren sich der „gesellschaftliche Block" und das mafiöse Bürgertum, die durch gemeinsame Interessen und kulturelle Verhaltensregeln gefestigt werden, laut denen Illegalität als Quelle und Kanal sozialer Mobilität und des Zugangs zur Macht betrachtet wird.

Auf politischer Ebene sind die Verhaltenskodizes der Selbstreglementierung und die Anstrengungen gegen die Mafia mehr Demonstrationen guter Absichten als tatsächliche Entscheidungen, die die Bindungen mit Persönlichkeiten und dem Mafia-Umfeld sprengen könnten. Im April des Jahres 2007 machte die parlamentarische Antimafia-Kommission den Vorschlag, dass Personen, die wegen Mafia-Aktivität oder anderer schwerer Delikte strafrechtlich verfolgt werden, nicht für Gemeinde- und Provinzräte kandidieren dürfen; doch in 170 italienischen Kommunen, die zu dem Zeitpunkt wegen der Unterwanderung durch Mafiosi aufgelöst worden waren, wurden gut 130 Räte wiedergewählt und bereits verurteilte oder unter Prozess stehende Politiker wurden als Kandidaten aufgestellt und mit hoher Stimmenzahl gewählt. Einige von ihnen erklärten, die Arbeit der Richter zu respektieren und sich *im* Prozess verteidigen zu wollen; andere griffen die Richter ausdrücklich an und behaupteten, diese seien politisiert und sie selbst würden von der Justiz verfolgt.

Auch für die Parlamentswahlen vom 13. und 14. April 2008 wurde ein inzwischen übliches Drehbuch in Szene gesetzt, allerdings mit einer nicht unbedeutenden Neuigkeit: *Marcello Dell'Utri*, Mitbegründer von *Forza Italia* und Mitglied des *Popolo della libertà*, – wie wir gesehen haben, verurteilt in erster und zweiter Instanz

Wegen Mafiakontakt aufgelöste Gemeinderäte, 1991-2010

Provinzen		Regionen	
Napoli	42		
Caserta	27		
Salerno	5		
Avellino	4		
Benevento	1	Kampanien	78
Messina	3		
Palermo	2		
Trapani	5		
Caltanissetta	6		
Ragusa	1		
Agrigento	5		
Catania	9	Sizilien	51
Reggio C.	27		
Catanzaro	8		
Crotone	2		
Vibo Valentia	8		
Cosenza	1	Kalabrien	46
Lecce	2		
Bari	5	Apulien	7
		Basilikata	1
		Latium	1
		Piemont	1
insgesamt:			186

Quelle: Italienisches Innenministerium, www.federalismocriminale.it. Bis Juli 2015 wurden 253 kommunale Räte wegen Beziehungen zur Mafia aufgelöst, bei 15 davon wurde die Entscheidung nach Einspruch aufgehoben.

wegen „externer Mitwirkung in einer Mafia-Organisation" – bezeichnete den mehrfach verurteilten Mörder und Mafioso *Vittorio Mangano* als einen „Helden", weil er das „Gesetz des Schweigens" respektiert habe, als er sich weigerte, über seine Beziehungen zu *Berlusconi* zu sprechen, dessen „stalliere" (Stallknecht) er in dessen *Villa Arcore*/Lombardei[120] war. So weit war man noch nicht gekommen. Nach jüngsten Enthüllungen soll *Dell`Utri* den Politiker und Mafioso *Vito Ciancimino*[121] bei Verhandlungen zwischen Mafiabossen und Vertretern der politischen Institutionen unterstützt haben, die Massaker der 90er Jahre auf der Grundlage des sog. *papello*[122] zu einem Ende zu bringen. Zurzeit ist beim Justizpalast in *Palermo* ein Prozess über die sogenannte „Verhandlung Mafia-Stato" anhängig; angeklagt sind Mafiabosse sowie auch Offiziere der Streitkräfte und Politiker, die beschuldigt werden, mit der Mafia paktiert zu haben.

Auf kulturellem Gebiet sind journalistische Aufarbeitungen reichlich vorhanden, aber es gibt nur wenige wissenschaftliche Beiträge, während Kino und Fernsehen häufig Stereotypen verbreiten, indem sie die Mafiabosse als Helden, wenn auch negative, darstellen, die in den Netzen der Justiz enden.

Konfiszierte und zugewiesene Immobilien von 1983 bis zum 31. Oktober 2008						
Region	Immobilien			Betriebe		
	zuzuweisende	zugewiesene	∑ konfiszierte	zuzuweisende	zugewiesene	∑ konfiszierte
Abruzzen	9	16	25			
Basilikata	2	9	11	1	2	3
Kalabrien	263	984	1.247	18	60	78
Kampanien	335	920	1.255	57	153	210
Ämilia-Romagna	29	30	59	3	9	12
Friaul-Julisch-Venetien	3	11	14			
Latium	100	261	361	14	85	99
Ligurien	9	18	27	1	6	7
Lombardei	155	484	639	33	124	157
Marken	7	1	8	3	0	3
Molise	2		2			
Piemont	23	86	109	2	9	11
Apulien	216	440	656	19	57	76
Sardinien	15	69	84		1	1
Sizilien	2.284	1.728	4.012	129	293	422
Toskana	5	24	29	4	4	8
Trient-Südtirol		15	15			
Venetien	3	75	78		4	4
Insgesamt	3.460	5.171	8.631	284	807	1.091

Quelle: Agenzia del Demanio (Anstalt zuständig für das Staatseigentum). Aus einem Interview mit Umberto Postiglione, Leiter der Nationalagentur für die Verwaltung konfiszierten Mafiabesitzes, vom Juni 2015 geht hervor, dass 10.500 Güter beschlagnahmt wurden, davon 700 Unternehmen; nur 30% des beschlagnahmten Besitzes wurde auch konfisziert.

120: Diese wurde 2011 durch die Bunga Bunga-Partys und die Ruby-Affäre auch international bekannt.

121: Siehe Kap.1.26 und 4.5.

122: Siehe Kap.5.5.

KAPITEL 6
Weitere Mafiaorganisationen

Wie wir bereits gezeigt haben, wird das Wort „Mafia" schon lange für eine Reihe von Formen der Unmoral, Korruption, Vettern- und Günstlingswirtschaft benutzt. Es wäre gut, seinen Gebrauch auf Phänomene der organisierten Kriminalität zu beschränken, die eine bei allen Unterschieden dem mafiösen Phänomen ähnliche Komplexität und Fähigkeit, mit dem sozialen und politisch-institutionellen Umfeld zu interagieren, aufweisen.

6.1.
Die sizilianisch-amerikanische Mafia

Am 12. März 1909 wurde in *Palermo* der US-Polizeileutnant *Joe Petrosino* getötet, der nach Sizilien gekommen war, um Nachforschungen über die Rolle der Mafia bei der illegalen Emigration anzustellen.
Der Wechsel sizilianischer Mafiosi in die Vereinigten Staaten geht auf das 19. Jahrhundert zurück. In der amerikanischen Gesellschaft hatte das mehr oder weniger organisierte Verbrechen die Funktion, die eingewanderten ethnischen Gruppen mit dem notwendigen Kapital auszustatten, damit sie bei ihrer Eingliederung in das soziale Umfeld eine bedeutende Rolle spielen konnten. Das gilt für die Iren, die Juden, so wie auch für die Italiener.
Ende des 19. Jahrhunderts operierten in allen Städten der USA, in denen es eingewanderte Italiener gab, Banden, die zum Schaden ihrer Landsleute Erpressungen (*blackmailing*) praktizierten; verbunden waren sie unter der Bezeichnung „Mano nera" (Black Hand/Schwarze Hand). In den ersten Jahrzehnten des 20. Jahrhunderts begannen die italo-amerikanischen Kriminellen, sich in einträglicheren Bereichen zu betätigen: in der Prostitution, im Glücksspiel, in Gewerkschaftskorruption und anderen Formen von Nötigung bei der Beschaffung von Arbeit(*labor racketeering*) und im Drogenhandel.
Eine qualitative Steigerung brachte die Prohibition von Alkohol, die durch den *Volstead Act* von 1920 in Kraft trat und 1933 wieder aufgehoben wurde. In diesen Jahren bereicherten sich die verschiedenen kriminellen Gruppen durch Produktion und Vertrieb von Getränken allgemeinen Gebrauchs, Bier, Wein und Whisky, deren Konsum durch die Prohibition nicht sank. Der steigende illegale Reichtum führte die kriminellen Gruppen dazu, Beziehungen mit Politikern und Verwaltern der Metropolen wie *New York* und *Chicago* aufzunehmen und in die legale Wirtschaft zu investieren. So entstand der Mafiaunternehmer und ehrbare Gangster, der in seiner Gemeinschaft und in einem weiteren Umfeld hohes Ansehen genießt. Man investierte in die Bekleidungs- und Nahrungsmittelindustrie, in den öffentlichen Dienstleistungsbereich und in Aufträge für große Bauvorhaben. Die kriminellen Gruppen spielten ebenso eine wichtige Rolle bei der Unterdrückung von Arbeiteraufständen und bei der Leitung der Gewerkschaften in Schlüsselbereichen, wie z.B. der Transportarbeiter (kurz: *Teamsters*, größte Einzelgewerkschaft der USA); aber auch weiterhin

beteiligten sie sich an illegalen Geschäften, wobei sie sich oft den Schutz und die Komplizenschaft einer korrupten Polizei und eines leicht zu beeinflussenden Politikapparates zu Nutze machten.

In den Jahren vor und während des Zweiten Weltkrieges begannen sie, den Grundstein für den internationalen Drogenmarkt zu legen und Beziehungen in Europa und Nahost aufzubauen. In der ersten Reihe befanden sich Gangster wie *Lucky Luciano* (1897-1962) und *Frank Coppola* (1944-1982), beide Sizilianer. Im Laufe der 50er Jahre bahnte sich mit dem Gipfeltreffen von *Palermo* im Jahre 1957 zwischen amerikanischer und sizilianischer Mafia eine Absprache bezüglich der Kontrolle des Drogenmarktes an. 1963 enthüllte der Mafioso *Joe Valachi* vor dem *McClellan-Committee*, einem Untersuchungsausschuss des Kongresses der Vereinigten Staaten, die Existenz einer US-Organisation mit Namen „Cosa Nostra"; doch es dauerte noch bis zu den Enthüllungen *Tommaso Buscettas*[123] zu Beginn der 80er Jahre, um zu erfahren, dass auch die sizilianische Mafia sich „Cosa Nostra" nennt, und um die Organisationsstruktur und die Namen der Bosse und Mitglieder zu kennen.

Aus einem Bericht des Senats der USA von 1988 ergab sich ein Bild von der italo-amerikanischen Mafia. Fünf Familien operierten in New York: die Familie *Bonanno* mit 109 Mitgliedern, die Familie *Colombo* mit 102, die Familie *Gambino* mit 203, die Familie *Lucchese* mit 113 und die Familie *Genovese* mit 193. Andere Familien agierten in *New Jersey, Philadelphia, Chicago, Tampa, New Orleans, Pittsburgh, Kansas city, Detroit, Los Angeles, Boston* und *Miami*. In dem Prozess gegen die "Pizza Connection" in den 80er Jahren[124] stand der Drogenhandel im Mittelpunkt, in dem die beiden Mafiaorganisationen mit Namen „Cosa nostra" eine dominierende Stellung besaßen, und zwar unter der Führung des Mafiabosses aus *Cinisi*/Palermo, *Gaetano Badalamenti*[125]; dieser wurde zu 45 Jahren Gefängnis verurteilt; wegen der Ermordung von *Peppino Impastato*[126] erhielt er in Italien 2002 eine lebenslängliche Freiheitsstrafe.

123: Siehe die Kap. 3.10 und 5.2.

124: Der Name geht darauf zurück, dass einfache Pizzerien dem Drogenring als Tarnung dienten.

125: Siehe Kap. 1.18 und 4.8.

126: Siehe Kap. 4.8.

In den letzten Jahren hat die amerikanische *Cosa Nostra* harte Schläge durch die staatlichen Behörden hinnehmen müssen; sie führten zur Verhaftung und Verurteilung zahlreicher Bosse und Mafiamitglieder. In dieser Zeit erwuchs ihr auch die Konkurrenz neuer Organisationen, die sich aus Mitgliedern verschiedener Nationalitäten zusammensetzen und durch die ihre Aktivitäten angeblich eingeschränkt wurden; so sollen sie das Monopol auf dem Drogenmarkt verloren haben.

Die Rede war von der „Abenddämmerung der alten Paten" (*crepuscolo dei padrini*); doch nach dem Anschlag auf die Zwillingstürme am 11. September 2001 nahm mit dem Auftauchen des Problems des weltweiten Terrorismus die Aufmerksamkeit für das organisierte Verbrechen deutlich ab. So registrierte man in den ersten Jahren des dritten Jahrtausends eine wieder starke Präsenz historischer Mafiafamilien im Glücksspiel als auch beim Zinswucher, bei der Erpressung, der Produktion gefälschter Waren und im Bausektor, einschließlich der Arbeiten, die mit dem Anschlag vom 11. September verbunden waren, zum Beispiel die Beseitigung des Bauschutts vom *World Trade Center*.

Die Verhaftungen vom Februar 2008 widersprechen, wenigstens teilweise, der Behauptung, die amerikanische *Cosa Nostra* sei so gut wie erledigt. Bei der Operation „Old Bridge" landeten 54 amerikanische Bosse und 23 sizilianische Mafiosi hinter Gittern. Ihre Namen sind alle ziemlich bekannt: die Familie *Inzerillo*, die sog. *scappati* (die Geflohenen), d.h. diejenigen, die sich während des Mafiakrieges zu Beginn der 80er Jahre nach Amerika abgesetzt hatten; *Filippo Casamento*, der mit 82 Jahren 2005 aus den USA ausgewiesen wurde; außerdem Männer der Familie *Gambino*. Der neue Name ist *Frank Calì*, Sohn sizilianischer Eltern, geboren in New York; er heiratete eine Frau aus der Familie *Inzerillo* und wurde im Haus seiner Geliebten verhaftet. Die viele Jahre alte „Brücke" war vor allem nach dem Willen des sizilianischen Bosses *Salvatore Lo Piccolo* wiederhergestellt worden, der sich für die Rückkehr der „scappati" einsetzte als die Voraussetzung dafür, die Kontakte mit den amerikanischen Familien wieder aufzunehmen. Sie fußte auf traditionellen Pfeilern, auf dem Drogenverkehr, auf Erpressungen und Unternehmen, die mit der Nahrungsmittelverteilung und dem Bauwesen verbunden waren; eine „Pizza Connection", die man für erledigt hielt, die sich jedoch wieder zum Leben erweckt hatte.

In den Vereinigten Staaten existiert eine rege Forschungstätigkeit über das Mafiaphänomen; an ihr beteiligen sich öffentliche Einrichtungen wie

Untersuchungsausschüsse des Kongresses (*Commissioni presidenziali*) und auch einzelne Wissenschaftler. Die wichtigsten Thesen sind die beiden folgenden: *die eine* spricht von *alien conspiracy*, von einem Komplott von Ausländern, deren Opfer die amerikanische Gesellschaft sei; *die andere* spricht von dem Verbrechen als *american way of life*, also einer Art Lebensweise der amerikanischen Gesellschaft: Danach wäre das Verbrechen ein Weg zur Integration der verschiedenen Ethnien, die in Erscheinung treten; außerdem hätte es die Funktion, den Reichtum weiter anzuhäufen, der für die Gewährleistung sozialer Mobilität und den Aufstieg von Randpersonen zu sozialem Ansehen erforderlich sei.

Parallel dazu hat sich die Gesetzgebung entwickelt, 1970 mit dem *Organized Crime Control Act* (OCCA) und mit dem *Racketeers Influenced and Corrupt Organizations* (RICO) *Statute*, das sich insbesondere mit den wirtschaftlichen Aktivitäten krimineller Organisationen beschäftigt. Im Zentrum dieser Bestimmungen steht der Begriff der *conspiracy* (Verschwörung, Konspiration): der assoziativen Vereinbarung, die der Definition der mafiös kriminellen Vereinigung ähnelt, die durch das italienische Antimafiagesetz von 1982[127] eingeführt wurde.

Demgegenüber steht eine rege Produktion von Romanen, Filmen und Fernsehfilmen, die ein apologetisches Bild der Mafia liefern, angefangen mit *Der Pate* (*Il Padrino*), dem Roman von *Mario Puzo* und seiner Verfilmung durch *Francis Coppola*, bis zu *Sopranos*, deren Erfolg sich mit der suggestiven Kraft erklärt, die die Stereotypen, die ein romantisches Bild der Mafia entwerfen, noch heute verbreiten.

Abb. 92: Mafiosi, die bei der Operation „Old Bridge" gefasst wurden, Februar 2008.

127: Siehe Kap. 1.26.

Abb. 98 (li.): Der italo-amerikanische Mafiaboss *Vito Genovese* und der Bandit *Salvatore Giuliano*.
Abb. 99 (re.): Lucky Luciano in Palermo.

Abb. 100 (li.): Cinisi (Palermo), 50er Jahre. Von links: Der Bürgermeister *Leonardo Pandolfo*, der Mafiaboss *Cesare Manzella*, der Vater von *Peppino Impastato*, zwei Mafiosi und rechts *Gaetano Badalamenti*. Badalamenti wurde in dem Prozess gegen die Pizza-Connection und für die Ermordung *Peppino Impastatos* verurteilt.

Abb. 101 (re.): Der Mafioso *Joe Valachi*: Er enthüllte die Geheimnisse der amerikanischen Cosa Nostra.

6.2.
Die sizilianisch-kanadische Mafia

Mafiafamilien sizilianischer Herkunft operieren auch in Kanada. Am bekanntesten ist die Familie *Caruana-Cuntrera,* die ursprünglich aus *Siculiana/ Agrigent* kommt; sie ist eine der aktivsten Familien im internationalen Drogenhandel und im Recycling-Geschäft. Der *Caruana-Cuntrera-Clan* agiert wie eine echte Holding mit Zweigstellen in Venezuela, Brasilien, in verschiedenen europäischen Staaten und in Asien; zu Sizilien hält sie aber weiter enge Kontakte.

Im Laufe der 80er Jahre kamen Verbindungen zu den sizilianisch-kanadischen Clans des ehemaligen Bürgermeisters von *Palermo Vito Ciancimino* ans Tageslicht. In jüngster Zeit wurde durch die Presse das Interesse der kanadischen Clans am Bau der Brücke über die *Straße von Messina* bekannt.

6.3.
Die kalabrische 'Ndrangheta

Die *'Ndrangheta* hat ihre Wurzeln in der Weide- und Ackerbaukultur, wo ähnlich dem sizilianischen „gabelloto" der *„industriante"* tätig war; dieser verwaltete den Besitz und bediente sich dabei bewaffneter Aufseher, um das Territorium zu kontrollieren und die Bauern einzuschüchtern.

Die Herkunft des Namens ist nicht ganz klar. Das Wort *'Ndrangheta* oder *'ndranghita* könnte einem in Kalabrien gesprochenen griechischen Dialekt entstammen und würde „mutiger Mann" bedeuten, eine offensichtlich apologetische Ethymologie. Eine zweite Hypothese leitet das Wort von dem Refrain der *Tarantella* („e 'ndrangheta e `ndrà"), eines süditalienischen Volkstanzes, ab; er soll negativ besetzt sein: *ballerino* (Balletttänzer), *buffone* (Possenreißer) und Anderes. Anfangs bezeichneten Justizquellen die kriminelle kalabresische Organisation mit dem Wort „picciotteria" (von *picciotto*: dialektal „der Junge"), dann mit „camorra", neuerdings benutzt man den inzwischen allgemein üblich gewordenen Ausdruck „'ndrangheta". Die Basisorganisationen sind die *'ndrine* (die der *cosche* bei der sizilianischen Mafia entsprechen), weitgehend identisch mit den Blutsfamilien; die verwandtschaftliche Bindung ist viel stärker als bei der Mafia Siziliens. Nach Bekundungen von Kronzeugen sieht die Organisationsstruktur folgendermaßen aus:

1. *corpo di società* (Gesellschaftskörper), mit einem Boss und 24 Männern; er befindet sich in den Städten mit dem Sitz des Tribunals
2. *ndrina generale*, die verschiedene Clans (*'ndrine*) zusammenfasst und in einen größeren (*maggiore*), bestehend aus den „camorristi", und den kleineren (*minore*), gebildet aus den „picciotti", unterteilt ist. An der Spitze jeder *'ndrina* steht der *sergio capo* ((der kluge/*saggio* Boss), auch *crimine* (Organisator der kriminellen Aktivitäten) genannt, unterstützt von dem *contabile* (Kassenwart), dem *mastro di giornata* (eine Art Kommunikationsbeauftragter) und dem *puntaiolo* (Strafvollstrecker).

Unter den *Camorristi* besteht intern eine Rangordnung: der einfache *Camorrista*, der gesellschaftliche (*di società*), der *Camorrista di fibbia*[128], der *Camorrista formato*[129] und der Camorrista *di sgarro*[130]. Der *Sgarrista* kann „di sangue"[131] und „definitivo" sein. Mehrere *'ndrine* bilden den *locale*, den Stützpunkt, der mit einem Ort oder Viertel übereinstimmt. Das Amt des Bosses überträgt sich vom Vater auf den Sohn.

Man fand Geheimschriften mit der Satzung, den Taufritualen bei der Aufnahme und der Eidesformel. Es besteht ein traditioneller Bezug zu den

---

128: Er beruft und hat den Vorsitz bei Versammlungen, in denen Neumitglieder aufgenommen werden sollen.

129: Er kann in einigen Fällen den *Capo-bastone* (Vorsteher einer `ndrina) vertreten.

130: Dieser *Camorrista* hat bereits ein hohes Ansehen; er treibt die Schutzgelder ein.

131: wörtlich: Blut, d.h., er hat bereits einen Mord begangen.

drei mythischen Gründern von Mafia, 'Ndrangheta und Camorra: *Osso, Mastrosso* und *Carcagnosso*. Diese legendenhaften Gestalten sollen dem Gründungsmythos eine Aura des Adels verleihen.
Reichlich benutzt wird auch eine religiöse Symbolik: Für jedes Amt gibt es einen Schutzheiligen oder eine Schutzheilige: Die *hl. Liberata* für die *Picciotti*, die *hl. Nunzia* für die *Camorristi*, die *hl. Elisabeth* für den *Sgarrista* "di sangue", während der Schutzpatron des *Locale* der *Erzengel Gabriel* sein soll. Im Zentrum der Devotion steht inmitten der Gebirgslandschaft des Aspromonte die Wallfahrtskirche *Santa Maria di Polsi*, in deren Nähe die Gipfeltreffen der ,Ndrangheta stattfinden.
Santa (*santo* = heilig) ist die Bezeichnung für eine organisatorische Mischstruktur (i „santisti"), die den Auftrag hat, direkten Kontakt mit den staatlichen Behörden und auch mit der Polizei zu suchen mit dem Ziel, die Macht der Organisation zu stärken und Geschäfte auf den Weg zu bringen.
Vangelo („Evangelium") ist eine Art kriminelles Syndikat, das die Aktionen im sozialen Umfeld kontrolliert. Bezug nimmt man zu historischen Persönlichkeiten (*Garibaldi, Mazzini, Karl der Große*), auch in diesem Fall, um kriminellen Aktivitäten und Berufsverbrechern ein positives Image zu geben. Die Präsenz von Frauen ist sowohl für die Vergangenheit als auch für die jüngere Zeit nachgewiesen.

Traditionell war die *'Ndrangheta* horizontal gegliedert, und in ihrer Zersplitterung spiegelt sich die geographische Beschaffenheit der Region wider. Es hieß, sie hätte keinen „Boss der Bosse" (*capo dei capi*); doch in den letzten Jahren hat man verschiedene Koordinierungsformen ausprobiert. Zum Beispiel wurden in der Provinz *Reggio* drei Bezirke gegründet: *Reggio Jonico, Reggio centro* und *Reggio Tirrenico*; außerdem entstand eine Provinzkommission.
Die Konflikte zwischen den verschiedenen Familien und der von Generation zu Generation weitergegebene Rachekodex (Blutrache) der *'Ndrangheta* haben in Kalabrien zu nicht enden wollenden Fehden geführt und jahrzehntelang viel Blut fließen lassen. Von 1950 bis 1980 wurden 2100 Morde verübt.
Unter den regelmäßig betriebenen Aktivitäten findet man Erpressungen; lange Zeit wurden auch Entführungen praktiziert, allein zwischen 1963 und 1983 200 Personen. Diese wurden in den folgenden Jahren fortgesetzt

und man schätzt, dass dafür in 20 Jahren ungefähr 400 Mrd. Lire Lösegeld bezahlt wurden, die fast alle „gewaschen" wurden.

Im Laufe der 70er Jahre schaltete sich die *Ndrangheta* immer mehr in unternehmerische Tätigkeiten ein und übernahm eine bedeutende Rolle im Drogenhandel, den sie nach Norditalien und Europa ausdehnte. Heute kann sie auf Niederlassungen in verschiedenen Ländern zählen, unter ihnen in den USA und Australien.

Aufgrund entstandener Spannungen zwischen den verschiedenen Familien brach in der Mitte der 70er Jahre ein erster Mafiakrieg aus mit dem Ergebnis von 93 Toten im Jahre 1975, 101 im folgenden Jahr; fortgesetzt wurde der Krieg zwischen 1985 und 1991 mit insgesamt 600 Toten.

Die lange Zeit geringere öffentliche Aufmerksamkeit für das Wirken der *Ndrangheta* ist auf die niedrige Anzahl Aufsehen erregender Morde (die bekanntesten: Im Sommer 1989 wird der Politiker und Geschäftsmann *Ludovico Ligato* ermordet; 1991 *Antonino Scopelliti*, Richter am Kassationsgericht; er sollte sich um den Maxiprozess für die *Cosa Nostra* kümmern, eine Gefälligkeit für die sizilianische Mafia) und auf die nur wenigen Kronzeugen zurückzuführen. Dies machte den Aufstieg der kalabrischen Mafia möglich. Sie gilt heute als die reichste und die am weitesten verbreitete Mafiaorganisation auf italienischem Boden. Zu ihrem Erfolg hat ganz sicher ihre Beziehung zu den Freimaurerlogen beigetragen, die in Kalabrien besonders verbreitet und aktiv sind. Auf internationaler Ebene spricht man von einer kalabrischen Kontrolle über den Kokainhandel, der auf 400 Tonnen im Jahr quantifiziert wird.

In jüngerer Zeit, am 16. Oktober 2005, machte die *Ndrangheta* mit dem Mord an dem Arzt *Francesco Fortugno*, Vizepräsident des Regionalrates, Schlagzeilen sowie später mit dem Massaker vom 14. auf den 15. August 2007 in *Duisburg* in Deutschland, wo als Folge einer blutigen Fehde in dem Ort *S. Luca*/Reggio Calabria sechs Menschen getötet wurden. Neueste Untersuchungen ergaben eine Beteiligung der *Ndrangheta* im Gesundheitswesen zusammen mit Professionellen und Politikern. Wir haben es hier mit einer extrem gefährlichen Mischung aus archaischen und modernen Elementen zu tun, zwischen Fehden und Internet: Die Mafia Kalabriens ist die, die am meisten im Internet surft.

Nach Informationen der letzten Jahre zählt die *Ndrangheta* bei einer Bevölkerung Kalabriens von 2.077.000 132 Gruppen mit circa 10.000

Mitgliedern. Ihr Jahresumsatz soll zwischen 35 und 51 Mrd. Euro betragen, der höchste Umsatz des nationalen organisierten Verbrechens. Von 1991 bis zum November 2010 wurden wegen Unterwanderung durch die Mafia 46 Kommunen aufgelöst; davon 27 in der Provinz *Reggio Calabria*.

Abb. 13: Die spanischen Kavaliere *Osso, Mastrosso* und *Carcagnosso* sind die angeblichen mythischen Gründer der Mafia, der 'Ndrangheta und der Camorra. 1412 sollen sie auf der Insel *Favignana* gelandet sein und die Gesetze der drei Organisationen ausgearbeitet haben. Mit Hilfe dieser Gesetze und mit einer Reihe von religiösen Bezügen und Symbolen versuchen die Mafien, sich in den Augen ihrer Anhänger und der Bevölkerung zu legitimieren.

Abb. 102 (li.): Die erste Seite aus dem Kodex der `Ndrangheta, 1987 in *Reggio Calabria* beschlagnahmt.
Abb. 103 (re.): Eine Seite aus dem Kodex der ‚ndrangheta, der von der kanadischen Polizei im Haus eines Mitglieds beschlagnahmt wurde.

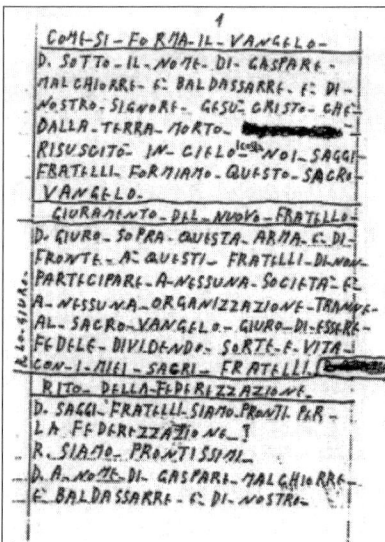

6.4.
Die Antimafia in Kalabrien

Auch in Kalabrien gab es Bauernaufstände, sowohl nach dem Ersten als auch nach dem Zweiten Weltkrieg. Der Kampf wurde geführt, um die von den mächtigen Familien der Barone usurpierten Ländereien zu bekommen, und für eine Agrarreform. Der Besitz der Latifundien befand sich zum größten Teil in den Händen weniger Familien, während der Kleinbesitz stark aufgesplittert war. Mit den *Gullo-Dekreten* des Jahres 1944[132] entstanden Bauernkooperativen und es kam zu Besetzungen von Land. Die Grundbesitzer reagierten nach neofaschistischem Muster mit dem Einsatz von Gewalt. Zwischen September 1943 und März 1945 wurden in der Provinz *Reggio* 13 Bauern und Gewerkschaftler getötet. Infolge der

---

132: Siehe Kap. 3.13.

Verhaftung des Sohnes des kommunistischen Bürgermeisters *Pasquale Cavallaro* in *Caulonia*/Reggio Calabria wurde für fünf Tage, vom 5. bis 9. März 1945, die autonome Republik ausgerufen mit einem Volkstribunal, das Agrarier und Faschisten verurteilte.

Man kann sagen, dass die *'Ndrangheta* sich in dieser Zeit in zwei Arme aufteilte: Ihr volksnaher Teil, der mit den Bauern in Verbindung stand, schloss sich der kommunistischen Partei an; einige ihrer Führer und militante Aktivisten brachen jede Verbindung ab, andere nahmen eine Zwischenstellung ein; der andere Arm stellte sich entschieden auf die Seite der Christdemokraten und der Rechten. Viele wurden in die Verbannung (*confino*)[133] geschickt, häufig aus politischen Gründen, um die konservativen Parteien zu begünstigen.

Die Bauernaufstände wurden in den folgenden Jahren mit der Bildung von Landkomitees, mit sog. „umgekehrten Streiks"[134] und unter großer Teilnahme von Frauen fortgesetzt. Am 28. November 1946 tötete ein „campiere", ein privater Wächter eines Landbesitzers, *Giuditta Levato*, 31 Jahre alt, Mutter von zwei Kindern und schwanger, Protagonistin der Bauernaufstände. Mit deren Unterdrückung befassen sich vor allem die Ordnungskräfte: In *Petilia Policastro*/Catanzaro schossen am 13. April 1947 Carabinieri auf Bauern und töteten *Francesco Mascaro* und *Isabella Carvelli*, 25 Jahre alt; am 29. Oktober 1949 schoss in *Melissa* die *Celere*, ein Einsatzkommando, das 1948 vom Innenminister, dem Sizilianer *Mario Scelba*, aufgestellt wurde, auf Bauern, die Land besetzten; die Folge waren drei Tote: die jungen Männer *Francesco Nigro*, 29 Jahre alt, *Giovanni Zito*, 15 Jahre alt, und eine Frau, *Angelina Mauro*; außerdem 15 Verletzte; alle wurden von hinten getroffen.

Der damalige Ministerpräsident *Alcide De Gasperi* (1881-1954) begab sich daraufhin nach Kalabrien und versprach den Forderungen der Bauern entgegenzukommen. Im Mai 1950 wurde das „legge Sila" angenommen, ein Gesetz, das allerdings nur eine partielle und unzulängliche Bodenreform in Gang brachte. Enteignet wurden Randgebiete, die bereits verödet waren; den enteigneten Baronen wurden beträchtliche Entschädigungen gezahlt.

133: Siehe Kap. 3.12.

134: Zu *Danilo Dolci* siehe Kap. 4.6.

Noch im selben Jahr wurde die *Cassa del Mezzogiorno*, eine Entwicklungsbank für den Süden Italiens, gegründet. Sie wurde zu einem bürokratischen Monster mit dem Ziel, die eigene Kundschaft zu schmieren. Das Problem der Kluft zwischen Nord und Süd wird sie nicht lösen. Wie schon in Sizilien kam es auch in Kalabrien zum großen Exodus: In dem Jahrzehnt zwischen 1951 und 1961 verließen 342.600 Menschen Kalabrien in Richtung Nord- oder Südamerika und Norditalien.

In den letzten Jahren entstanden Komitees, soziale Vereinigungen und Kooperativen – auch als Antwort auf die Gewalt der Mafia gegen Aktivisten der Linken (wie die Kommunisten *Rocco Gatto*, getötet in *Gioiosa Jonica/ Reggio Calabria* am 12. März 1977, *Giuseppe Valarioti* und *Giovanni Losardo*, beide ermordet in *Rosarno*/Reggio am 11. Juni 1980 und in *Cetraro/ Cosenza* am 21. Juni desselben Jahres), Unternehmer (wie *Gennaro Musella*, getötet am 3. Mai 1982), Eigentümer (wie *Antonino Cordopatri*, der sich geweigert hatte, seinen Besitz den Bossen der 'Ndrangheta zu überlassen, getötet am 10. Juli 1991), Richter wie *Antonino Scopelliti*[135], Politiker wie *Francesco Fortugno* –, die sich für die Nutzung der konfiszierten Güter einsetzten. Dahinter stand auch das Engagement einiger Kirchenmänner wie des Bischofs von *Locri, Giancarlo Bregantini*. Die 'Ndrangheta reagierte mit Sachbeschädigungen und Einschüchterungen. In den letzten Jahren fanden Demonstrationen statt, um in Kalabrien und in Süditalien die Antimafiaarbeit neu zu beleben. Eingewanderte Arbeiter organisierten Kundgebungen gegen den Rassismus, die 'Ndrangheta und die Ausbeutung.

Abb. 104: Die Ermordung von *Giuditta Levato*, in den 40er Jahren Protagonistin der Bauernkämpfe in Kalabrien.

135: Siehe Kap. 5.5.

v.l.n.r.: Abb. 105: Der kommunistische Aktivist *Rocco Gatto*, 1977 ermordet / Abb. 106: Der Richter *Antonino Scopelliti*, 1991 ermordet / Abb. 107: *Francesco Fortugno*, Vizepräsident des kalabrischen Regionalrates, ermordet 2005.

6.5.
Die Camorra in Kampanien

Die Ursprünge der *Camorra* lassen sich auf das 15. Jahrhundert zurückdatieren: auf die *Guarduna*, eine Bruderschaft, die seit 1417 in Spanien existiert haben soll. Anfangs bezeichnete der Ausdruck die Organisation wie auch die Praxis der vor allem in den Gefängnissen verbreiteten Erpressung. Er könnte aus dem Spanischen kommen. Spanisch bezeichnet das Wort eine kurze Jacke (erwähnt vom neapolitanischen Schriftsteller *Giovan Battista Basile* in seinem 1634/36 erschienen *Pentamerone*) oder die Streitsucht: *hacer camorra* bedeutet „Streit suchen". Aber die ernst zu nehmenden Forscher unterstreichen, dass die *Camorra* wie auch die Mafia „südliche/italienische Erscheinungen" seien und keine spanischen.

Sicher ist, dass die *Camorra* aus den Gefängnissen hervorging und sich in einem städtischen Umfeld, vor allem unter den ärmsten Schichten der Bevölkerung, entwickelte. Nach und nach fand ein Prozess der Verbürgerlichung und Verdoppelung statt: Bezüglich der Kriminalität des Volkes spricht man von „guapparia"[136] und, um auf die Korruption der Machtinhaber zu verweisen, von „camorra amministrativa" (bürokratische

---

136: *Il guappo* (Jargon von Neapel): gewalttätiger und arroganter krimineller Beherrscher eines Stadtviertels

Camorra), in den letzten Jahren auch von „camorra massa" (Massen-Camorra) und „camorra impresa" (*Camorra* als Unternehmen).
Die Geschichte der *Camorra* ist gekennzeichnet durch fehlende Kontinuität und Zersplitterung der Organisationsstruktur. In den 70er Jahren standen in blutigen Auseinandersetzungen zwei Bündnisse gegenüber: die „Nuova camorra organizzata" (NCO) von *Raffaele Cutolo*[137] und die „Nuova famiglia", die von seinen Gegnern gegründet wurde. In der Folgezeit überwogen Spaltungserscheinungen und die verschiedenen Gruppen führten ständig Krieg miteinander. In der Umgebung von *Caserta*, zum Beispiel in *Casal di Principe*, wo reiche und blutrünstige Banden operieren, besitzen die Clans eine der sizilianischen Mafia ähnliche Struktur; einige *Camorristi* waren auch Mitglieder der *Cosa Nostra*.
Ihre Aktivitäten reichen von Erpressung bis zum Zigarettenschmuggel und Drogenhandel, vom Bekleidungssektor mit der Produktion von gefälschten Markenartikeln bis zur Aneignung öffentlicher Gelder, vor allem während des Wiederaufbaus nach dem Erdbeben von 1980[138], sowie zur Müllverwertung. In den letzten Jahren spricht man von einem allumfassenden „System", das jedoch durch Spannungen zwischen den Clans, die in *Neapel*, in weiteren Städten und in den Provinzen agieren, erschüttert wird. Der anhaltende Krieg schafft der Bevölkerung gewaltige Probleme: Viele Verbrechen erfolgen durch Schießereien auf offener Straße mit Opfern unter den Passanten oder auch unter Familienangehörigen der Bosse und Helfer als Folge sog. transversaler Rache (*vendetta trasversale*)[139]. In Kampanien wird die höchste Anzahl an Mordopfern in Italien registriert: 21,06%. Verstrickungen der *Camorra* zu Politik und Behörden sind sehr eng und intensiv. Das Problem der Müllbeseitigung hat in Kampanien schlimmste Zustände heraufbeschworen. Die Bilder von Müllbergen in den Straßen gingen um die Welt.

137: Seit 1963 wurde *R. Cutolo* (geb. 1941) immer wieder inhaftiert, regierte aber die NCO auch aus der Gefängniszelle heraus. Berühmt wurde er im Jahr 1981, als ein führender Politiker der italienischen Christdemokraten, *Ciro Cirillo*, von den Roten Brigaden entführt wurde und *Cutolo* von der DC bezahlt wurde, um den Politiker aus den Händen der Roten Brigaden zu befreien.

138: Das Erdbeben hatte sein Epizentrum in Irpinien östlich von Neapel und forderte ca. 3000 Opfer. Damit ist es die schwerste Naturkatastrophe in Italien seit dem Zweiten Weltkrieg.

139: Von *vendetta trasversale* spricht man, wenn man die Zielperson nicht direkt angreifen kann und stattdessen ein Familienangehöriger oder ein nahestehender Bekannter zum Ziel der Racheaktion wird.

Die *Camorra* macht sich auch die „Kultur" zu Nutze, die bei den am meisten ausgegrenzten Schichten und in den Ghettovierteln verbreitet ist; eine „Kultur", die aus Liedern, Theateraufführungen, Fernsehsendungen und Kinovorstellungen besteht, die den *Camorrista* als Volkshelden bejubeln, der es schafft, aus einem Zustand der Ausgeschlossenheit und Ausgrenzung herauszukommen, und eine Alternative aufzeigt, vor allem den Jugendlichen, die diese Lebensbedingungen teilen, die durch den Abbau von Industrien und das Fehlen von Arbeitsplätzen verschärft wurden.

Nach neuesten Quellen verfügt die *Camorra* bei einer Bevölkerung Kampaniens von 5.788.000 Einwohnern über 6.700 Mitglieder; ihr Jahresumsatz soll 28 Mrd. Euro betragen.

In Kampanien wurden die meisten kommunalen Räte wegen Beziehung zur Mafia aufgelöst: 78, davon 42 in der Provinz *Neapel*.

Die Aktion gegen die *Camorra* wird durch Studienzentren und Vereinigungen geführt, die sich häufig auf das Vorbild von Menschen berufen, die selbst Opfer von Gewalt waren wie dem Bürgermeister von *Pagani*/Salerno, *Marcello Torre*, ermordet am 11. Dezember 1980, dem Journalisten *Giancarlo Siani*, ermordet am 23. September 1985 in *Neapel*, Don *Giuseppe Diana*, ermordet am 19. März 1994 in *Casal di Principe*, und dem Bürgermeister von *Pollica*/Salerno, *Angelo Vassallo*, der am 5. September 2010 sein Leben verlor.

In den letzten Jahren sind Vereinigungen gegen das organisierte Verbrechen (*associazioni antiracket*) entstanden, auch dank des Einsatzes von *Tano Grasso*, der zu den Gründern der „antiracket"-Organisation von *Capo d'Orlando*[140] gehört; er ist Berater der Kommunalverwaltung in *Neapel*. Auch in Kampanien haben eingewanderte Arbeiter Demonstrationen gegen Rassismus, die *Camorra* und die tägliche Ausbeutung organisiert.

Abb. 108 (li.): *Raffaele Cutolo*, Boss der „Nuova camorra organizzata".

140: Siehe Kap. 5.9.

Abb. 109 (re.): *Carmine Alfieri*, Boss der "Nuova famiglia", im Krieg mit dem *Cutolo*-Clan. *Alfieri* wurde später Kronzeuge der Justiz.

(v.l.n.r.) Abb. 110: Der christdemokratische Bürgermeister von *Pagani* (Salerno), *Marcello Torre*, 1980 ermordet.
Abb. 111: Der Journalist *Giancarlo Siani*, 1985 ermordet.
Abb. 112: Der Priester *Giuseppe Diana*, 1994 ermordet.

Abb. 113: *Silvia Ruotolo*, 1997, bei einer Schießerei unter Camorra-Mitgliedern getötet.
Abb. 114: Der Bürgermeister von Pollica (Salerno), *Angelo Vassallo*, ermordet 2010.

6.6.
Die apulische Mafia

Die apulische Mafia wird als die „vierte Mafia" bezeichnet. Sie ist das Ergebnis zugleich der Präsenz der drei historischen kriminellen Organisationen in Apulien und des sozialen Umfeldes, das durch verbreitete Illegalität, Krise in der Landwirtschaft, Entindustrialisierung und sich aus illegalen Aktivitäten ergebende Chancen (auch infolge des Zusammenbruchs des „realen Sozialismus" und der Öffnung der Beziehungen zu Albanien und den anderen Küstenstaaten an der Adria) gekennzeichnet ist.
In diesem Umfeld haben sich verschiedene kriminelle Gruppen gebildet und wächst die „*Sacra corona unita*" („Heilige Vereinigte Krone"), die nach dem Vorbild der anderen Organisationen zur Tarnung einen mystisch-religiösen-freimaurerischen Symbolismus verwendet. Man streitet, ob man es mit einer bereits gefestigten Mafiaorganisation oder eher mit einem nur angestrebten Vorhaben zu tun hat; man kann jedoch sagen, dass Organisationsstruktur, Vielschichtigkeit der Aktivitäten und das Beziehungsnetz zumindest auf ein Vorhaben im Zustand vorgerückter Realisierung verweisen, auch wenn die Mitarbeit von Kronzeugen zur Verhaftung von Bossen und Mitgliedern geführt und die Organisation schwer angeschlagen hat.
Die „*Sacra corona unita*" zählt 2.000 Mitglieder bei einer Bevölkerung Apuliens von 4.077.000 Einwohnern.
Auch in Apulien gab es nach dem Zweiten Weltkrieg Bauernaufstände für eine Agrarreform und eine demokratische Form der Arbeitsvermittlung, die traditionell in den Händen sogenannter Korporale lag. Es fehlte nicht an Repressionsmaßnahmen: Am 29. November 1949 schoss die Polizei in *Torreggiano*/Foggia auf die Bauern und tötete *Antonio La Vacca* und *Giuseppe Lamedica*, Aktivisten der kommunistischen Partei.
Derzeit operieren Komitees und Vereinigungen und es entwickeln sich Initiativen, gewidmet Personen wie *Renata Fonte*, die am 31. März 1984 in *Nardò*/Lecce getötet wurde, ferner *Gianni Carnicella*, Bürgermeister in *Molfetta*/Bari, ermordet am 7. Juli 1992, *Francesco Marcone*, Direktor am Registergericht, ermordet in *Foggia* am 31. März 1995. Eine bedeutende Rolle bei den Initiativen gegen die Mafia und für den Frieden spielte der 1993 vorzeitig verschiedene Bischof von *Molfetta*, *Tonino Bello*.

6.7.
In der Basilikata: Die Basilischi

Auch bei kriminellen Gruppen, die in der Region *Basilikata* aktiv sind, spricht man von Mafia. Mit ihnen beschäftigte sich ein Bericht der parlamentarischen Antimafia-Kommission im Jahre 1992. In der Provinz *Matera*, in dem jonisch-metapontischen Gebiet und in seinem Innern, sind Gruppen auf familistischer Basis aktiv. Sie folgen einem mafiösen Muster und gehen verschiedenen Aktivitäten nach: Erpressung, Hehlerei, Menschenraub, Waffenbesitz, Drogenhandel. Ihre Mitglieder wurden wegen „Vereinigung mafiösen Typs" angeklagt und verurteilt. Ähnlich wie bei der Mafia kam es zu blutigen Konflikten um die Kontrolle des Territoriums und, vor allem nach dem Erdbeben 1980, wurde ihre Unterwanderung legaler Aktivitäten festgestellt.
Die Organisation nennt sich „I Basilischi" und hat sich zu Beginn der 90er Jahre in *Potenza*, der Hauptstadt der Basilikata, gebildet; in der Folgezeit verbreitete sie sich in der gesamten Region. Anfangs war sie eine Tochterorganisation der 'Ndrangheta; doch nach und nach erlangte sie organisatorische und operative Autonomie. Die Ermittlungen durch die Staatsanwaltschaft hätten angeblich die Leitung der Organisation ausgeschaltet.
Auch in der *Basilikata* gab es eine sehr aktive Bauernbewegung. Am 14. Dezember 1949 tötete in *Montescaglioso*/Matera ein Polizist den Arbeiter *Giuseppe Novello* während einer Demonstration für die Zuteilung von Land, das im Besitz der Großagrarier war.

6.8.
Mafia-Organisationen im Norden

Die Anwesenheit der sizilianischen Mafia in anderen Regionen, die seit den 60er Jahren des 20. Jahrhunderts nachgewiesen ist, erklärt sich aus der Anwendung des Gesetzes des *„soggiorno obbligato"*, der Verbannung von Mafiosi in die nördlichen Regionen Italiens[141], und aus den Verbindungen,

---

141: *soggiorno obbligato*; wörtl.: „vorgeschriebener Aufenthalt"

die die verschiedenen Mafiosi am neuen Ort eingehen. Bezeichnend sind die Vorgänge in Latium, wo der Kontakt mit anderen Banden und der lokalen Unterwelt ein beunruhigendes Phänomen entstehen ließ wie die sog. *Magliana-Bande,* Kreuzungspunkt von obskuren Geschäften und kriminell-politischen Verstrickungen; auch führte er zu beträchtlichen unternehmerischen Aktivitäten, in deren Mittelpunkt *Enrico Nicoletti,* Erbauer der zweiten Universität von *Tor Vergata* stand[142]. In *Rom* steht im Mittelpunkt der jüngsten Ermittlungen, die unter dem Namen *Mafia Capitale* (Mafia in der Hauptstadt) bekannt sind, eine kriminelle Vereinigung mafiösen Typs, deren Mitglieder in enger Beziehung zu hohen Beamten der kommunalen Verwaltung und Vertretern anderer öffentlicher Einrichtungen standen und unter Anwendung von Einschüchterung und Gewalt illegale bzw. formal legale Aktivitäten verübt haben. Einer der Bosse, *Massimo Carminati,* hat eine kriminelle Karriere hinter sich, und zwar in der Magliana-Bande und in einer neofaschistischen Gruppe. Ein anderer, *Salvatore Buzzi,* ist ein verurteilter und später aufgrund einer Amnestie begnadigter Mörder, der soziale Kooperativen zur Betreuung von Migranten gegründet hat.

Am intensivsten entwickelten sich mafiöse Aktivitäten in der *Lombardei,* wo zahlreiche Ermittlungen, die infolge der Zunahme von Morden eingeleitet wurden, die Anwesenheit von Mafiosi nachgewiesen haben. Entführungen und die Beschlagnahme von Vermögen weisen die Region in einer Rangliste der Kriminalität an fünfter Stelle aus, nach Sizilien, Kampanien, Kalabrien und Apulien.

Bekannt ist, dass die Spielkasinos von *Saint Vincent, Sanremo, Campione* und anderer weltweit, von *Nizza* bis *St. Marteen* und *Las Vegas,* dazu dienen, schmutziges Geld zu recyclen, das die verschiedenen Mafiaorganisationen angehäuft haben.

Schon in den 60er Jahren ist die *'Ndrangheta* bei der Vermittlung von Arbeitskräften in *Piemont* aktiv, vor allem im gemeinsam mit der sizilianischen Mafia betriebenen Bausektor. Vielsagend ist der Fall der Kommune von *Bardonecchia*/Nähe Turin, deren Gemeinderat wegen Mafiakontakten aufgelöst wurde. Die kalabresische Mafia ist massiv

---

142: ehemaliger Kassierer der *Magliana-Bande,* im November 2013 wegen Erpressung zu sieben Jahren Gefängnis verurteilt

präsent in der *Emilia-Romagna* und in der *Lombardei*, wo ihre Interessen von der kleinen Baustelle bis zu großen Projekten wie das Unternehmen TAV (*Treno Alta Velocità*/Hochgeschwindigkeitszug) und die Expo 2015 in Mailand reichen.

Die *Camorra*, vor allem der *Casalesi-Clan*, betreibt Geschäfte in verschiedenen Regionen, besonders in *Ligurien, Emilia-Romagna, Lombardei* und *Venetien*.

Wir haben gesprochen von der sizilianisch-amerikanischen und sizilianisch-kanadischen Mafia; aber auch die anderen italienischen Mafiaorganisationen operieren auf internationaler Ebene und ihre Aktivitäten sind nachgewiesen in verschiedenen europäischen Ländern, in den Vereinigten Staaten von Amerika, in Kanada und in Australien.

Für einige Jahre war in *Venetien* die sog. *Brenta-Mafia* aktiv. Verschiedene kriminelle Banden, die aus anderen Ländern kommen, betrieben schon früher und betreiben auch heute noch ihre Geschäfte in Italien; so arbeiten z. B. die *korsische Mafia* im Bunde mit Clans in *Marseille*, die *albanische* und *russische Mafia*, die chinesi*schen Triaden* und italienische Banden eng mit anderen Banden zusammen wie z. B. den *kolumbianischen Kartellen*.

6.9.
Die Clans in Korsika und Marseille

Die *korsischen kriminellen Banden*, die seit den 40er Jahren bis in die frühen 70er Jahre in *Marseille* operierten, spielten eine führende Rolle im Zigarettenschmuggel und Heroinhandel. Eine solche Rolle erklärt sich einerseits aus der Präsenz von Korsen in verschiedenen Ländern, von Asien bis Afrika, auch Amerika, andererseits aus den Kontakten der Clans mit der Politik. Einer der mächtigsten war der *Guérini-Clan*: Er beherrschte, im Bündnis mit Stadträten, die Kontrolle über das Stadtleben in *Marseille*; auch stand er in Beziehung zu den Geheimdiensten, angefangen beim CIA (*Central Investigation Agency*), dem Geheimdienst der USA, im Kampf gegen den Kommunismus zur Zeit des sog. Kalten Krieges. Den Geschwistern *Guérini* lieferte man Geld und Waffen für repressive Maßnahmen gegen Hafenarbeiter und Gewerkschaftsführer. Während der Streiks im Jahre 1947, an denen sich 80.000 Arbeiter beteiligten, schossen Kriminelle und Polizei gemeinsam in die Menge; das Ergebnis waren zahlreiche Tote.

In den folgenden Jahren wurde *Marseille* ein Knotenpunkt des Heroinhandels: Die sog. *French Connection*, ein Clan aus Korsen und Marseiller, importierte das Morphin aus der Türkei und stellte das Heroin bereit, das dann nach Kanada, in die Karibik und in die USA, den bedeutendsten Verbrauchermarkt, geliefert wurde. Mit dem Auftauchen der sizilianischen Mafia, die die Marseiller als Fachleute benutzt, verloren die Clans aus *Marseille* im Laufe der 70er Jahre ihre Vormachtstellung im internationalen Drogengeschäft. Zu der Beziehung zur Mafia ermittelte der Richter *Pierre Michel*; er hatte keinen Schutz und wurde am 21. Oktober 1981 in *Marseille* ermordet.

Die bekannteste kriminelle korsische Organisation der letzten Jahre ist „la Brise de mer" (die Meeresbrise), benannt nach einer Bar im Hafen von *Bastia*, Treffpunkt von Gangstern in den 70er Jahren; organisiert ist sie in Form konzentrischer Kreise: „Soldaten", Mitglieder und externe Beschützer. Sie ist auf der Insel verbreitet, hat Verbindungen zu nationalen Gruppen und kriminellen Organisationen verschiedener Länder und benutzt französische und schweizerische Banken, um das schmutzige Geld zu recyclen. Ihre Aktivitäten reichen von Raub bis Erpressung, der Leitung von Spielhallen, Bars, Restaurants, Diskotheken, Handelsketten bis zu Immobiliengesellschaften.

6.10.
Mafiorganisationen in der Türkei und in den ehemaligen sozialistischen Ländern

Die *türkischen Clans* übten jahrelang im Drogenhandel eine strategische Funktion aus; dabei kam ihnen die günstige Lage ihres Landes als Transitroute zwischen dem Nahen Osten und dem Westen zugute. Sie importierten Opium aus den Anbaugebieten, dem Goldenen Halbmond (Iran, Afghanistan, Pakistan) und dem Goldenen Dreieck (Birma/heute Myanmar, Laos, Thailand), wandelten es in Morphin um und übergaben es dann an die korsisch-marseillischen Organisationen.

Nach der Gründung großer türkischer Gemeinschaften in vielen europäischen Ländern leiteten die kriminellen Banden selbständig den

Drogenverkehr, widmeten sich aber auch dem Waffenhandel. Jahrelang war die *Mussululu-Gruppe* die bekannteste; sie stand in Verbindung mit der sizilianischen Mafia und mit Recycling-Profis, die in der Schweiz agierten. Enge Beziehungen bestanden auch zur Politik und den Behörden. Wegen des Einflusses, den Mitglieder der politisch-kriminellen Bande der *Grauen Wölfe* im Bunde mit den Geheimdiensten auf die Regierungen ausübten, wurde die Türkei als ein Mafia-Staat angesehen. Zu den *Grauen Wölfen* gehörte auch *Ali Agca*, der am 13. Mai 1981 in Rom ein Attentat auf Papst Johannes Paul II. verübte.

Nach dem Untergang des kommunistischen Regimes tauchten in *Russland* verschiedene kriminelle Banden auf, die Erpressung, Drogen- und Waffenhandel praktizieren und große Mengen an Kapital in den Immobilienmarkt, auch im Ausland, investieren. Nach offiziellen Quellen soll es zu Beginn der 90er Jahre ungefähr 5.700 kriminelle Gruppen mit ca. 100.000 Mitgliedern gegeben haben. Einige davon stammen von den sog. *Dieben im Gesetz* ab, die schon seit den 20er Jahren aktiv sind: eine aus professionellen Dieben gebildete Geheimsekte, die die Abschaffung des Privatbesitzes nicht anerkannten und auch als oppositionelle Politiker agierten.

In der Sowjetunion wirkte die sog. „sowjetische Mafia"; diese Bezeichnung hatte zwei Bedeutungen: die Anwendung krimineller Praktiken (Korruption, Erpressung, manchmal auch Mord) der regierenden KPdSU und ihre Beziehungen mit dem im eigentlichen Sinne kriminellen Milieu. Die Auflösung des kommunistischen Staates und insbesondere der Geheimdienste (KGB), führte zur Entstehung und Verbreitung krimineller Organisationen, die sich in großem Stil auf Finanzbetrug verlegten und die Demontage des Waffenarsenals übernahmen. Nach dem Fall der Berliner Mauer erwarben auch sizilianische Mafiosi Immobilien, Hotels und Fabriken, die bereits stillgelegt waren oder gerade abgewrackt wurden. Die Privatisierungen wurden *de facto* an Mafiagruppen vergeben und, anstatt leistungsfähige Unternehmen ins Leben zu rufen, endeten sie in einem enormen Geschäft für Kriminelle, die somit die „neuen Reichen" wurden: ein regelrechtes „mafiöses Bürgertum".

Da die *russische Mafia* aus der Mitte staatlicher Institutionen entstand, erscheint sie als eine Form von „Kriminokratie". Angesichts der Tatsache, dass die ersten Substanzen (Cannabis für die Produktion von Haschisch und Marihuana, Opium für Heroin) auf dem eigenen Territorium produziert werden, sowie der Ausdehnung des internen Marktes und des Umfangs der internationalen Kontakte im weltweiten Drogengeschäft spielt die russische Mafia eine äußerst wichtige Rolle.

Auch andere ehemalige sozialistische Staaten sind in kriminelle Aktivitäten verwickelt und erleben die Verbreitung lokaler und den Zugriff ausländischer Gruppen. Bei einigen von ihnen spricht man auch von Mafiastaaten. Nach den bewaffneten Konflikten in *Ex-Jugoslawien* in den 90er Jahren des letzten Jahrhunderts verschoben sich die Handelswege des Heroin weiter in den Norden der traditionellen Balkanroute (von Istanbul über Belgrad) und durchquerten Bulgarien, Rumänien und Ungarn.

Rumänien wurde auch für Kokain ein internationaler Kreuzungspunkt. An diesen Geschäften beteiligen sich in engem Kontakt mit Mitgliedern der kalabrischen 'Ndrangheta auch hohe Beamte der Polizei. In Rumänien kontrollieren kriminelle Gruppen auch die Banden, die unter dem Vorwand der Adoption Minderjährige verschleppen, sowie die Ausbeutung der Prostitution.

In *Bulgarien* hat man in den letzten Jahren die Herstellung von Opium aus Cannabis und Mohn erweitert und die Pharmaindustrie produziert psychotrope Substanzen und Amphetamine.

Polen stellt Amphetamine her: 20% solcher in skandinavischen Staaten beschlagnahmten Substanzen stammten aus polnischen Labors.

Die einst sozialistischen Länder bieten unzählige Möglichkeiten, schmutziges Geld durch den Erwerb von Immobilien, die Leitung von Hotels und Spielkasinos zu waschen. Zum Beispiel haben sizilianische Mafiosi und kampanische *Camorristi* Super-Geschäfte in *Prag* gemacht.

Bekannt ist, dass der Krieg auf dem Gebiet der Staaten des ehemaligen Jugoslawien mit den Erträgen aus Drogengeschäften finanziert wurde.

Albanien produziert Marihuana, betreibt Prostitution und ist im Auftrag der sizilianischen Mafia Durchgangsland für Heroin; es wird mit schweren PS-starken Autos transportiert; auch hat man Produktionslabore eingerichtet. Die albanischen Clans kontrollieren im Verbund mit Gruppen der apulischen Mafia den Schmuggel von Zigaretten und die illegale Auswanderung.

6.11.
Mafien in Deutschland

In den letzten Jahren ist Deutschland ein fruchtbarer Boden für Kriminelle geworden, die hier günstige Bedingungen für ihre Aktivitäten gefunden haben. Dabei spielten eine entscheidende Rolle die Entwicklung des Drogenhandels und -konsums, die Bereitschaft des Finanzsystems zur Einlage und zum Recycling von illegal erworbenem Kapital und die Chancen, die sich in den östlichen Bundesländern nach dem Untergang der DDR eröffneten.

In Deutschland wurden und sind noch heute tätig die wichtigsten kriminellen Organisationen, von den italienischen Mafien bis zu der türkischen und russischen sowie Mafien anderer Länder. Mitglieder der sizilianischen Mafia, der kalabrischen *'Ndrangheta* und der kampanischen *Camorra* setzten sich nach Deutschland ab, um hier unterzutauchen. In verschiedenen Städten wurden Mitglieder der *Cosa Nostra* aufgespürt und verhaftet, darunter die Killer des im September 1990 ermordeten Richters *Rosario Livatino*, die zu der sogenannten *Stidda* gehörten. Bereits seit den 70er Jahren halten sich vor allem Mitglieder der *'Ndrangheta* in Deutschland auf: Mitglieder der Familien aus *San Luca*, einem kleinen Ort im *Aspromonte*, und aus anderen kalabrischen Dörfern haben sich in *Berlin*, *Bochum*, *Köln*, *Dresden*, *Duisburg*, *Düsseldorf*, *Erfurt*, *Leipzig*, *München*, *Nürnberg*, *Oberhausen*, *Saarbrücken* und *Tübingen* niedergelassen. Sie unterhalten Pizzerien und Restaurants, handeln mit Heroin und Kokain und recyclen die Gewinne. Bei den Morden vom 15. August 2007 in *Duisburg* handelt es sich nicht nur um eine Fehde, die auf deutschem Boden ausgetragen wurde, sondern auch um eine Auseinandersetzung um die Kontrolle des Territoriums, das zum Knotenpunkt des Drogen- und Waffenhandels in Nordeuropa geworden war.

Nach dem Ende der DDR ließen sich auch *Camorristi* in Ostdeutschland, aber ebenso in weiteren westdeutschen Städten nieder, eröffneten Geschäfte für Kleidungsstücke und gefälschte Produkte. Die Geschäfte stellen ein Netzwerk zum Schutz untergetauchter Mafiosi dar. Viele Jahre lang wurde die organisierte Kriminalität in Deutschland unterschätzt; erst nach den Morden in *Duisburg* wurde ein Krisenstab gebildet und es wurden Maßnahmen ergriffen, die es erlauben, nach entsprechendem Beschluss ausländischer Staaten auch auf deutschem Boden zu beschlagnahmen und zu konfiszieren.

6.12.
Die chinesischen Triaden

In den 80er Jahren begann in Italien die chinesische Einwanderung; die größten Gemeinschaften leben in *Mailand, Rom, Florenz* und *Prato*. Sie verbreiten sich aber auch in anderen Städten, unter ihnen *Palermo*; aktiv sind sie vor allem im Gaststättengewerbe, im billigen Bekleidungsmittelsektor und im Handel. Unter den von Chinesen in Italien begangenen Verbrechen befinden sich Erpressung, kriminelle Vereinigung, Schmuggel, Glücksspiel, Zuhälterei und das Geschäft mit den illegalen Einwanderern.
Für Aufsehen sorgte ein Prozess in *Florenz* im Mai 1999:
Im Urteil wird die Rolle der dort agierenden Chinesen wegen ihrer festen Verankerung innerhalb der Gemeinschaft und wegen verbreiteter praktizierter Erpressung (die als erste Form der Ausübung territorialer Herrschaft betrachtet werden kann) mit einer mafiösen Vereinigung gleichgesetzt.
Die *chinesischen Triaden* sind Geheimorganisationen, die mit der Aufgabe des Schutzes und gegenseitiger Hilfe zwischen dem 17. und 18. Jahrhundert entstanden sein sollen. Sie spielten eine Rolle in der chinesischen Geschichte und im Bürgerkrieg (1927-1949) zwischen der kommunistischen Partei und der *Kuomintang*, der die konservativen Kräfte sammelte. Sie stellten sich auf deren Seite; nach ihrer Niederlage wichen sie in angrenzende Staaten aus und widmeten sich immer mehr illegalen Geschäften. Ihre stärkste Präsenz zeigen sie in *Hongkong*, wo sie die Unterwelt, das Immobiliengeschäft, das Glücksspiel, die Prostitution, private Polizeikorps und den Drogenverkehr kontrollieren. Sie sind auch in Europa und in den Vereinigten Staaten vor Ort, und zwar mit einer maßgeblichen Rolle im Drogengeschäft.

Opiumkrieg, Prohibitionismus und Drogenhandel

China ist Schauplatz der von England erklärten *Opiumkriege*; der erste dauerte von 1839 bis 1842, der zweite von 1856 bis 1860. China versuchte, den Opiumhandel auf seinem Territorium zu verhindern, während England interessiert war, ihn aufgrund der daraus resultierenden Erträge zu fördern. Beide Kriege wurden von den Engländern gewonnen, die darauf den Opiumhandel in China legalisierten.
Später entstand eine prohibitionistische Bewegung, vor allem in den Vereinigten Staaten, die auf der ersten *Opiumkonferenz in Den Haag* am 23. Januar 1912 ein erstes internationales Abkommen erreichten, das restriktive Maßnahmen gegen den internationalen Opiumhandel verfügte. Während und nach der Erfahrung mit dem Verbot jeglichen Alkohols (1920-1933) führten die USA die Kampagne für das Verbot von Rauschmitteln an. 1925 endete die *Konferenz von Genf* mit zwei Übereinkünften: eine zum Opium, eine weitere zu anderen Rauschgiften (Heroin, Kokain, Cannabis). Die folgenden *Konventionen der Jahre 1931 und 1936* verfügten Maßnahmen zur Kontrolle der Produktion und des Konsums von Drogen. Das *New Yorker Protokoll von 1953* sah Kontrollmaßnahmen gegen den Anbau von Mohn für die Herstellung von Opium vor. 1961 unterzeichneten 77 Delegationen ein gemeinsames Abkommen über Drogen, das am Ende von 133 Staaten ratifiziert wurde; es umfasst 118 natürliche und synthetische Pflanzen und Substanzen. Somit entstand ein internationales Vertragswerk mit dem Ziel, die Verfügbarkeit über Drogen einzuschränken. 1972 wurde dieses Abkommen durch das *Genfer Protokoll* erneut bestätigt. Am 19. Dezember 1988 kam in Wien eine weitere Übereinkunft der Vereinten Nationen gegen den unerlaubten Verkehr mit Suchtstoffen und psychoaktiven Substanzen zustande.
Der *Prohibitionismus* hat den Konsum von Rauschgiften nicht einschränken können; vielmehr hat er sich auf internationaler Ebene immer weiter ausgedehnt. Einige Daten: In den 70er und 80er Jahren gab es in den USA 2 Millionen Heroinkonsumenten, 500.000 in Europa, 260.000 in Italien, mehr als 1 Mill. in Pakistan, 1 Mill. im Iran, 500.000

in Indien und Thailand; die Kokainkonsumenten waren in den USA 6 Millionen; auch in Europa nahm die Zahl der Konsumenten erheblich zu; in den USA und Europa konsumierten, regelmäßig und gelegentlich, mehrere Millionen Menschen Cannabis. In den letzten Jahren steigt die Zahl der Konsumenten in den ehemaligen kommunistischen Staaten. Nach letzten veröffentlichten Daten in einem Bericht des italienischen *Ministeriums für Soziale Solidarität* über die Drogenabhängigkeit hat sich in Italien die Zahl der Kokain- und Cannabiskonsumenten von 2001 bis 2005 verdoppelt, verringert jedoch die des Heroin. Aktuell sollen es ungefähr 2 Mill. Kokainkonsumenten sein; man geht zugleich von einem starken Anstieg des Genusses halluzinierender Substanzen und chemischer Gemische mit toxischen Wirkungen aus. Die *Europäische Beobachtungsstelle für Drogen und Drogensucht* (EMCDDA) verweist darauf, dass es in Europa 12 Mill. Konsumenten von Kokain, 9,5 Mill. der synthetischen Droge Ecstasy und 11 Mill. von Amphitaminen/ Speed gibt. Der Konsum von Heroin, das man bereits auf dem Rückzug sah, soll erneut steigen: Mehr als 3 Mill. Konsumenten soll es geben. Nicht weniger als 70 Mill. würden Cannabis gelegentlich konsumieren. In den letzten Jahren hat sich der Konsum von Drogen immer weiter ausgebreitet.

Die kriminellen Organisationen, die die Produktion und die Vermarktung kontrollieren, machen enorme Gewinne, während die Länder, die das Rohmaterial (Opium, Cannabis, Kokain) liefern, zu den ärmsten der Welt gehören. Opium wird erzeugt in Birma-Myanmar, Laos, Thailand, Afghanistan, Iran, Pakistan; Cannabis in verschiedenen Ländern, unter ihnen Mexiko, Kolumbien, Libanon; Koka in Bolivien, Kolumbien, Peru. Man kalkuliert, dass der Preisanstieg von den Grundsubstanzen bis zum Endprodukt in der Größenordnung des 2.000-fachen liegt. In den 80er Jahren wurden die Profite aus dem Drogenverkehr zwischen 400 und 800 Mrd. $ im Jahr geschätzt. Die in kleinen Dosen verteilten Drogen werden bei erheblichen Risiken für die Konsumenten mit gefährlichen Substanzen gepanscht. In Italien belief sich im Jahr 1981 die Zahl der Toten aufgrund der Einnahme von Drogen auf 239, 1990 stieg sie auf 1.161. 2005 starben 603 Menschen wegen einer Überdosis.

Viel zahlreicher waren die Todesfälle wegen Alkoholismus: Von 2001 bis 2005 sollen es 24.000 gewesen sein.

Das *Centro Impastato* hat innerhalb des Drogenprojektes, das es zusammen mit der Organisation CISS (*Cooperazione Internazionale Sud Sud*) in *Palermo* ins Leben gerufen hat und mit Nicht-Regierungs-Organisationen dreier Kontinente entwickelt, vorgeschlagen, in Schulen und auf öffentlichen Plätzen eine ständige Informationskampagne über die schädlichen Auswirkungen psychoaktiver Substanzen durchzuführen, unabhängig davon, ob sie legal oder illegal sind (vom Alkohol zum Tabak, von den sog. leichten zu den schweren Drogen).

6.13.
Die japanische Yakuza

Der Name der *japanischen Mafia* leitet sich von drei Zahlen ab: 8-9-3; ausgesprochen *ya-ku-sa*. Auch die kriminellen Organisationen Japans haben eine jahrhundertelange Tradition; denn ihre Wurzeln gehen auf das 18. Jahrhundert zurück; auch bei ihnen finden wir einen Gründungsmythos: Danach sollen ihre Mitglieder Nachfahren der *ronin* sein, d.h. herrenloser Samurai bzw. Ritter-Banditen.

Im 19. Jahrhundert verbanden sich diese Organisationen mit der extremen nationalistischen Rechten und sie nahmen am Opiumhandel teil. Die Beziehung zur Rechten währte auch in der Folgezeit. Noch heute spielen die *Yakusa*, die mehr als 100.000 Mitglieder haben sollen, als Wahlhelfer, Sammler von Geldern und als private Wachmannschaften eine politische Rolle. Ihre Mitglieder unterscheiden sich nach den Tatoos, die ihren ganzen Körper bedecken, und nach der Amputation von Fingern als Strafe für „Pflichtwidrigkeit". Ihre Aktivitäten sind: illegales Glücksspiel und Erpressung; auch arbeiten sie mit den kriminellen *Sokai-ya* zusammen, das sind Aktionäre, die Erpressung und Korruption betreiben; sie nehmen z.B. als Anteilseigner an Aktionärsversammlungen teil, legen diese tumultartig durch Wortbeiträge lahm, es sei denn, das Unternehmen stellt die Störenfriede mit viel Geld ruhig; außerdem praktizieren sie Wucher mit Hilfe der sog. *sarakin* (Geldverleiher zu überhöhten Zinsen); ihre Opfer werden oft zum Selbstmord gezwungen; auch Zuhälterei, Drogen- und Waffenhandel gehören zu ihren Aktivitätsbereichen.

Bis vor wenigen Jahren standen die Büros der *Yakusa* für das Publikum offen, versehen mit zahlreichen Wappen und Abzeichen, die sie stolz zur Schau stellten.

Die *Yakusa* sind in verschiedenen Ländern am Drogenhandel beteiligt, vor allem in Ostasien, in Korea, Taiwan, auf den Philippinen, in Amerika, mit Investitionen auf Hawai, in Kalifornien und in Südamerika, in Europa insbesondere durch Recycling illegalen Kapitals.

Die Bosse der japanischen Mafia (*i kuromaku*) treten häufig als Philanthropen und Wohltäter auf: Das war der Fall bei *Ryoichi Sasakawa* (1899-1995), Berater der Vereinigungskirche/Moon-Bewegung, an vorderster Front im Kampf gegen den Kommunismus und Gründer einer Stiftung, die in der ganzen Welt kulturelle Unternehmungen finanziert.

In letzter Zeit erschienen über die *Yakusa* Enthüllungen durch zwei Frauen: *Mitsuyo Ohira*, ehemalige Frau eines Kriminellen und dann Rechtsanwältin, Verfasserin eines Buches, in dem sie ihre Erfahrungen schildert, und *Shoko Tendo*, Tochter und Ehefrau eines *Yakusa*-Bosses, selbst Boss und Autorin eines autobiographischen Romans. In der Vergangenheit hatten in der Geschichte des organisierten Verbrechens in Japan auch Frauen eine Führungsrolle inne, heute sollen sie eher eine indirekte Rolle spielen.

6.14.
Der afrikanische Weg der Drogen

Afrika ist in den letzten Jahren zu einem wichtigen Bestandteil des weltweiten Systems des Drogenhandels geworden. Dieser Kontinent ist wegen der Schwäche seiner staatlichen und politischen Institutionen, wegen der verbreiteten Korruption und der immer engeren Beziehungen zu Europa eine ideale Durchgangsregion. Er ist aber auch Rohstofflieferant für die Produktion von Rauschmitteln und zugleich Konsument.

Wachsenden Einfluss bekommen dabei die *Nigerianer*: anfangs Drogenkuriere, dann immer mehr selbst Akteure. Sie haben ein kriminelles Netz aufgebaut, das auch dank einer großen Zahl von Emigranten in Großbritannien und in den Vereinigten Staaten aktiv ist. Hauptumschlagplatz in

Westafrika ist der Flughafen von *Lagos*, in Asien versorgen sich die Nigerianer mit Drogen, die sie dann sowohl nach Europa als auch nach Amerika transportieren. 1990 hat man mehr als 2.000 Nigerianer verhaftet, die in den Rauschmittelhandel verwickelt waren, 1.800 davon allein im Vereinigten Königreich. Weil die nigerianischen Bosse wissen, dass sie kontrolliert werden, bedienen sie sich oft der Kuriere aus anderen Ländern. Diese kriminellen Banden beteiligen sich auch am Menschenhandel, vor allem dem von Frauen, die zur Prostitution gezwungen werden.

6.15.
Die kolumbianischen Kartelle

Seit den 70er Jahren haben sich in Südamerika mehrere Gruppen gebildet, die sich mit Produktion und Vertrieb von *Kokain* beschäftigen. Das Kauen von Coca-Blättern ist bei den Völkern der Andenländer seit Jahrhunderten verbreitet; ihr Konsum ist eng verbunden mit dem *Mama Coca-Kult*. In diesem Kult hatte das Blatt dieselbe Funktion wie der Wein in der christlichen Religion. Im Laufe des 16. Jahrhunderts verbreiteten die spanischen Eroberer seine Verwendung unter den Minenarbeitern als Energieverstärker. Im Laufe des 19. Jahrhunderts begann man, mittels chemischer Behandlung des Coca-Blattes das *Kokain* herzustellen, ein starkes Aufputschmittel, dessen Verwendung sich ebenso als Medikament wie als Genussgift verbreitete, zunächst in begrenzten Räumen, dann bei einem immer größeren Verbraucherkreis.

Unter den Gruppen, die das Geschäft mit dem *Kokain* betreiben, sind die bekanntesten die *kolumbianischen Kartelle*, besonders jene in den Städten *Medellín* und *Cali*. Es handelt sich um informelle Gruppen kriminellunternehmerischen Typs. Am berüchtigsten ist das *Kartell in Medellín*, auch wegen eines enormen Anstiegs an Morden, die in der Stadt viel Blut fließen ließen; mit zigtausend Mordtaten galt sie lange Zeit als die gewalttätigste Stadt der Welt (6.000 im Jahre 1991). Mit den Kartellen verbunden sind Banden bezahlter Killer (*sicarios*), die unter jungen Leuten rekrutiert werden; sie begehen Auftragsmorde. Dieses Übermaß an brutaler Gewalt, die eine Unzahl an Journalisten, auch Kandidaten für die Präsidentschaft der Republik das Leben kostete, löste eine Reaktion aus, die 1993 zur Ermordung von *Pablo Escobar* führte, der als der Boss des Kartells galt.

Mehr im Schatten agiert das *Kartell* von *Cali*; nach Auffassung der US-amerikanischen DEA (*Drug Enforcement Administration*) soll es zur „mächtigsten kriminellen Organisation der Welt" geworden sein. Schmutziges Geld wird auf zahlreichen Kanälen recycelt und soll die Entwicklung von *Miami* in Florida als einem der weltweit bedeutendsten Finanzzentren gefördert haben.

Die Drogendealer befinden sich im Zentrum eines äußerst komplexen Beziehungssystems, das von den untersten Gesellschaftsschichten, die über keine weiteren Einkunftsquellen verfügen, bis zu den höchsten – Rechtsanwälten, Beamten, Finanziers, Unternehmern, Journalisten, Schriftstellern und Politikern – reicht.

In *Kolumbien* operieren rechtsorientierte, paramilitärische Banden, in einigen Gebieten Guerillagruppen der Linken (die bekannteste ist die *FARC: Revolutionäre Streitkräfte Kolumbiens*), die sich durch Kokainhandel und Entführungen finanzieren. Auch in *Peru* hat die terroristische und maoistische Gruppierung des *Sendero luminoso* („leuchtender Pfad") eine Art Steuer auf Coca-Pflanzungen und Kokainhandel eingetrieben. Vor allem mit den Coca-Bauern pflegen die Guerilleros Beziehungen.

Auch in *Bolivien* sind Gruppierungen von Drogendealern am Werk, die sog. *Narcos*; sie stehen in Verbindung mit der Rechten; wegen der gemeinsamen Interessen von Machthabern und Dealern hat man auch von *Narkokratie* gesprochen.

Die Beziehungen zwischen den kriminellen südamerikanischen Gruppen, besonders den kolumbianischen Kartellen, mit den italienischen Mafia-Organisationen wurden durch Ermittlungen aktenkundig, die zur Beschlagnahme von Kokain-Transporten führten. Im Oktober 1987 wurden in der Nähe von *Castellammare del Golfo*/Trapani auf dem Handelsschiff *Big John*, das unter chilenischer Flagge fuhr, 596 kg Kokain sichergestellt. Die Drogenfracht war von der Mafiafamilie der Madonia[143] geordert worden. 1991 wurde in *Mailand* der Manager *Giuseppe Lottusi* verhaftet, der das Geld für die Lieferung des *Kokain* erhalten hatte; er soll

---

143: *Francesco Ciccio Madonia*, gestorben 2007 im Gefängnis, war ein Boss in *Palermo*; Nachfolger sind seine Söhne.

als Kassierer des Kartells von *Medellín* tätig gewesen sein. Man sprach auch von einem Exklusivvertrag, den die sizilianischen Mafiafamilien mit den kolumbianischen Händlern abgeschlossen hätten. Später intensivierten sich die Beziehungen zwischen den kolumbianischen Kartellen und der *'Ndrangheta*.

In den letzten Jahren läuft ein Großteil des Drogenverkehrs über *Mexiko*, wo besonders gewalttätige kriminelle Gruppen am Werk sind. Hier findet in den letzten Jahren ein regelrechter „Drogenkrieg" mit tausenden von Toten statt.

In allen Staaten, in denen die *Coca*-Blätter angepflanzt werden, haben die *Coca*-Bauern Gewerkschaften gegründet, die gegen die unter US-amerikanischem Druck stattfindende Zwangsbeseitigung der Pflanzen für die Legalisierung des Anbaus (Es gibt bereits Gebiete, in denen der Anbau von *Coca* für die traditionelle Herstellung gestattet ist.), für die Produktion und den Vertrieb von Derivaten (Tee aus Coca-Blättern, Zahnpasta) und für Entwicklungspläne kämpfen.

Die Gewerkschaften sind auf Gemeinschaftsebene organisiert. Sie tun sich in regionalen Vereinigungen zusammen und sind nationalen Verbänden angeschlossen.

Sie gerieten mit den für die Beseitigung der Coca-Pflanzen zuständigen staatlichen Behörden aneinander; Unterstützung finden sie dabei durch Nicht-Regierungs-Organisationen verschiedener Länder. Zu Beginn der 90er Jahre wurden sie in das Drogenprojekt der CISS und des *Centro Impastato* aufgenommen. Im Dezember 2005 wählte *Bolivien* einen ihrer Führer, den Indio *Evo Morales*, zu seinem Präsidenten.

6.16.
Mafiaorganisationen und Globalisierung

Mit dem Begriff „Globalisierung" ist der Prozess der Vereinheitlichung des Weltmarktes gemeint, unter Betonung der Verschärfung der wechselseitigen Beziehungen zwischen den verschiedenen Zonen des Planeten. Diese Prozesse sind nicht nur ein Ergebnis des technologischen Fortschritts, sie betreffen nicht nur die Wirtschaft, sondern sie haben auch politische Ursachen, vor allem im Zusammenhang mit dem Untergang des „real existierenden

Sozialismus" und der Ausweitung der kapitalistischen Produktionsweise. Sie bedeuten nicht, dass die ganze Welt nunmehr im Zeichen dieses Fortschritts vereinheitlicht ist; im Gegenteil, die Globalisierung stellt sich für eine Minderheit, ungefähr 20% der Weltbevölkerung, als ein Supermarkt des Überflusses und der Verschwendung dar, für den Rest der Menschheit (80%) als eine große Produktionsstätte von Ausgrenzung.

In diesem Rahmen sprach man in den letzten Jahren von „transnationalem Verbrechen", d.h. von kriminellen Subjekten und Formen der Kriminalität, die in mehreren Ländern präsent sind. Es wurden Initiativen ins Leben gerufen, die darauf abzielen, diese Entwicklung zur Globalisierung des Verbrechens zu bekämpfen.

Die Erklärungen, die für diese neuen Formen der Kriminalität abgegeben wurden, sind zum großen Teil mit einer Sichtweise verbunden, die man folgendermaßen zusammenfassen könnte:

Die älteren kapitalistischen Länder stünden seit Langem auf zwei Pfeilern, dem Markt und dem Recht; dagegen sei in den neueren kapitalistischen Ländern ein Markt ohne Staat und ohne Regeln entstanden, ein „primitiver Kapitalismus", beherrscht von illegaler Bereicherung, eine Art Dschungel. D.h., „schwache Staaten" und Märkte ohne Regeln bieten den Unterbau für Verbrechen. Und bei einigen Staaten, in denen die Machthaber selbst kriminell sind oder mehr oder weniger mit Kriminellen in Verbindung stehen, spricht man von *Mafiastaaten* wie der Türkei, den Balkanstaaten, auch Serbien und Albanien, die aus der Auflösung der kommunistischen Regime hervorgegangen sind.

Diese Erklärungen beziehen sich auf das Stereotyp des Mangels, von dem wir bereits sprachen[144]; sie verkennen aber, dass Staaten, wie z.B. die USA, keineswegs zweitrangige Schauplätze für kriminelle Erscheinungsformen sind; die USA ist ein Staat, der als herausragendes Beispiel für den „reifen Kapitalismus", den ökonomischen und sozialen Prozess und eine vollendete Demokratie betrachtet wird.

Ferner lassen diese Erklärungen außer Acht, dass die Globalisationsprozesse selbst einen starken kriminogenen Charakter haben; d.h., sie selbst schaffen die Bedingungen, die die Kriminalität entstehen und Wurzeln schlagen lassen.

144: Siehe Kap. 1.10.

Nach Auffassung einiger Wissenschaftler erweist sich die Globalisierung zwangsläufig als ein kriminelles Regelwerk, weil sie sich auf die gegenwärtig größten fünf Verbrechen gegen die Menschlichkeit stütze:
1) die Finanztransaktionen, die auf dem Recyclen illegaler Erträge beruhen
2) der Handel mit Waffen und schädlichen Materialien
3) der Handel mit menschlichen Organen
4) der Handel mit Drogen
5) die Ausplünderung der Natur

Das Risiko solchen Theoretisierens ist eine pauschale, verallgemeinerte und undifferenzierte Kriminalisierung. Es stellt sich erneut die Frage nach der Beziehung zwischen Kapitalismus und Mafia und, noch allgemeiner, dem organisierten Verbrechen.

Rein schematisch können wir festhalten, dass wir in der Beziehung zwischen Kapitalismus und Mafien <u>drei Phasen</u> unterscheiden können:
1. Beim Übergang vom Feudalismus zum Kapitalismus entstehen Organisationen mafiösen Typs, bei dem sich das staatliche Gewaltmonopol nicht durchsetzt (Mafia in Sizilien, Triaden in China, Yakusa in Japan).
2. In den Ländern mit „reifem Kapitalismus" finden wir Organisationen mafiösen Typs unter bestimmten Voraussetzungen:
a) Einwanderung, was nicht bedeutet, dass alle Einwanderer Kriminelle sind, aber, dass sich unter den zuletzt Angekommenen Personen befinden, die Verbrechen als „ursprüngliche Akkumulation" (Karl Marx) und als Chance zu sozialer Mobilität nutzen, was anders unmöglich oder kaum realisierbar wäre
b) Schwarzmärkte, eine Folge verhängter Verbote: von der illegalen Einwanderung bis zur Prohibition zuerst von Alkohol, dann von Drogen
3. Im globalisierten Kapitalismus erklärt sich die Verbreitung der Mafien mit den enormen durch die Globalisierungsprozesse sich bietenden Chancen

Wir haben bereits die kriminogenen Wirkungen der Globalisierung angesprochen, die insbesondere auf zwei Aspekte zurückzuführen sind, die organisch mit diesem Prozess verknüpft sind:

1. die Zunahme territorialer Ungleichgewichte und sozialer Gefälle
2. die Entwicklungen in der Finanzialisierung der Wirtschaft

Viele Gebiete unseres Planeten sind von den Gesetzen des Marktes ausgeschlossen; für sie ist die illegale Wirtschaft die einzig mögliche oder die günstigste. Auch in den entwickelten Gesellschaften nehmen die sozialen Differenzierungen zu, was den Rückgriff auf illegale Vermehrung von Kapital begünstigt.

Das Wachstum der Finanz- und Spekulationswirtschaft ist eins mit der Globalisierung. Eine Zahl: In den letzten 30 Jahren ist der Finanzaustausch schwindelerregend gestiegen. 1970 waren es 10-20 Mrd. $, 1980 80 Mrd. $, 1990 bereits 500 Mrd. Das tägliche Volumen der weltweiten Kapitalbewegungen beläuft sich auf 2.000 Mrd. $; davon betrifft nur ein sehr geringer Teil, zwischen einem Fünfzigstel und Hundertstel der gesamten Summe, die Realwirtschaft, die es mit Waren und Dienstleistungen zu tun hat. In diesem Rahmen wird es immer schwieriger, illegale und legale Geldströme zu unterscheiden. Trotz Anti-Recycling-Maßnahmen bleibt das Bankgeheimnis für viele Länder die Regel; es mehren sich die sog. Fiskalparadiese und *offshore*-Zentren (kleine Länder und kleine Inseln, die keine oder besonders niedrige Steuern auf Einkommen und Vermögen erheben und den Zufluss von Kapital begünstigen) sowie neue Formen der Akkumulation und des Umlaufs des Geldes: atypische Titel, Treuhandgesellschaften, die sog. *futures* (börsengehandelte Termingeschäfte), Derivate (Finanzinstrumente, deren Preis vom Preis anderer Produkte abhängt oder davon abgeleitet wird) und *Hedgefonds* (Risikofonds) usw.

Im Dezember 2000 fand in *Palermo* eine Konferenz der Vereinten Nationen statt, die eine Konvention über das länderübergreifende organisierte Verbrechen verabschiedete. Zeitgleich zu dieser Konferenz veranstalteten einige Studienzentren und Gesellschaften, unter ihnen das *Centro Impastato*, ein internationales Seminar über "Die Verbrechen der Globalisierung"; ihre Materialien wurden in einem Werk mit demselben Titel[145] veröffentlicht.

---

145 Marco A. Pirrone, Salvo Vaccaro, I crimini della globalizzazione, Asterios, Trieste 2002.

Geschätzte Gewinne

Ein Bericht des italienischen Verbands der Selbstständigen (*Confesercenti*) aus dem Jahre 2009 schätzt den gesamten Umsatz des Verbrechens in Italien auf 135 Mrd. €. Die rechtswidrigen Geschäfte (Drogen, Menschenhandel, Waffen, Schmuggel) sollen 67,87 Mrd. betragen; die „Abgaben an die Mafia" (Schiebergeschäfte, Wucher) 24 Mrd.; die „unternehmerischen Aktivitäten" (Auftragserteilung und Lieferung, Agrarverbrechen, Spiele und Wetten, Fälschungen, nicht genehmigte Bautätigkeiten) 25 Mrd.; die Ökomafia (Müllmafia) soll 16 Mrd. umsetzen; der Nettogewinn betrage 68 Mrd. €.
Nach jüngsten Schätzungen ist der Drogenverkehr weltweit die größte Einnahmequelle für die kriminellen Organisationen. Nach Angaben des NIC (*National Intelligence Council*) schwanken die Zahlen zwischen 100 und 300 Mrd. $ jährlich; die Vereinten Nationen sprechen von 400 Mrd., die Weltbank schätzt sogar 1.000 Mrd.
An zweiter Stelle rangiert mit 290 Mrd. $ der Waffenhandel; mit beträchtlichem Abstand folgt der Menschenhandel (31 Mrd.) und der Handel mit Giftmüll (10 bis 12 Mrd.). Recyclinggeschäfte mit schmutzigem Geld sollen sich auf 2–5% des Bruttoinlandsprodukts der gesamten Welt belaufen, mit einem Wert von ungefähr 1,5 Trillion Dollars im Jahr.
Die sog. Ökomafien betätigen sich vornehmlich mit illegaler Bebauung, im Handel mit Müll, Kunstwerken und Tieren. Im Jahre 2000 schätzte man ihren Umsatz auf 26.000 Mrd. Lire. Die illegalen Aktivitäten, die sich auf die Müllentsorgung beziehen, besonders jenes giftigen und gefährlichen Mülls, für den oft die Routen des Waffenhandels benutzt werden, nehmen zu.
So geschah es zum Beispiel in *Somalia*: Die Ermordung der beiden Journalisten *Ilaria Alpi* und *Miran Hrovatin* am 20. März 1994 stand in Verbindung mit ihren Recherchen zu diesen Verflechtungen. Die kriminellen Organisationen bieten den großen multinationalen Unternehmen, die bei der Müllbeseitigung zu sparen versuchen, ihre Dienste an.

Im Aufwind befindet sich auch der Markt mit den „neuen Sklaven": Männer, Frauen und Kinder werden in die Sklaverei verschleppt: Sie leisten Schwerarbeit und werden zur Prostitution gezwungen. Laut einiger Quellen soll es 27 Mill. „neue Sklaven" geben; andere sprechen von 200 Mill.; 250 Mill. Kinder sollen unter unmenschlichen Bedingungen körperlich arbeiten. Nach Europa kommen danach jedes Jahr 600.000 „Sklaven", nach Italien allein 50.000 Frauen aus Afrika und östlichen Ländern, die zur Prostitution gezwungen werden.

Die Steuerparadiese

Nach letzten Informationen des Wirtschaftsministeriums und der italienischen Zentralbank standen folgende Länder als Steuerparadiese zur Verfügung:

Europa: Alderney, Andorra, Zypern, Gibraltar, Jersey (Kanal-Insel), Isle of Man, Lichtenstein, Luxemburg, Malta, Monte Carlo, San Marino, die Schweiz.
Mittlerer Osten: Bahrain, Vereinigte Arabische Emirate, Dschibuti.
Afrika: Liberia, Seychellen.
Amerika: Anguilla, Antigua und Barbuda, Niederländische Antillen, Bahamas, Barbados, Bermuda, Costa Rica, Ecuador, Grenada, Kaimaninseln, britische Jungferninseln, Montserrat, Panama, Dominikanische Republik, St. Kitts und Nevis, St. Lucia, St. Vincent und die Grenadinen, Turks- und Caicos-inseln.
Asien und Ozeanien: Brunei, Philippinen, Hong Kong, Cook-Inseln und Niue, Marshallinseln, Nauru, Samoa, Vanuatu.
Nach Recherchen der OECD (Organisation für wirtschaftliche Zusammenarbeit und Entwicklung) sollen es 40 sein; doch Pressequellen verweisen auf eine höhere Zahl. Im Laufe des Jahres 2009 erreichte man auf einer in *Mexiko-Stadt* abgehaltenen Konferenz (an der 70 Staaten teilnahmen) ein Übereinkommen hinsichtlich des Engagements gegen die Steuerparadiese auf Vorschlag der westlichen Staaten, an ihrer Spitze die USA, Deutschland, Frankreich und Großbritannien.

Das Übereinkommen der Vereinten Nationen gegen die grenzüberschreitende organisierte Kriminalität (Palermo-Konvention)

Das Übereinkommen der Vereinten Nationen gegen das „transnationale (organisierte) Verbrechen", verabschiedet im Dezember 2000 in *Palermo*, im Laufe der Zeit von 80 Staaten unterschrieben, führt den Straftatbestand der „kriminellen Vereinigung mafiösen Typs", den die italienische

Gesetzgebung bereits vorsieht, in die Gesetzgebung der Unterzeichnerstaaten ein; ferner Vorschriften gegen die Geldwäsche, gegen Korruption, für die Beschlagnahme von illegalen Vermögenswerten; sie verpflichtet die Staaten, sich nicht auf das Bankgeheimnis zu berufen, bei Ermittlungsverfahren zusammenzuarbeiten und den Opfern Beistand zu leisten.
Zwei Zusatzprotokolle betreffen den Menschenschmuggel, insbesondere den Frauen- und Kinderhandel, außerdem den
Handel mit Migranten. Aufgeschoben wurde ein drittes Protokoll gegen die Produktion von und den Handel mit Waffen.

Sonderkommission für organisierte Kriminalität, Korruption und Geldwäsche

Im März 2012 bildete das Europäische Parlament eine Sonderkommission für organisierte Kriminalität, Korruption und Geldwäsche (CRIM – Special Committee on Organized Crime, Corruption and Money Laundering) mit der Aufgabe, einen Maßnahmenkatalog zu erarbeiten. Die Sonderkommission hat im September 2013 einen Europäischen Aktionsplan für die Jahre 2014-2019 vorgelegt, der eine ganze Liste von Maßnahmen zur Bekämpfung der Verbreitung der organisierten Kriminalität, Korruption und Geldwäsche in der Europäischen Union und deren Mitgliedsstaaten enthält.

FLARE, ein Netzwerk von Nichtregierungs- organisationen

Auf dem Gebiet der Antimafia-Bewegung wurde 2008 FLARE (Freiheit, Legalität und Rechte in Europa) gegründet, ein Netzwerk von Nichtregierungsorganisationen verschiedener europäischer Staaten des Mittelmeerraumes, der russischen Föderation, des Kaukasus und des Balkan; ihre Ziele sind folgende:
1. durch gesellschaftliche Initiativen, Information, Beteiligung der Jugend und Beratung (consultancy) ein Bewusstsein der Verbreitung und des Einflusses des organisierten Verbrechens zu entwickeln;
2. für die jeweilgen Zivilgesellschaften ein Bezugspunkt zum Thema des organisierten übernationalen Verbrechens zu werden und eine Unterstützung für nationale und internationale Institutionen zu bieten;
3. beim Europäischen Parlament den Antrag zu stellen, den 21. März als europäischen Gedenktag an die Opfer der Mafia und des Kampfes gegen das organisierte Verbrechen zu erklären;
4. bei der Europäischen Kommission und dem Europarat den Antrag zu stellen, ein Gesetz zur sozialen Verwendung konfiszierter Güter internationaler krimineller Organisationen zu verabschieden.

* * *

ZITIERTE UND WEITERFÜHRENDE LITERATUR

- Bartolotta Impastato, Felice: La mafia in casa mia, hg. von A. Puglisi u. U. Santino, Palermo: La Luna, 1986
- Brancato, Francesco: La mafia nell'opinione pubblica e nelle inchieste dall'Unità d'Italia al fascismo, Cosenza: Pellegrini, 1986
- Carbone, Salvatore / Grispo, Renato (Hg.), L'inchiesta sulle condizioni sociali ed economiche della Sicilia (1875-1876), Bologna: Cappelli, 1969
- Chinnici, Giorgio / Santino, Umberto: La violenza programmata. Omicidi e guerre di mafia a Palermo e provincia dagli anni '60 ad oggi, Milano: F. Angeli: 1991
- Chinnici Giorgio / Santino, Umberto / La Fiura, Giovanni, / Adragna, Ugo: Gabbie vuote. Processi per omicidio a Palermo dal 1983 al maxiprocesso, Milano: F. Angeli, 1992
- Cohen, Albert: Kriminelle Jugend. Zur Soziologie jugendlichen Bandenwesens, dt. Üb., Reinbek bei Hamburg: Rowohlt, 1961
- Dickie, John: Cosa Nostra. Die Geschichte der Mafia, dt. Üb., Frankfurt a. M.: Fischer, 2006 [A History of the Sicilian Mafia, 2004]
- Dickie, John: Omertà. Die ganze Geschichte der Mafia. Camorra, Cosa Nostra und 'Ndrangheta, dt. Üb., Frankfurt a. M.: Fischer, 2013 [Blood Brotherhoods: the Rise of the Italian Mafias, 2011]
- Dietz, Gudrun: Die 'Ndrangheta. Der geheime Aufstieg der kalabresischen Mafia, Weinheim: Wiley-VCH Verlag, 2010
- Falcone, Giovanni: Interventi e proposte (1982-1992), Firenze: Sansoni, 1982
- Ferracuti, Franco / Wolfgang, Marvin E.: The Subculture of Violence. Towards an Integrated Theory in Criminology, Beverly Hills: Calif. Sage, 1982
- Ferrarotti, Franco: Rapporto sulla mafia: da costume locale a problema dello sviluppo nazionale, Napoli: Liguori, 1978

- Forgione, Francesco: Mafia-Export: Wie 'Ndrangheta, Cosa Nostra und Camorra die Welt erobern, dt. Üb., München: Goldmann, 2011 [Mafia export. Come 'ndrangheta, cosa nostra e camorra hanno colonizzato il mondo, 2009]
- Fraenkel, Ernst: Der „Doppelstaat". Recht und Justiz im Dritten Reich, Rückübers. aus dem Engl., Frankfurt a. M.: Europäische Verlagsanstalt, 1974
- Gallino, Lucio: Dizionario di Sociologia, Torino: UTET, 1983
- Glenny, Misha: Mc Mafia – Die grenzenlose Welt des Verbrechens, dt. Üb., München: Deutsche Verlagsanstalt, 2007 [Mc Mafia: A Journey Through the Global Criminal Underworld, 2009]
- Hess, Henner: Zentrale Herrschaft und lokale Gegenmacht, Tübingen: Mohr, 1970
- Levi, Carlo: Worte sind Steine, Drei Reisen nach Sizilien, dt. Üb., München: dtv, 1960.
- Lupo, Salvatore: Geschichte der Mafia, dt. Üb., Düsseldorf: Patmos 2002 [Storia della mafia, 1993]
- Merton, Robert K.: Sozialstruktur und Anomie, in: F. Sack/R. König (Hrsg.), Kriminalsoziologie, Frankfurt am Main: Akademische Verlagsgesellschaft, 1968
- Natoli, Luigi (Hg.): Documenti per servire alla Storia della Sicilia, IV serie, Bd. 5, Palermo 1896
- Notarbartolo, Emanuele: La città
- cannibale. Il memoriale Notarbartolo, Palermo: Il Novecento, 1994
- Pantaleone, Michele: Mafia e politica, 1943-1962, Torino: Einaudi, 1962
- Pirrone, Marco A. / Vaccaro Salvo: I crimini della globalizzazione, Trieste: Asterios, 2002
- Puglisi, Anna: Donne, mafia e antimafia, Trapani: Di Girolamo, 2005
- Putnam, Robert D.: Making Democracy Work: Civic Traditions in Modern Italy, Princeton: Princeton U. P., 1993
- Raab, Selwyn: Five Families: The Rise, Decline and Resurgence of America's Most Powerful Mafia Empires, New York: St. Martin's Press, 2005
- Rizza, Sandra: Ein Mädchen gegen die Mafia, dt. Üb., München, dtv, 1994 [Una ragazza contro la mafia, 1993]

- Romano, Salvatore Francesco: Storia della mafia, Milano: Mondadori, 1966.
- Rossi, Adolfo: L`agitazione in Sicilia, Inchiesta sui Fasci dei lavoratori, Palermo: la Zisa, 1988
- Roth, Jürgen: Mafialand Deutschland, München: Heyne, 2010
- Santino, Umberto: La mafia interpretata. Dilemmi, stereotipi, paradigmi, Soveria Mannelli: Rubbettino, 1995
- Santino, Umberto: L'alleanza e il compromesso. Mafia e politica dai tempi di Lima e Andreotti ai giorni nostri, Soveria Mannelli: Rubbettino, 1997
- Santino, Umberto: La cosa e il nome. Materiali per lo studio dei fenomeni premafiosi, Soveria Mannelli: Rubbettino, 2000
- Santino, Umberto: Dalla mafia alle mafie. Scienze sociali e crimine organizzato, Soveria Mannelli: Rubbettino, 2006
- Santino, Umberto: Mafie e globalizzazione, Trapani: Di GIrolamo, 2007.
- Santino, Umberto: Storia del movimento antimafia. Dalla lotta di classe all'impegno civile, Roma: Ed. Riuniti U. P., 2009
- Santino, Umberto / La Fiura, Giovanni: L'impresa mafiosa. Dall'Italia agli Stati Uniti, Milano: F. Angeli, 1990
- Santino, Umberto / La Fiura, Giovanni: Dietro la droga. Economie di sopravvivenza, imprese criminali, azioni di guerra, progetti di sviluppo, Torino: Gruppo Abele, 1993
- Saviano, Roberto: Gomorrha, dt. Üb., München: Hanser, 2007 [Gomorra. Viaggio nell'impero economico e nel sogno di dominio della camorra, 2006]
- Scalfari, Eugenio / Turani,Giuseppe: Razza padrona – storia della borghesia di stato, Feltrinelli, 1974
- Siebert, Renate: Im Schatten der Mafia. Die Frauen, die Mafia und das Gesetz, dt. Üb., Hamburg: Hamburger Edition 1997 [Le donne, la mafia, 1994]
- Sutherland, Edwin H.: White Collar Crime, New York: Holt Rinehart a. Winston, 1949
- Weber, Max: Wirtschaft und Gesellschaft, Grundriss der verstehenden Soziologie, 4. Auflage 1956